NOUVELLE ÉDITION

BIBLIOTHÈQUE CONTEMPORAINE

JULES JANIN

CONTES FANTASTIQUES

ET

CONTES LITTERAIRES

PARIS
MICHEL LÉVY FRÈRES, LIBRAIRES ÉDITEURS
RUE VIVIENNE, 2 BIS, ET BOULEVARD DES ITALIENS, 15
A LA LIBRAIRIE NOUVELLE
1863

CONTES
FANTASTIQUES
ET
CONTES LITTÉRAIRES

TYPOGRAPHIE ERNEST MEYER, RUE DE VERNEUIL, 22.

CONTES
FANTASTIQUES

ET

CONTES LITTÉRAIRES

PAR

JULES JANIN

PARIS

MICHEL LÉVY FRÈRES, LIBRAIRES ÉDITEURS
RUE VIVIENNE, 2 BIS, ET BOULEVARD DES ITALIENS, 15
A LA LIBRAIRIE NOUVELLE

—

1863

Tous droits réservés

PRÉFACE

Ce petit tome in-18 représente, en sa modeste apparence, une suite de méchants petits écrits et récits en quatre tomes in-12, qui se publiaient, çà et là, dans les *Revues* des environs de 1830.

Je ne crois pas que l'ignorance et l'inexpérience en toutes choses aient jamais produit une suite plus téméraire d'essais plus enfantins. A peine, avec beaucoup d'indulgence et d'attention, les lecteurs de 1862 trouveront-ils, en espérance, dans ces pages fugitives, l'écrivain qui devait écrire un jour *les Gaietés champêtres*, *la Religieuse de Toulouse* et *la Fin du neveu de Rameau*.

Non pas que ces trois derniers livres soient tout à fait de bonnes œuvres, au moins on y trouve une certaine habileté, un certain art.

Si l'auteur avait été le maître, il eût supprimé de sa vie et de ses œuvres au moins les contes que voici. Mais le moyen d'ôter une page?... et surtout quand cette page est peut-être un obstacle au renom de l'écrivain?

Toutefois, l'auteur se console en songeant que s'il eût volontiers retranché plus d'un conte, il n'a rien à modifier dans les opinions, la constance et la fidélité de toute sa vie!

En tout ce qui touche aux sentiments de son âme, aux passions de son cœur... il est le même! Ami des anciennes chansons, négligent des cantiques du lendemain.

Passy, 1er janvier 1863.

AVANT-PROPOS

DE LA PREMIÈRE ÉDITION — MAI 1832.

Je demande au lecteur qu'il me pardonne un titre ambitieux : *Contes fantastiques*. Le seul titre un peu véridique à ces *compositions*, trop hâtées, serait celui-ci : *Historiettes*, ou bien cet autre : *Contes*, tout simplement. Mais dans ce nébuleux royaume littéraire, on ne dit pas toujours ce que l'on voudrait dire, et les circonstances vous mènent loin. La mode surtout, souveraine maîtresse des chefs-d'œuvre d'un jour, impose à ses poursuivants de très-rudes conditions, en échange d'un sourire que souvent elle ne donne pas.

Contes fantastiques! Mon titre est un leurre. Il y a bien peu même de fantaisie en toutes ces pages, et vous n'y trouverez aucune des précieuses qualités de maître Hoffmann, qui nous a révélé une poésie inconnue. Poésie du foyer domestique, et poésie de célibataire en même temps; poésie de l'homme heureux qui n'a rien à faire, de l'homme passionné sans passions; poésie du buveur qui ne s'enivre pas, de l'homme qui dort tout éveillé; poésie d'amateur de tabac de toutes sortes et qui fume dans toutes les postures : capricieuse et folle, souple, élégante, facile à vivre, plus souvent échevelée que parée avec soin, montrant son sein et sa jambe à qui veut les voir, et cependant toujours chaste et modeste. La poésie fantastique est une très-belle et très-aimable fille qui aime les joies et les libertés du cabaret, qui se plaît à l'ombre du joyeux bouchon, qui recherche de préférence tous les plaisirs à bon marché. Oh! quand nous l'avons vue, en sa négligence, venir à nous du fond de l'Allemagne, comme nous avons été surpris et charmés! Quelle différence entre la poésie fantastique et toutes les autres poésies.

C'était beau, la grande poésie! et, comme la marraine de Chérubin, elle était bien imposante. Mais, à côté de la grande poésie, la petite poésie n'est pas sans charmes; après le poëme épique, plaisir des dieux, le conte est une volupté à la portée des simples mortels. Chérubin, l'aimable enfant, a peur de sa marraine : il embrasse Suzon; et quand Suzon fait la rebelle, il court à Fanchette, avec laquelle il ose tout oser. Hoffmann, c'est la Fanchette du monde poétique; Hoffmann, c'est le conte après le poëme, après le drame; Hoffmann, c'est la petite poésie aux pieds légers qui vient après la grande, en suivant son sillon lumineux.

Avec cette différence toutefois, que le conte se manifeste dans un arc-en-ciel plus modeste : la grande poésie descendait du Parnasse jusqu'à nous, la petite, au contraire, s'élève à nous de l'hôtellerie voisine, où elle se loge de préférence. La poésie homérique se manifestait au milieu du tonnerre et des éclairs, sur le mont Sinaï, sur l'Hélicon; la chanson des bonnes gens arrive au bruit du bouchon qui saute, et si elle s'entoure assez souvent d'un nuage, c'est d'un nuage de tabac; innocente fumée, elle est féconde en rêves, en fantaisie, en contes, en rêves charmants.

Les *Mille et une Nuits* ne sont-elles pas les contes fantastiques de l'Orient? Dans les *Mille et une Nuits*, dans les *Contes d'Hoffmann*, si vous rencontrez des rois et des princes, le grand rôle est joué par le menu peuple; déjà le marchand, l'esclave, le muet, le calender borgne ou non, tout le peuple de l'Orient, dans ses fonctions les plus modestes, se montre et nous sourit. Venez à moi, disait la fée aux pauvres d'esprit; mais pendant que l'Orient nous donnait l'exemple d'un conte bourgeois et poétique en même temps, les nations du Nord n'avaient de contes pour personne; elles avaient des poëmes et des histoires pour quelques-uns, les plus grands et les plus forts; et quand enfin, du grand poëme, nous fûmes descendus, ou, si vous aimez mieux, nous nous fûmes élevés au récit des petits faits de la société bourgeoise, eh bien, il y avait une fois un roi, le roi Louis XI, et une reine, la reine de Navarre, qui firent des contes pour se bien divertir; ils semblaient dire aux lecteurs : Que cela vous plaise ou non, qu'importe? — *A mon plaisir!*

Je ne veux pas ici faire l'histoire du conte en France; ce serait une longue et laborieuse histoire, qui me coûterait beaucoup plus de travail qu'elle ne vous apporterait de profit; d'ailleurs, le temps n'est plus à la dissertation, et je doute que même l'*Essai sur les éloges*, par Thomas, eût un grand succès aujourd'hui. Mon but est de définir assez bien le conte fantastique, pour prouver, malgré le titre de mon livre, que je n'ai jamais eu le droit ni la volonté de viser au fantastique. Je n'ai de fantastique, en mes contes, que le hasard avec lequel ils ont été faits, sans plan, sans choix, sans but; et je ne pense pas que ce mot, *au hasard*, soit une excuse suffisante pour que vous me permettiez ce titre ambitieux : *Contes fantastiques.*

Mais, je vous le répète, cette faute n'est pas la mienne, c'est la faute des circonstances, la faute de la mode, et votre faute à vous-mêmes, qui voulez du fantastique à tout prix et de toutes mains, comme s'il était donné au premier venu d'être un poëte en plein cabaret, de dessiner des chefs-d'œuvre au charbon sur la muraille, d'aimer la bière et la rêverie sur un grand fauteuil de chêne; de connaître les secrets intimes du violon et de l'archet; comme s'il était donné au petit monsieur que je vous présente ici de s'appeler Hoffmann?

A ce sujet, j'ai eu bien des disputes avec vous, mon cher Roland. Je me rappelle surtout certaine nuit d'hiver que nous avons passée à la lueur bicolore des bougies et du punch. Roland, ce soir-là, m'a dit tout ce qu'il pouvait me dire pour m'empêcher de tomber dans cette erreur d'un esprit maladroit qui s'égare à plaisir, et qui va, sans savoir où.

Ce soir-là, par grand hasard, nous étions deux, lui et moi, nous qui ne faisons qu'un d'ordinaire : et nous disputions à outrance, heureux, lui, de me voir en dispute et me tenant la bride haut la main : il n'y a rien de plus redoutable que les chevaux pacifiques lorsqu'ils se mettent à mordre et à ruer.

Notre sujet de dissertation était d'un grand intérêt. La nuit était bonne, le feu était vif, et nous pensions cette fois à livre ouvert!

Jugez du chemin que nous avions fait en quelques heures! En cheminant sur l'imagination, le coursier à tous crins, nous étions venus d'Homère à Hoffmann; du poëme en vers au conte en prose; de l'Olympe athénien au cabaret allemand. Nous étions arrivés, sans savoir comment, sur les bords de ce fleuve Léthé qu'on appelle *le fantastique*. Et là nous écoutions, bouche béante, pour voir venir de ce trou obscur quelque clarté, quelque explication naturelle à ce plaisir hors nature que nous cause Hoffmann.

Nous avions tant de temps à perdre, — à cet âge heureux, on n'a rien à faire! — que nous commençâmes par nous demander, comme des faiseurs de rhétorique : — Y a-t-il un *fantastique*? — Et qu'est-ce que *le fantastique*? Cela dura longtemps; une fois dans les divisions et les subdivisions aristotéliques, on ne s'arrête plus. Puis encore ces autres questions : Notre siècle a-t-il découvert une nouvelle espèce de poésie, un genre de drame inconnu, une Atlantide reculée dans le domaine de la poésie, île perdue... retrouvée par Hoffmann; île dangereuse sur laquelle existe encore le limon de la création? Répondez à ma question, disait Roland, répondez; puisqu'il y a un fantastique, à votre sens, où est-il, que fait-il, et d'où vient-il?

Disant ces mots, Roland se promenait de long en large, aussi fier et aussi heureux que s'il eût écrit les chœurs du premier Faust.

Moi qui le connais et qui sais très-bien qu'il ne tient pas plus à ses questions qu'il ne tient à mes réponses, je pris les pincettes et me mis à tisonner le feu en fredonnant l'air de *la Grande Pinte,* composé dans ma petite ville natale, et composé par vous, mon très-féal et très-savant patron, Jean Paul, que Dieu protége et repose dans le ciel étoilé des *Mille et une Nuits!*

Quand le tison s'agite et s'échappe en étincelles joyeuses, on dirait de jeunes âmes qui s'envolent du purgatoire débarrassées de toutes souillures. —Vois-tu ces âmes, Roland, ces âmes qui s'en vont là-haut en poussant un petit cri? Crois-tu donc qu'Homère les a vues, lui ce grand aveugle qui a tout vu? Non. Homère n'a pas vu voler l'étincelle du foyer domestique; il ne l'aurait pas vue même quand il aurait eu un foyer domestique. Il a vu le ciel, il a vu les grands astres, il a vu le soleil athénien! Il s'est abîmé dans les immenses clartés : il était placé plus haut encore que le Tasse quand il découvrit la Jérusalem du haut de la montagne. Volcans, forêts, ruisseaux, fontaines, vaste

1.

mer, et des hommes de dix coudées! Il a contemplé l'Apollon qui a fini par ressembler à Louis XIV. Tout fut grand et sublime; Homère avait jeté à profusion dans la poésie des dieux visibles dont le sang coulait, des déesses visibles qui changeaient les montagnes en élégants boudoirs, et faisaient des nuages un voile à leurs transports d'amour. Heureux les poëtes venus les premiers, Roland! le monde appartenait à ces âmes violentes. Ils tenaient la Grèce; ils remplissaient la maison d'Atrée. La comédie attaquait Socrate. Aujourd'hui ce monde est épuisé, Socrate est mort. Tout est connu. Les mystères d'Éleusis sont un jouet d'enfant. On achète les momies de l'Égypte à très-bon compte. Le sphinx et le zodiaque de Denderah ont chanté des couplets de vaudeville; il n'y a pas une étoile au ciel qui n'ait son nom et son histoire. Et quant aux hommes, aussi nombreux que les étoiles, ils rentrent et sortent dans leurs cercles à certains jours; ils ne savent plus ce que c'est que les migrations. Les fables, les combats acharnés, les jeux funèbres, les guerres entreprises pour le sourire d'une belle femme, les vieillards se levant au passage d'Hélène, tout cela leur paraît ridicule, outré; ils rient de pitié quand on leur parle d'un siége qui a duré dix ans.

Roland, qui jouait avec mon lévrier, retourna vers moi son visage d'une imposante gravité :

— C'est vrai, fit-il; celui qui est venu dans les temps primitifs fût un être heureux. Je suis bien sûr que le lévrier de Darius adoptant Alexandre, la veille de la bataille d'Arbelles, était plus beau et plus intelligent que le tien. Les belles femmes! les grands poëtes! Oui; mais à t'entendre, on dirait que c'est le monde qui manque à la poésie, et non pas la poésie qui manque au monde, et c'est mal fait de châtier le temps présent sur le dos du temps passé.

— Non, lui dis-je, ce n'est pas le poëte qui manque au monde. Tant qu'il reste un brin d'herbe ici-bas, une étoile là-haut, une femme sous nos yeux, il y aura des poëtes; tant que nous aurons la prière au fond de notre cœur, il y aura des poëtes. Mais en poésie aujourd'hui, comme en politique, chacun chez soi, chacun pour soi! Et le poëte a caché sa poésie, il retient sa voix, parce qu'il a peur de ne plus trouver d'écho.

— Cela est fâcheux, dit Roland; si la poésie allait nous manquer, par quoi la remplacer, nous autres qui sommes jeunes? Cela est fâcheux; si le respect humain se met parmi les poëtes, c'en est fait des poëtes. Le respect humain a tout flétri parmi nous, il a flétri le mariage, il a flétri l'amour, il a flétri la croyance, il a flétri le pouvoir; le respect humain s'est glissé partout, sous toutes les formes; il s'est appelé comédie et satire, tragédie, encyclopédie, cours de littérature : il a fini par être un journal. Mais que la poésie soit une chose ridicule, nous sommes perdus, toi et moi, et tous les autres qui ne se sont pas donnés, corps, âme et biens, avenir, présent et passé, à l'avarice, à l'ambition.

— Tu vois bien, dis-je à Roland, qu'en ceci encore tu as tort de demander ce que c'est que *le fantastique?* C'est la seule poésie aujourd'hui que les poëtes osent faire et puissent faire; il faut la respecter, la recevoir à bras ouverts, et ne pas demander insolemment où est-elle? ami Roland, comme tu ferais de quelque maîtresse à tes ordres. Cette étrange poésie est aussi fière que la grande poésie : elle a ses caprices, ses bouderies, ses colères, ses moments de fatigue. Elle est une maîtresse impérieuse et difficile ; elle va jeter son bonnet au vent qui l'emporte; il suffit de lui déplaire, et elle se passera de toi, de moi et *des autres*, comme tu dis.

En même temps, je remplis son verre et le mien, nos deux verres se donnèrent l'accolade, et nous restâmes les bras croisés, la pensée en l'air, le cœur tranquille, heureux comme deux amis, et savourant par tous les sens la paix et le silence de la nuit.

L'instant d'après, Roland reprit la parole :

— Et pourquoi, diable, me dit-il, les poëtes ne peuvent-ils faire aujourd'hui que du fantastique? réponds-moi.

Quand il me fit cette question, j'étais en train de lire les adieux d'Andromaque et d'Hector; j'essuyai une larme, et je lui dis avec le plus grand calme :

— Les poëtes n'en peuvent plus, les grandes actions leur manquent, les grands malheurs sont épuisés, les grands hommes sont morts pour la poésie, ou, pour ainsi dire, les malheurs modernes sont de si grands malheurs, les grandes actions de nos jours sont de si grandes actions, et les grands hommes contemporains sont de si grands hommes, que la poésie, en s'élevant de toutes ses forces, ne saura jamais se mettre au niveau de toutes ces grandeurs. Regarde autour de toi, Roland; que veux-tu que fasse l'ode avec la bataille de Waterloo? que veux-tu que fasse la tragédie avec Bonaparte? et quelle plus touchante élégie, un roi de France abandonnant ce beau royaume. *Nos dulcia linquimus arva?* Remonte plus haut, entre, sans peur, dans 93, et place-toi dans le tombereau où s'est assise la reine de France, où toute l'aristocratie est montée. Imagine, invente un roman à côté de cette histoire! Tu comprends bien qu'on aurait beau être trois fois poëte, on ne saurait ajouter une pitié, une épouvante, à ce drame tout construit, tout joué, tout parlé, sanglant avec son propre sang! Qu'a-t-il besoin des paroles, des passions et du sang des poëtes? A ce compte, l'ode, la tragédie, le drame, le roman et le poëme épique existant par eux-mêmes, sont également défendus aux poëtes d'aujourd'hui.

Il se mit au piano en fredonnant un air de Dalayrac, tout empreint de la mélodie amoureuse du xviii° siècle; bientôt il le chanta avec éclat, puis il le murmura tout bas et en riant; il changeait, il ralentissait, il pressait la mesure à volonté; puis s'arrêtant :

— Si les poëtes ne sont pas dignes de l'ode, que ne font-ils des églogues et du Dalayrac? me dit-il. Il me semble que le temps serait bien choisi; Virgile s'est servi de l'allusion politique sous Auguste. A celui qui ferait l'églogue aujourd'hui, l'allusion politique ne manquerait pas, ce me semble, avec ce danger que les bergers n'y comprendraient pas grand'chose. Virgile a fait ses dix églogues après les guerres civiles. S'il ne faut que du sang, et des ruines, et des exils, pour que les bergers se puissent livrer à leurs combats sur la flûte, à l'ombre du hêtre, il me semble que nous n'avons rien à désirer de nos jours. Quant à l'ode, si l'ode à la Pindare est défendue faute de guerriers et de vainqueurs aux jeux olympiques, de quel droit ne ferait-on pas la petite ode à la façon Horace : « *O navis referent in mare,* » etc.? Et quelle belle ode au vaisseau de Cherbourg! En même temps il se mit à siffler l'air : *O ma tendre musette,* et j'attendis patiemment qu'il eût fini.

Quand il eut fini, je lui dis :

— Ne vois-tu donc pas que l'idylle qui n'a jamais été très-fêtée parmi nous, et que M. de Segrais et les autres ont ravalée aux derniers rangs des compositions burlesques, serait aujourd'hui la plus étrange mystification? Va donc chanter les bergers et les bois, et la puissance des grands bœufs, sous le règne des machines à vapeur et des chemins de fer, des marmites autoclaves et des cannes à fauteuil? Depuis l'antiquité, la nature physique n'a pas été moins dérangée que la nature morale. Les bergers de Théocrite ont été dégradés à l'Opéra, qui les a rendus désormais impossibles. Les bergers de Théocrite étaient au moins vraisemblables; mais les bergers de l'Opéra, en rubans roses, sont le désespoir de toute poésie. Hélas! la machine a tout remplacé. Enfin il n'y a plus d'orage à craindre avec le paratonnerre, plus d'inondations, plus de sécheresses avec les canaux, plus de mauvais vin avec le *Manuel du Vigneron :* tous les dangers ont cessé pour le berger; les loups et les couleuvres de Virgile, autant de fables, aussi bien que Ménalque et Tityre. Avec les révolutions qui se sont opérées de huit jours en huit jours, quel est le poëte, je te prie, qui ne serait pas forcé d'effacer son ode de la veille, avant de commencer l'ode du lendemain?

Roland, qui se sentait battu, prit un air d'ironie et de victoire :

— En ce cas, me dit-il, si cette impossibilité de faire est démontrée, pourquoi m'as-tu dit que les poëtes, non-seulement ne *pouvaient* pas, mais encore qu'ils ne voulaient pas faire de la grande poésie? Au moins voudrait-on savoir, si par hasard un grand poëte se rencontrait encore, pourquoi donc il *n'oserait* pas?

— C'est, lui dis-je, qu'il ne faut pas croire que le vrai poëte soit assez insensé pour se livrer à toute sa fougue aux yeux des hommes de sang-froid; il ne faut pas croire qu'il marche seul dans les sentiers difficiles, pendant que les autres suivent les chemins battus.— Crois-moi, jamais les poëtes ne se sont plaint, tout de bon, de leur misère; leur misère était une fiction qu'ils inventaient pour se faire pardonner leur supériorité sur les autres hommes ; jamais, non jamais, quoi qu'ils en aient dit, et quoi qu'en ait dit le monde, les poëtes n'ont été sans puissance et sans fortune : il est impossible, et, vois-tu, je crois en ceci comme je crois en Dieu, il est impossible que Homère ait été le mendiant qu'on nous montre avec un bâton et une besace ; j'en atteste hardiment les sept villes qui se sont disputé la gloire de lui avoir donné le jour.

» Aristophane fut, de son temps, le roi de l'opinion ; le premier il commença cette grande croisade contre les religions nouvelles qui ont passé de Socrate à Jésus-Christ, de Jésus-Christ à Luther, de Luther à Saint-Simon, et qui finissent chez nous par des procès en police correctionnelle et vingt francs d'amende, parce que tout se termine chez nous d'une façon ridicule. Cherche dans l'histoire ! tu verras toujours le grand poëte à côté du grand homme d'État, comme son corollaire inévitable. Corneille est près de Richelieu, Milton près de Cromwell, Racine se place entre Louis XIV et ses amours, Bossuet domine le xviiᵉ siècle, Mirabeau le xviiiᵉ ; et Voltaire, entre ces deux siècles, placé là comme un lien nécessaire, est à la fois le maître absolu *de ceci et de cela*. Et tu me demandes pourquoi un poëte n'oserait pas être poëte aujourd'hui...? Le moyen d'oser, quand personne autour de nous n'ose être un grand homme? Pour chanter à l'air libre et pur, il faut se savoir soutenu par les regards de la foule attentive : elle a trop vu de choses pour en entendre; elle a composé de trop merveilleux poëmes pour être attentive à d'autres poëmes que les siens. C'est la foule aujourd'hui qui dit à la Muse : *chantons!*

Roland me dit d'un air piqué :

— Tu es diablement éloquent aujourd'hui, ne pourrais-tu pas me parler avec moins d'emphase? A vrai dire, je te comprendrais beaucoup mieux si tu étais un moins grand orateur.

— Roland, lui dis-je, il faut me pardonner ma grande éloquence, au moins tant qu'il s'agira de la grande poésie; en effet toutes les espèces d'emphases se tiennent par la main, ce sont des sœurs de la même taille, et qui vont au même pas, en prose, en vers.

— En ce cas, dit Roland, revenons à notre point de départ, au petit pas : dis-moi très-simplement, puisque tu es si convaincu qu'on ne fera plus drame, ode, poëme, idylle, aucune espèce de grande poésie, à quoi serviront les poëtes de l'avenir, et ce qu'il nous est permis encore d'en espérer?

— Je te dirai très-simplement, mon ami Roland, que les poëtes s'étant réfugiés des grandes passions dans les petites, mettront leur art au niveau de leur vocation nouvelle, et feront de très-petites choses, comme autrefois ils faisaient, en se jouant, de très-grands poëmes ; en un mot, et c'est là où j'en voulais venir, (c'est là où j'en suis venu par le plus long chemin), nous sommes tombés du poëme au conte et du conte au *réalisme*, à savoir le conte sans poésie, et voilà que nous nous élevons jusqu'au fantastique, *id est*, au conte avec poésie. En vain tu nieras ces différences, tu ne te démontrerais jamais à toi-même, qu'un conte graveleux de Boccace ou des *Cent Nouvelles nouvelles* soit de la même famille qu'un conte d'Hoffmann. Non, certes. Ces récits de maris dupés et ridicules, de femmes adultères et rapaces, de servantes déshonnêtes, de valets imbéciles et de grands séducteurs ; non, tout ce vice à l'usage de Maître Gonin et de madame Pampinée, auquel s'est ajouté le génie enchanteur de La Fontaine, n'est pas de la même famille que le conte d'Hoffmann. Le conte d'Hoffmann ne s'accommode ni des amours frivoles et indécentes, ni des séductions poussées à bout, ni de la moquerie galante de ces héros de ruelle endimanchés de coquelicots. Il est trop sage et trop sensé, le conte d'Hoffmann ! il rougirait des détails orduriers. Il consent bien (c'est même une de ses joies) à étudier, reproduire en ses naïfs récits les détails les plus vulgaires... il s'arrête à l'alcôve : il n'ira pas plus loin. C'est une chose étrange ; elle est vraie : nos contes de boudoir et de palais florentins feraient rougir la muse d'Hoffmann, une muse de cabaret! C'est une chose étrange à voir autour d'Hoffmann le buveur, ces idéales figures, ces idéales passions, ce frais paysage, et ce beau monde en déshabillé galant du clair de lune et du matin :

<blockquote>Lorsque n'étant plus nuit, il n'est pas encor jour!</blockquote>

» Oh! le sublime ivrogne! Il n'est jamais assez ivre pour porter un regard indiscret sur les fantômes de sa création : en plein cabaret, quand les jolies filles, enfant de son cerveau, viennent s'asseoir à sa table, et qu'il les voit les bras nus, les cheveux flottants, dans la joie et le sourire de leurs seize ans, il respecte ces printannières, comme tu respecterais les deux sœurs. Pourvu qu'elles lui permettent de boire encore et de fumer toujours, il va leur parler si respectueux et si tendre! Il leur dira les amours des cieux et des histoires du troisième ciel, où fut saint Paul; il sera charmant avec elles, simple et rustique Hoffmann! Restez donc près de lui, chastes pensées de son âme, adorables filles de son imagination toujours jeune! restez près de lui, c'est un poëte qui ne pense guère au monde extérieur; il rêve; il se rend compte à lui tout seul de ses ravissantes histoires de terreur, de pitié, d'infortune et d'amour !

— Je commence à comprendre, reprit Roland... le poëte fantastique est un égoïste..., il se plonge à plaisir dans les plus beaux rêves, il méprise également le blâme et les louanges du monde. En ce cas, Dieu me préserve de ces hommes sans cœur, qui ne pensent qu'à leur propre ennui, sans songer à soulager l'ennui des peuples qui ont tout vu, tout épuisé !

— Le poëte fastastique, Roland, est un sage; il parle à voix basse, et ne veut déranger personne ! « Et qui m'aime, me suive. »

— Ajoute à ta définition, dit Roland : Le poëte fantastique est nécessairement un ivrogne.

— Et moi je dis : Le poëte fantastique est un grand artiste; et voilà sa force et voilà son inspiration ! Il est le mage, il est la fée; il n'a pas besoin d'endormir le sultan tous les soirs, pour que Chérésade se réveille et lui dise : Encore une histoire, ma sœur ! Il est naïf, il est croyant, il est chaste. Autrefois la reine de Navarre exposait son imagination toute nue aux regards des passants... Hoffmann habille et drape son récit avec cette innocence d'un père de famille qui veut bien marier son enfant, mais non le prostituer. L'art a fait ce grand changement dans le conte, il a opéré cette importante révolution, mettant le conte aux mains de la mère de famille, aux mains de ses enfants, sans que les enfants ou la mère aient à rougir. Ce sont là des bienfaits positifs, une supériorité incontestable. Écoutez Hoffmann : au milieu de son récit il s'arrête, il prélude, il chante, il agit comme Kreyssler, s'abandonnant à toute harmonie. Il va d'un fantôme à l'autre, croyant celui-ci, adorant celui-là. Pourtant voilà l'homme auquel tu reprocherais quelques instants de repos dans une amicale hôtellerie? Et tu soutiendrais que ce soit à l'aide d'un vice innocent qu'Hoffmann est devenu un si grand conteur? Aurais-tu plus de confiance dans un pot à bière, que dans l'archet d'Hoffmann?

— Ouf! réveille les grands mots, dit Roland. Accuser un homme d'ivrognerie et l'affubler d'un si petit vice, au milieu de tant de vices purement humains, est-ce donc le maltraiter si fort? En reconnaissant les faiblesses de ton joyeux conteur, j'ai reconnu une des causes de sa puissance, le hasard, qui est le fond de ses contes. *Artiste!* est un bien gros mot, pour l'explication d'un conte futile, et comment nous persuader que cet homme est devenu un grand musicien, un grand dessinateur, pour se raconter quelques vieux contes ou de vieilles histoires sans façon, sans apprêts, sans étude et sans art même ? As-tu jamais entendu raconter l'amour d'un jeune Italien pour la naïade du château de Versailles ? Oui dà ! l'histoire est belle ! et je te la raconterai à la première occasion... Bonjour !

— Roland, lui dis-je, il y a longtemps que tu ne m'as rien raconté ; Roland, raconte-moi l'histoire de la naïade de Versailles, le veux-tu ?

— Je le veux bien, dit Roland, mais à une condition... je te la dirai quand j'aurai fini mon conte ; cependant, jure-moi que tu exécuteras fidèlement notre traité.

— Quelle que soit ta condition, Roland, je l'accepte, et dis-moi ton histoire.

Alors Roland commença :

— Il y avait à Versailles, l'ancien palais de Versailles, dans la rotonde, sous l'un de ces mille jets d'eau, amusement d'un jour pour le grand roi, une belle et élégante statue de naïade, aux formes si délicates, avec tant d'innocence au sourire, à la lèvre, que le satrape appelé Louis XV la voulait chasser de ses jardins. Cette statue, entourée de blocs informes, lions aux gueules béantes, syrènes à la queue de poisson, amours aux ailes étendues, Vénus de toutes dimensions, était seule et triste au milieu de ses compagnes. La Vallière s'y était assise un jour sans la voir; Montespan l'avait heurtée en passant; madame de Maintenon et madame Du Barry ne l'avaient pas même touchée. O marbre! ô mystère! ouvrage excellent de quelque artiste de vingt ans, à son premier chagrin d'amour.

» Dans les jardins du roi Louis XVI, car la date de mon histoire est récente (il n'y a guère entre nous qu'une douzaine de révolutions), un jeune peintre, enfant des chefs-d'œuvre, allait et venait, regardant ces lourdes façades, ces arbres taillés en pyramides, ces eaux verdâtres, ce luxe épuisé d'une monarchie en ruine. Il triomphait de se sentir si supérieur à tout le goût du xviie siècle, à toute la barbarie du xviiie. Il était dans un de ces admirables instants d'ironie, où l'ironie arrive à la hauteur de la passion. Il foulait d'un pied dédaigneux ces guirlandes, ces colifichets d'un jour; il était fier d'être Italien, malgré la liberté qui commençait à rugir en France, et de toutes ses forces et de toute sa voix. Tout à coup, par hasard (ce hasard qui vous montre, éblouissante, la femme que vous devez aimer le reste de vos jours), tout à coup le jeune homme découvre en ce chœur de femmes grotesques, l'admirable naïade, création toute italienne ! pauvre femme tremblante et triste au bord de ces eaux lassées et silencieuses. Elle avait froid dans ce limon. Elle était belle, hélas ! son regard était humide ; elle pressait ses beaux pieds l'un contre l'autre ; ses cheveux pendaient sur ses épaules ; elle avait froid ; elle était là si mal à son aise, l'innocente enfant ! Sans doute elle avait été oubliée sur le chemin, orpheline de père et de mère en ces jardins désolés, et là, sans appui, sans soutien, sans voiles, elle s'humiliait sous les froides mains du sort. Notre artiste la vit donc ainsi faite ; alors il se baissa vers elle, à genoux, courbant la tête sous son regard : il anima tout ce marbre, il réchauffa ce marbre ingénu sous son haleine brûlante ; il fit battre ce cœur sous ses mains, il enveloppa toute cette femme de tant de respect et d'amour, qu'elle semblait lui dire : *à demain !* Le lendemain, il lui parla de son amour, il lui dit qu'il l'aimait, parce qu'elle était plus belle que tout ce qu'il avait vu ou rêvé ; il lui fit ses confidences avec toute sorte de mystères ; il lui raconta toute sa vie, tout ce qu'il avait souffert, tout ce qu'il avait aimé. Elle l'écoutait avec un doux sourire ; elle le regardait avec cette tendre compassion qui précède l'amour ! Elle était toute à ces histoires d'une jeunesse orageuse et bonne; elle aimait ce jeune homme; elle cachait sa passion, comme on cache une passion qui commence; elle s'y livrait sans s'y abandonner, son amour était chaste autant que son âme. Et lui, la voyant si réservée et si modeste, se perdait dans les ravissements du troisième ciel. Il passait sa vie à la voir, à l'aimer, à lui parler, à l'entendre... il croyait l'entendre, et voilà ce qu'elle lui disait :

« Toi qui m'as devinée au milieu de ces nymphes obscènes, ami, toi qui es venu me chercher dans ces jardins déshonorés par tant de vice royal et d'amours vulgaires, comment se fait-il que l'air corrompu de ces lieux ne se soit pas fait sentir à ton âme?» A cette question plaintive de la jeune fille, il répondait par ce regard qui dit tant de choses. Elle reprit en ces mots : « Toi qui es jeune et d'un cœur honnête, pendant que tous les jeunes et les forts s'agitent au dehors pour réformer le monde et relever l'humanité du joug écrasant qui l'opprime, comment se fait-il que toi seul tu sois insensible à l'ambition de régénérer la France? Alors, enfant, je t'aime; ainsi tu es heureux. Allons, aime-moi comme je t'aime! Il faut nous hâter, les nuages s'amoncèlent, la tempête arrive, la foudre gronde, ces minces filets d'eau tarissent dans leurs filets de plomb. Regarde là-bas le palais de Louis XIV;

comme il tournoie, il a le vertige : on dirait la feuille jaunie de l'automne. Aimons-nous ! aimons-nous ! » Et lui..., éperdu, la tenait embrassée à l'étouffer!... Non, non, ce n'était pas un marbre qu'il embrassait.

« Ainsi les deux amants passèrent leurs belles heures, leur frais matin d'amour, leur nuit d'été ; ils s'aimèrent en silence, avec des regards, avec des soupirs, avec des extases sans fin, comme on s'aime. Cela dura longtemps ; mais les choses que la naïade avait prédites arrivèrent : le nuage amoncelé devint orage et tempête, le tonnerre gronda, ce fut un bruit à épouvanter les plus braves. La grande voix de la populace, un tonnerre à l'usage des révolutions, se fit entendre et tout s'en alla de France, les vieilles lois, les vieux dieux, le vieil amour, et la vieille poésie, et le vieil esclavage, tout s'en fut ! Autel et trône, jeunesse et beauté, aristocratie de tant de siècles, morte en un quart d'heure ! Le passé expia les folies et les prodigalités de son orgueil, tout cela en un jour ! Ce fut un chaos plus affreux que le chaos primitif, le chaos de choses créées, le chaos des lois toutes faites et des pouvoirs tout construits. Enfin, les passions humaines aboutirent à une seule, à cette passion qui renferme toutes les autres, une révolution ! Certes, si la foule hurlante du 10 août avait eu le temps, elle aurait montré au doigt le jeune homme pressé d'un chagrin d'amour. Mon jeune artiste, uniquement occupé de sa passion, vit d'un œil serein tous ces désastres. Que lui importait l'émeute populaire, à lui, qui rencontrait tous les jours un si doux sourire! Que lui faisaient ces cris de l'émeute, à lui qui se livrait à un éloquent silence! Il appartenait à la reine de ses rêves. Elle était sa maîtresse et sa souveraine, sa gloire et sa joie; elle était tout pour lui, que lui importait le reste? Aussi bien tant que le chemin de Versailles à Paris fut libre, et tant qu'il put se rendre à ses chères amours, il n'en demanda pas davantage. Mais un jour le peuple qui avait, lui aussi, ses passions à satisfaire à Versailles; le peuple, assis sur les canons et criant : meurtre et rapine, encombra le chemin de Paris à Versailles. Alors songez à la douleur du jeune homme; c'était le jour où il allait voir sa bien-aimée : elle lui avait donné rendez-vous, la veille, et plus tôt qu'à l'ordinaire. Sans doute elle était parée, elle était prête, elle l'attendait... O surprise! ô douleur! un mur vivant s'est élevé entre lui et sa fiancée; c'est un monceau d'hommes et de femmes hurlant, et c'est une mer de têtes échevelées, une armée en désordre que le boulet ne saurait percer!

Le voilà forcé d'aller pas à pas avec le peuple, impatient, haletant, désespéré ! Le peuple allait à la reine, plein de rage ; lui allait à sa maîtresse, rempli d'amour. C'était à voir, cette haine et cette colère forcées d'aller au même pas. C'était à voir, la passion innocente de ce jeune homme et l'atroce passion de la foule accouplées l'une à l'autre, se donnant le bras dans les rues, marchant dans la boue ensemble, toutes deux corps à corps, bras à bras, le chemin si long pour toutes deux ! Enfin le jeune homme arrive avec la foule. La foule s'arrêta sous les fenêtres du château en criant : *la reine! la reine! la reine!*... Lui il laissa la foule à sa rage, et, prenant le détour d'une allée obscure, il arrive à sa maîtresse de marbre et la rassura sur son absence ; il lui raconta les cris, les fureurs, les démences de ces compagnons du *Coupe-Tête*. Elle l'écoutait en tremblant, sans rien comprendre à ce récit funeste. Et les cris de redoubler : *la reine! la reine!* et le peuple abominable se répandait dans les jardins. Enfin... une troupe armée, horrible à voir, arriva jusqu'au jeune homme tremblant pour sa fiancée. « Que fais-tu là? » lui dirent-ils. Lui, éperdu, se jette au-devant de sa bien-aimée ; il la protégea de son corps, il couvrit sa chaste nudité de son manteau, et il s'apprêta à mourir avec elle et pour elle... Ah! misère! l'asile de sa fiancée était profané à jamais, les grilles de fer étaient brisées, les gardes égorgés, toute cette pompe royale était évanouie. Elle restait sans asile, sans serviteurs, sans gardes, sans amis, sans protection, comme une simple reine! Elle restait exposée aux regards des hommes, aux insultes des femmes, aux injures de tous, comme une simple reine! Elle jetait sur lui un mélancolique regard qui lui disait : « Ami, ne m'abandonne pas à ces furieux; prend pitié de ta sœur, mon frère! » Il comprit ses paroles, il comprit son regard, il entendit sa prière, il résolut de faire du jour de ses noces le jour de mort de sa fiancée. Comme il était jeune, beau et superbe! la foule attendit ses ordres en silence, tant la passion lui donnait de majesté et de grandeur!

» — Qui de vous me prête un sabre? s'écria-t-il. On lui tendit un sabre, la même lame qui avait déjà coupé bien des têtes : il prit le sabre, et, se tournant vers le beau marbre :

» — Adieu, dit-il, pardonne-moi, retourne au ciel d'où tu es sortie; adieu, mon ange, tu ne seras pas livrée à ces insensés, à ces barbares, à ces aveugles, adieu! adieu! adieu!

» Il brisa la tête de cette femme qu'il avait tant aimée

et qui l'aimait tant : ce cou si frêle se détacha de ses blanches épaules...; sur ce corps inanimé il s'agenouilla et se prit à pleurer.

» Alors la foule le prit pour un fou et lui porta respect; elle reprit son chemin à travers le jardin en criant : *la reine! la reine! la reine!* et tout fut dit pour ce soir-là.

» Et le lendemain la foule et l'amant se mirent en route; ils avaient l'un et l'autre ce qu'ils étaient venus chercher, elle, la reine, et lui, sa maîtresse; la reine, il est vrai, vivait encore; il emportait la tête de sa maîtresse, arrachée aux profanateurs. »

Ici, Roland termina son histoire en pleurant.

— Ton histoire m'a fait bien du mal, Roland! dis-moi cependant par quel fil elle tient à notre dissertation littéraire?

A cette question, Roland se leva brusquement :

— Comment cette histoire m'est venue et comment elle tient à notre dissertation? Ne voyez-vous pas, monsieur, que cette histoire est la plus cruelle satire qui se puisse faire de votre définition du fantastique? Un artiste amoureux d'un marbre aurait honte de profiter de sa passion pour faire une statue? Il adore un marbre, il le brise, et tout est dit. L'homme est content, le marbre est brisé! Quand j'ai commencé mon histoire, c'est à une condition, que je ne t'ai pas dite, cette condition, la voici : — Tu me laisseras sortir sur-le-champ, sans plus me fatiguer de tes disputes littéraires, et bonsoir!

Cette dispute inutile m'est revenue en mémoire quand il s'est agi de mettre au jour ces prétendus contes fantastiques. La mauvaise humeur de Roland, et mon admiration pour les *Contes d'Hoffmann*, m'ont d'abord arrêté : j'avais peur du titre général de ce livre, et j'y trouvais à la fois trop de vanité et trop de danger. Manquer au titre de son livre! Eh bien, le crime est moins traître que de manquer à son serment.

Prenez donc en aide et protection ces essais d'une fabrication incertaine et remplie d'hésitations de toutes sortes; lisez-les comme ils ont été faits, en toute liberté d'opinion et d'école. Venez à l'auteur, comme l'auteur vient à vous, vous tendant la main, à vous qui l'avez aimé des premiers, à vous qu'il aime. Trop heureux si, dans ces contes épars, vous reconnaissez quelques-unes des impressions fugitives de votre jeunesse, quelques traces récentes encore de vos vœux, de vos espérances, de vos études, de vos amours, de vos douleurs!

JULES JANIN.

CONTES
FANTASTIQUES

KREYSSLER.

J'étais encore à la taverne du *Grand-Frédéric*; j'y avais passé la nuit même. Oh quelle nuit! Le brillant concert au milieu d'un épais nuage de fumée! Les brocs se pressent contre les brocs, les verres se choquent, la bière écume et monte jusqu'aux bords; comme un flageolet champêtre qui se marie avec la cornemuse, le bouchon saute pour mieux marquer la mesure; le tonneau se dessine en grosse caisse au coin de l'orchestre. Bien joué, musiciens! Bravo, musique! Nous avons ainsi exécuté toute une symphonie en allégro de buveurs, sur tous les tons et dans toutes les mesures. Mon Dieu! quand le pétillement d'un vin généreux brille au bord de mon verre, il me semble assister à quelque enchantement.

Oh mon génie! Hélas! je vous le dis, mon génie est

triste : il voit partout des choses lugubres, même au cabaret; le cliquetis des spectres, la soutane des moines, le crêpe du veuvage, le linceul de la fiancée, autant de gaietés, si vous comparez ces cadres funèbres à mes visions de chaque jour. Vous croyez que je suis gai, moi, parce que je vais chaque jour à la taverne du *Grand-Frédéric?* Vous vous trompez, j'y vais parce que je suis triste. Et quoi de moins réjouissant, je vous prie? un tas de bouteilles vides? Les bouchons jonchent la terre, la broche est silencieuse, le coucou muet, le banc renversé, le rouet a cessé de bruire; en ce grand lit sombre et désolé, la vieille hôtesse ramasse en peloton ses vieilles peaux collées sur ses petits os, assemblage de rides respectables couvertes de cheveux blancs! O débris, spectres, lambeaux, tombeaux! Bouteilles sans âme, et bouchons sans voix, ce rouet sans vie et ce grand lit presque vide, plus que vide? Hélas! ce fut un lit de roses, comme toi, ma bouteille, tu fus une bouteille pleine, comme moi j'étais un peintre, un musicien, quand j'étais plein de couleurs et de musique. L'enchantement était autour de moi, partout, le matin, le soir. Vous n'avez jamais entendu de rouet plus ronflant que maître Hoffmann, jetant de côté et d'autre plus de bave et produisant plus de chaînes en bon fil. Je dis un rouet agité par un jeune pied amoureux et leste, un petit pied à jupon court, et nu jusqu'à la jarretière absente. Où donc est-il le pied de femme qui pesait sur moi? Théodore, hélas! Théodore, tu ressembles au rouet de la vieille que tu vois là. Je me mis à pleurer.

Grand Dieu! voilà le matin, et je ne suis pas ivre

encore ! Théodore a perdu sa nuit. La folle poésie a dégagé sa tête des douces vapeurs du vin. A chaque verre, j'ai senti sur mon front comme une main froide qui m'entourait du lierre, ennemi de l'ivresse. Me voilà donc, sobre et de sang-froid, comme une ménagère hollandaise. Allons, enfants, recommençons : quittez vos manteaux, suspendez vos chapeaux aux clous rouillés de la muraille ! Allumons le punch à la flamme de nos pipes, évoquons la salamandre active sur les bords de ce vase d'étain, appelons les esprits du feu à notre secours, chassons les images mélancoliques. Le feu est l'ennemi des ténèbres, le feu réjouit le chaos, il rend à la nature ses couleurs perdues, ses formes évanouies. Voilà qui va bien : le punch s'enflamme et bientôt mille joyeux esprits rempliront nos coupes. C'est vrai !... L'invocation a réussi ! Du milieu de cet océan enflammé, la déesse au sourire bachique nous verse à boire ; la liqueur dégoutte de ses cheveux et ruisselle sur son beau sein. Je vais placer mon verre sous sa mamelle gauche, des deux la plus féconde, et mon verre, un fils de Bohême, topaze au fond, rubis sur les angles, sera bientôt plein.

Me voilà dans mon élément ! je suis maître, et je profite, en artiste, des moindres accidents du bruit et de la couleur. Je vois tout un orchestre avec ses gradations harmoniques dans une batterie de cuisine ; une jatte de punch est pour moi la *chambre obscure* où tout s'agite et se montre ; un joyeux résumé de l'arc-en-ciel après une pluie de printemps. Quand le punch brûle, un œil fermé, l'autre ouvert, je contemple à ma façon l'agréable silhouette de mes compagnons qui boivent. Ce sont vraiment de plaisantes figures : tête mince, un gros nez, des lèvres charnelles! C'est grand plaisir de voir ces braves gens flotter sur la muraille avec toutes sortes de grimaces. Dansez sur les murailles, joyeux compagnons, ainsi le veut maître punch, l'esprit aérien, le dieu folâtre de ma mythologie de cabaret. Shakespeare, le divin Shakespeare, a, je crois, un dieu comme le mien. Maître punch, ou maître Puck, dans le *Songe d'une Nuit d'été;* le vieux Will, me vole si souvent mes dieux! Il m'a volé Falstaff.

Rends-moi, mon vieux Will! rends-moi ton monstre heureux, ou bien laisse-moi faire l'éducation de Falstaff; je veux apprendre à ce gaillard-là à manier les boyaux d'un violon, à souffler dans une flûte, le joufflu qu'il est. Quel dommage de le laisser inculte, ce bon chevalier Falstaff! Quel bon rêveur fantastique il eût fait! O grand Will, non-seulement tu m'as volé, mais encore tu m'as gâté Falstaff!

Vous comprenez bien, mortels, qu'ainsi rêvant, gambadant, folâtrant, ayant toujours un monde sous une main, et dans l'autre un microscope à voir ce monde infini, je puis fort bien passer mes nuits au cabaret sans être un ivrogne. Le cabaret et la nuit me plaisent. Le cabaret est mon *chez moi :* c'est le royaume dont je suis le roi, la tribune où je suis orateur, l'autel dont je suis le dieu. Le soleil est bon; la nuit, c'est mieux. Le crépuscule adoucit tous les contours, il jette à pleines mains le parfum et le silence, il fait chanter le rossignol pendant l'été, le grillon pendant l'hiver! La nuit est mon amie, et le cabaret est mon ami.

Je me disais tout ceci dans un de ces combats de ma conscience que je me livre assez souvent quand je viens à me souvenir des bons conseils de S. A. R. la princesse Amélie : — Vous buvez trop, Théodore, et vous ne dormez pas assez, Théodore! Promettez-moi de rester chez vous ce soir! — Au fait (me disais-je), il est bien sûr que la princesse ne saura pas que je lui désobéis ce soir.

J'en étais à mon dernier regard sur les silhouettes de la muraille; au milieu de tant de grotesques figures, j'en découvris une d'un aimable aspect : c'était une tête penchée, un air pensif, des cheveux en désordre, une figure aimable! Ah! que je fus ravi quand je vins à découvrir que cette figure, heureuse entre toutes, c'était la mienne. Oui dà! cette aimable personne, c'était moi!

Je l'aurais admirée plus longtemps, quand la dernière flamme du punch vint à s'éteindre. Alors tout s'effaça... et moi aussi, je disparus, sans avoir le temps de me dire *adieu!* et de m'embrasser.

En ce moment, le jour apparaissait tout bleu; divinité en bonnet de nuit, et qui n'a pas encore secoué sa chevelure d'or. Je fus pris d'un accès de sobriété, et sortis du cabaret. Il me sembla que tout tournait autour de moi. Chaque maison passait à son tour : le palais, la chaumière et le jardin du roi, avec ses treillages en fer doré, ses statues de marbre et ses cygnes majestueux flottant sur les bassins remplis; je voyais aussi le jardin du pauvre à son cinquième étage et le poisson rouge en ses évolutions autour d'un océan contenu dans un verre, entre un pot de renoncules et un plant de violettes; tout passait, tournait, se parait, se dorait ou flamboyait. Devant moi passa l'hôpital, qui me leva son chapeau en me disant un affectueux bonjour; passa la prison, que la liberté a peuplée plus que ne le fit l'esclavage; passa la cathédrale hautaine et tenant de ses mains débiles son dôme ébranlé par les philosophes; passa la maison de la courtisane, à la porte entr'ouverte, silencieuse comme un tombeau : je laissai passer toute la ville ainsi, trop heureux !

A la fin le soleil parut, déchirant son dernier lange; et du côté de l'orient, comme une apparition dans un tableau de Michel-Ange, apparut à mes yeux charmés la princesse Hélène, à peine éclose et brillante de la rosée du matin. Je rougis en l'apercevant; je venais de découvrir que j'étais encore à la porte de mon cabaret, justement sous l'enseigne du *Grand-Frédéric!*

Elle m'aperçut immobile, et sans gronder, même du petit doigt :

— Bonjour, dit-elle, mon fidèle Théodore, oh ! sage Théodore, sobre Théodore; levé avec le jour, et qui viens saluer le soleil. Je vous sais gré, Théodore, d'avoir si bien tenu la parole que vous m'avez donnée, vous êtes un philosophe accompli : en revanche, je vous permets de m'accompagner.

D'un pas de héros et d'amoureux, j'accompagnai ma princesse ! Je ne suis pas bien sûr que ce soit une femme. Si c'est un corps, je n'ai jamais pu le toucher, pas seulement sa robe de mes lèvres; sa bouche n'a pas d'haleine, à peine un parfum comme celui d'une fleur; je ne saurais dire la couleur de ses cheveux; il n'y a point de bleu dans le ciel comparable à son regard; ses vêtements se groupent autour d'elle en façon de nuage, ils l'embrassent, ils flottent, ils retombent, ils se livrent, pour lui plaire, à mille coquetteries incroyables ; ils sont animés, elle ne l'est pas ; c'est sa robe qui remue, c'est son voile qui sourit, son gant qui se dessine, son fichu qui bat, sa chaussure qui marche. On dit que les anges brûlent... je la suivis comme on suivrait une étoile à travers les espaces du ciel.

Elle arriva, devinez où? Chez mon ancien camarade, le musicien Kreyssler! Nous avons étudié l'harmonie en même temps, Kreyssler et moi ; c'est encore un jeune homme, et moi, je suis si vieux. On a élevé bien des disputes pour savoir qui de nous deux, est un plus sincère artiste. A vrai dire, j'ai l'inspiration plus prompte et plus vive que Kreyssler; j'ai plus de folie et d'éclat, j'ai plus d'enivrement et de hasard, j'appartiens à la terre... et Kreyssler vient du ciel! Il est le chantre du monde idéal, c'est le musicien de la jeunesse et des femmes; il est au troisième ciel, à côté de saint Paul; il jette son âme aussi haut qu'elle peut aller, sans s'inquiéter de son âme ; sa musique est une extase; pour lui le monde extérieur n'est rien, il n'est pas de ce monde ; hélas! moi, j'en suis.

Kreyssler est beau, plus beau que moi; son visage est inspiré, son chant est lent et méthodique; ah! je ne suis qu'un bouffon à côté de Kreyssler; j'imagine cependant que Kreyssler est heureux : c'est un rêveur.

La princesse écouta longtemps ce doux maître avec transport et les larmes dans les yeux. Elle resta une heure à le contempler, à l'admirer, à l'entendre. A la fin elle se retira pénétrée, comme si elle fût sortie du sanctuaire : pour la première fois j'ai compris que j'étais jaloux. Il s'agissait de plus haut prix que de l'amour d'Hélène, il s'agissait de son estime.

La sérieuse Hélène, ayant quitté maître Kreyssler, reprit avec moi le ton jovial, elle m'estime si peu !

— Voilà pourtant, me dit-elle, comment tu aurais été si tu avais voulu, ô mon pauvre ami !

»Tu aurais été un rêveur sublime, un poëte élégant, un chantre inspiré par le ciel, par les fleurs, par l'amour; tu n'as pas voulu, Théodore. Théodore a barbouillé sa face, il a corrompu sa raison, il n'a plus été qu'un poëte de hasard, un mauvais bouffon de carrefour. »

A quoi je répondis (en répondant je pleurais) :

— Ah ! madame, que vous me faites de mal. N'accusons pas le créateur, madame ! Il m'a fait... le bouffon que vous aimez ! Je suis Diogène pour vous servir. Trop de génie a fait ma ruine. Ce trop de génie, il a fallu l'épuiser en improvisant. Ne me parlez pas des génies corrects, madame, ni des beautés correctes ! Prenez-moi tel que je suis, un pauvre homme, un innocent, un conteur, un bateleur.

Comme la foule était déjà dans la rue, notre jeune princesse rentra dans son palais, ou plutôt elle s'évanouit dans le ciel. Elle est au ciel à présent, dominant notre observatoire. Et moi, je restai seul en proie à mon chagrin ! Chose étrange ! quand la nuit fut venue, je me retrouvai à mon cabaret favori, à côté du poêle, enfoncé dans le grand fauteuil de mon hôtesse... Ai-je donc rêvé tout cela ?

HONESTUS.

Vers la fin du dernier siècle, au moment où toute la morale se refaisait en France, il y avait tant de choses à refaire, il advint que Paris remit en question le bien et le mal, la vertu et le vice. Il se demanda si le luxe était une nécessité? Bref, des questions à n'en pas finir. En même temps, dans les écoles, dans les salons, dans les champs, à la ville, à la cour, en province, accouraient des rhéteurs préparés à tout soutenir; c'était une rage de perfection qui a perdu le peuple français. On perfectionnait la charrue et la soupe économique; on perfectionnait la matière et l'âme; on enseignait aux petits garçons l'art de penser, et aux petites filles l'art de faire des enfants d'esprit. On bouleversait cette pauvre nature, on l'agitait de fond en comble, on la perçait jusqu'à la craie; on s'élevait dans l'air, on vivait dans l'eau, on ajoutait un sixième sens aux cinq sens que nous avions déjà. Il y avait des faiseurs de paix perpétuelle, des faiseurs d'anguilles vivantes avec de la farine, des faiseurs de canards mangeant et digérant, des faiseurs de bonheur universel. Dans ce temps-là on vendait au coin des rues des bouteilles d'encre inépuisables, et des projets de coffres-forts toujours pleins; c'était le règne le plus absolu des ergoteurs, des enthousiastes, des dupes, des imbéciles, des gens d'esprit, des fanatiques et des charlatans.

Ce fut au plus fort de ces étranges disputes, qu'un jeune homme d'un esprit faux, d'un cœur honnête, s'en vint en France du fond de la Suède, pour se faire initier aux profonds mystères du génie et de l'esprit français. Le monde entier s'occupait de la France et prenait au sérieux ses rêveries les plus folles. Le jeune étranger, à peine il eut touché ce sol mouvant de rêveries fantastiques, de projets insensés, dernières occupations d'un peuple qui se meurt, fut pris d'un vertige moral. Dans cet immense ramas de sophismes et de paradoxes, il comprit que s'il n'appelait pas l'analyse à son aide, il se perdrait sans secours dans cet océan de systèmes. Et de même que l'on choisit un cheval dans l'écurie d'une poste aux chevaux, il eut bientôt fait choix d'un système à tous crins, bien hennissant, la tête droite, les naseaux enflammés, un système *hongre;* il n'y en n'a pas d'autre, sans excepter les disciples de Saint-Simon; puis son système étant sellé et bridé, il l'enfourche, et voilà notre homme qui pique des deux et s'en va, bride abattue, à travers le champ nébuleux des vérités et des certitudes de son temps.

Il avait une étrange et charmante manie, il en voulait aux vices, comme l'abbé de Saint-Pierre en voulait à la guerre; son système à lui, c'était la vertu perpétuelle et sempiternelle, la vertu pure et sans mélange, austère, brutale et brusque; la vertu stoïque. Or, par vertu, il recherchait le vice, il se plaisait à le voir, à le sentir, à le toucher, à vivre, à boire, à dormir avec les vicieux. Il donnait, par vertu, dans tous les désordres. Au milieu d'une orgie, il déclamait contre les emportements de l'orgie, il faisait rougir ses jeunes compagnons de leur raison perdue au fond d'une coupe. A cette boutade éloquente, les convives effrayés ôtaient de leur tête la couronne des buveurs, et chacun se retirait chez soi, vaincu par l'éloquence du jeune comte suédois.

Un autre jour, le philosophe se trouvait attablé à une table de jeu; l'or éclatant sur le tapis vert ruisselait à travers le râteau; il s'abandonnait à l'enivrement, à la couleur, au léger cliquetis de l'or. Le hasard tournait aveuglément au milieu de tous ces joueurs, distribuant à son gré ses faveurs funestes ou ses leçons sévères. Tout à coup, au plus fort de l'enivrement, à l'instant même où la roue, en tournant, vous sauve ou vous tue, notre *sage* déclamait contre le jeu... Soudain le jeu s'arrêtait, les râteaux restaient suspendus, la roulette était immobile, et les joueurs attendaient que le *déclamateur* fût parti pour exposer de nouveau sur un chiffre leur fortune et mieux encore... Et notre homme allait dans la rue en se félicitant de sa *victoire*.

Un autre jour, il était attendu dans une petite maison du faubourg : la maison était sombre et noire au dehors; elle était éclairée et joyeuse au dedans. Au dedans, le mystère attentif, le luxe élégant, la table en beau linge et bien dressée, le vin clair et vieux, le boudoir, et dans ce boudoir une jeune femme attendait Gustave; car c'était un philosophe au frais sourire, à la voix douce, au noble cœur; c'était un philosophe riant et peu sévère en apparence. Il entra; aux pieds de cette jeune femme il se posa, la voyant lui sourire; il la regarda comme un jeune homme de dix-huit ans regarde une femme de vingt-deux; il lui prit la main, et cette main fut abandonnée; il lui parla tout bas, et plus bas il parlait, plus sa parole était comprise. Tout à coup, quand sa bouche allait toucher cette joue en fleur, quand son bras allait enlacer cette taille élégante, et la dernière bougie étant prête à s'éteindre, il se souvient, l'idiot! qu'il était philosophe! Un sermon! Il fit un sermon à Célimène, et, la voyant souriante, étonnée, interdite, il s'enfuit, se croyant un héros de vertu... Elle leva es épaules et, rassérénée, elle oublia de retenir par son manteau cet autre Joseph.

On conçoit que cette guerre absurde faite aux passions humaines, à tout propos, en tout lieu, dut fatiguer étrangement notre jeune homme. Il était haletant dans cette lutte impuissante où ses désirs n'étaient réfrénés que pour l'amusement des autres. Malgré ses efforts, le vice allait son train librement, s'inquiétant peu de ses clameurs.

Un soir que, fatigué de morale, il s'était établi à la porte de l'Opéra, par une grande affluence de monde qui attendait l'ouverture des bureaux, une aventure lui arriva, qui le corrigea de sa manie, et lui fit estimer les plaisirs d'ici-bas à leur juste valeur. Déjà, pour payer sa place à l'orchestre, il avait tiré de sa poche un louis d'or; ce louis d'or échappa de sa main par un mouvement de la foule, et vainement il l'eût cherché, quand un mendiant qui se tenait sur une borne, tendant son chapeau aux passants, ayant vu rouler cette pièce d'or, la ramassa et la rendit au sage, après l'avoir essuyée avec soin sur les manches de son habit. La figure de cet homme était douce, humble était son attitude; il y avait tant de résignation dans sa personne, que Gustave en fut touché. « Gardez ceci, brave homme, lui dit-il. — Mais, monsieur, c'est beaucoup trop pour un si petit service. » Il parlait encore, que déjà notre philosophe avait disparu, échappant à la fois à la reconnaissance du mendiant et à la nécessité de prendre un billet à la porte de l'Opéra. Ce jeune homme était loin d'être riche, et cet argent était le seul dont il pouvait disposer pour ses plaisirs de la soirée.

Il allait dans la ville, à grands pas, heureux de sa bonne action, regrettant peu l'Opéra et sa musique bruyante, jetant un regard de profonde pitié sur les demoiselles errantes, plus ennemi du vice, et plus près du vice que jamais.

Arrivé à sa maison, dans un quartier fort éloigné, — une de ces vieilles rues en pierre de taille qui sont tout muraille, — il frappe; le portier dormait; à plusieurs reprises il frappe, il appelle : rien n'y fit; la porte était muette, inexorable. Il s'assit sur un banc de pierre, et, les jambes croisées, il attendit. Il était là depuis dix minutes, obsédé de mille pensées, quand, à l'extrémité de la rue, il vit arriver au grand galop une voiture à deux chevaux. La voiture s'arrêta net à ses pieds. Un grand laquais poudré, l'épée au côté, l'air insolent, s'élançait à la portière du carrosse; il ouvrit la portière, et Gustave ne fut pas peu étonné

en voyant descendre le même mendiant auquel il avait donné son louis d'or. Cet homme était en guenilles, ses reins étaient ceints d'une corde, il portait sur son dos une besace, il avait des sabots pour chaussure, un vieux feutre de forme espagnole couvrait à grand'peine sa tête chargée de vigoureux et épais cheveux gris. Il s'appuya en descendant sur l'épaule de son laquais, avec la morgue d'un grand seigneur; il fit signe à sa voiture de s'éloigner de quelques pas, puis s'asseyant sans façon à côté du jeune homme :
« Vous voilà bien isolé et bien triste; la soirée vous paraît longue et fade, j'en suis sûr; et sur ce banc de pierre, sous ce ciel pommelé, contre les murs suintants de cette maison qu'on prendrait pour une tombe, vous devez regretter le louis tout neuf que vous m'avez donné, les banquettes de l'Opéra et la danse lascive de la Guimard.

— Je ne regrette qu'une chose, dit le jeune homme, c'est d'avoir fait l'aumône à plus riche que moi, et d'être venu à pied, moi gentilhomme, pendant que mon effronté mendiant m'éclabousse avec son carrosse. Il faut que vous soyez un habile homme, à ce que je vois.

— Mais, mon gentilhomme, dit le mendiant, il est vrai que je mendie en habile. C'est une science aussi difficile que celle du gouvernement; jugez de la difficulté de recevoir, par la difficulté de donner! Il faut tout un cours d'études pour savoir tenir son chapeau de façon à n'avoir pas l'air de demander la bourse ou la vie; il faut une âme forte à qui tend la main à des misérables sans pitié, à l'argent d'un débauché ou d'un joueur, à l'aumône de la fille vénale qui jette dans votre escarcelle le prix d'un regard ou d'une moitié de baiser. La tâche est rude! Flatter l'orgueil et la bassesse, saluer l'adultère, aller tête nue, et plisser son front chaque soir, en mettant son bonnet de nuit, pour donner même à ses rides une grâce; et puis, mâcher des herbes vénéneuses pour s'en faire un cancer factice, être vil par spéculation, tout recevoir, tout prendre et tout manger, caresser jusqu'au chien qui vous mord! Trouves-tu donc à présent mon carrosse à trop haut prix, jeune homme, et le gentilhomme à pied ose-t-il être jaloux du mendiant qui a des chevaux?

Gustave dit au mendiant :

— Tu parles bien, vieillard, tu es sage; je te pardonne ta voiture, et je ne regrette plus mon bienfait. Reprenez donc votre carrosse, monsieur; l'Opéra va bientôt finir, mendiant; vous ne serez pas arrivé à temps, messire, et tu perdras peut-être vingt-quatre sous à cela, gueux que tu es!

Le vieillard se levant, dit à Gustave :

— Faisons mieux, oublions ce louis d'or qui nous sépare, vous et moi, comme un abîme; tenez, je ne vous le rends pas, et je ne le garde pas. En même temps, d'un bras vigoureux, il lançait la pièce de monnaie dans une mansarde au sixième étage. La pièce alla droit au but; elle tomba sur le grabat d'un poëte qu'elle réveilla, et qui rêvait qu'il avait faim. Quand la pièce eut fait son dernier bruit :

— A présent! nous sommes égaux, dit le mendiant : vous avez des habits, je porte des haillons; mais vous êtes à pied et je vais en carrosse, tout se compense entre nous. Passons donc la nuit ensemble comme deux amis dont la porte est fermée, et qui veulent oublier les heures en attendant le jour; aussi bien, je vous le dis en confidence, vous frapperiez à votre porte jusqu'à demain, et vous appelleriez à votre secours Francœur et tous les violons de l'Opéra, que ce serait peine perdue, votre porte ne s'ouvrirait pas.

Gustave reprit :

— Mon cher ami, je veux bien te suivre; mais où diable veux-tu me conduire?

— Oh! dit l'autre, on vous mènera là-bas, dans la ville, loin de ta maison maussade et de ton fastidieux quartier. Nous allons dans le séjour du plaisir et du luxe, du vin et des dames, des boudoirs et des grasses tavernes. Viens avec moi, mon enfant.

— Mon père, dit Gustave, je veux bien être votre ami pour une heure encore, mais, par la lune blafarde qui vous éclaire, et par la lame du roi Christine, je ne consentirai jamais à mettre mon blason sous ta besace; ainsi donc, ne m'appelle pas ton fils, mon noble père, et même, si tu le veux bien, nous abaisserons les stores de ton carrosse, crainte d'accident.

Le vieillard ne répondit rien; ils montèrent en voiture, le jeune homme à la place d'honneur; la voiture, qui était arrivée au galop, repartit au petit pas.

En chemin, ils eurent une conversation philosophique sur le vice et sur la vertu; Gustave ne parlait jamais que de cela. Le vieillard laissa parler Gustave et hochait la tête de temps à autre :

— Hum! hum! disait-il, le vice n'est pas toujours une mauvaise chose... Hum! hum! le vice a son bon côté... Hum! hum! les plus honnêtes gens y sont tombés, jeune homme; et vous-même, un sage, dont l'aumône est si facile, vous-même... Eh! que diriez-vous si vous deveniez, là, tout à coup, ivrogne et meurtrier, parricide et voleur? Je ne parle que de cela!

Gustave, entendant parler ainsi le vieillard, se mit à chanter d'un air goguenard l'air nouveau : *Triste raison, j'abjure ton empire!*

Ainsi parlant et chantant, la voiture entra dans une cour sablée et silencieuse. Un escalier de pierre se présenta, les deux amis montèrent; ils traversèrent un vestibule, une grande chambre en noyer, un petit cabinet en mosaïque déjà plus élégant, ils s'arrêtèrent dans un petit salon de bonne apparence. La flamme dansait en pétillant dans le foyer, les meubles reluisaient avec un air de bonhomie; onze heures sonnaient quand ils entrèrent dans cet aimable lieu.

— Mon ami, dit le vieillard, je vous assure que votre bonne volonté pour moi me rend très-heureux; cette heure de la nuit que vous voulez bien m'accorder m'est précieuse et chère; je veux que vous la passiez d'une façon décente, en homme de haute vertu : il est vrai qu'un peu de vice assaisonne agréablement la vie; mais vous avez ôté le vice de la vôtre, et nous serons bien forcés de nous en passer pour ce soir, puisque ainsi vous l'avez résolu.

Le jeune homme laissa dire au vieillard : il accepta toutes ses prévenances d'un air passablement dédaigneux; il s'étendit fort à l'aise en un large fauteuil, s'approcha du feu, et s'établit en maître à la meilleure place; en même temps il regardait de côté et d'autre les magots de la cheminée, les peintures du plafond, la dorure des corniches, et, sur des toiles peintes, des galanteries à la façon de Vanloo et de Boucher.

Le XVIIIe siècle est un siècle bizarre; il affecte les

petites moulures, les petites facettes, les contorsions de toutes sortes ; il procède par zigzags, il est doré, il est faux, il est mesquin, il est riche et rococo. C'est joli, bête et lascif. Cette chambre était à la date élégante de 1745 ; un écho répétait le battement de l'horloge et l'horloge chantait les heures. Le jeune homme trouvait tout cela charmant ; mais, décidé à ne pas s'amuser, il jouissait en secret de l'embarras de son hôte et de ses efforts pour le divertir.

Son hôte, vieillard empressé, avait changé de costume, il s'était revêtu d'une belle robe aux longs plis ; il avait remplacé son feutre usé par un bonnet de soie ; il avait préparé la table en silence ; sur cette table il plaça des fleurs, à côté des fleurs, une assiette en argent brun avec son couvercle ; un verre à facettes complétait le service ; il fit signe au jeune homme de s'approcher de la table.

— Oh! oh! dit celui-ci, mon maître, il me semble que voilà bien de la vertu : je n'aime pas le vice, il est vrai, mais, pardieu ! j'aime encore moins, pour mon repas, les tulipes et les roses. N'aurez-vous donc pas autre chose à me donner ce soir?

Le vieillard, sans répondre, sortit de l'appartement ; il rentra, tenant dans ses deux mains et sous ses deux bras quatre longues et vieilles bouteilles cachetées avec soin dans leur vieille robe d'araignée séculaire, comme il convient à un vin généreux conservé depuis longtemps. — Bon cela ! dit Gustave, et soyez le bienvenu, ma tête grise ; avec cela nous arroserons vos tulipes, et trinquons ! Mais que voulez-vous que nous fassions de ces quatre petites bouteilles?

— Mon hôte, dit le mendiant d'une voix douce, si

ces bouteilles ne suffisent pas, j'en ai d'autres ; ceci est un vin généreux, et dont la barbe est aussi blanche que la vôtre est noire. Donc, faites-lui fête, et pardonnez-moi ce repas modeste, j'ai été pris à l'improviste, et je n'ai que cela. Disant ces mots, il montrait le bouquet de fleurs et le plat mystérieux.

Gustave tendit son verre... il but; le vieillard, bon compagnon, lui versait le vin à longs flots. — Voilà qui va bien, disait Gustave; il tendait encore une fois son verre... A la troisième bouteille : — N'as-tu donc à me donner que des fleurs? dit-il ; voilà un vin qui pousse à l'appétit. — Découvrez ce plat, dit le vieillard ; et si le cœur vous en dit, mangez-en : seulement je vous avertis que pour entamer cette denrée il faut avoir un poignet fort, et que ce ne sera pas trop du damas que voilà.

Gustave, poussé par le vin et par cet appétit que donne le vin quand on n'y est pas habitué, souleva le couvercle de l'assiette et découvrit un fromage.

— Ah! diable, dit-il, du laitage et des fleurs! Nous tombons dans la pastorale... Allons! allons! ma bonne lame...

En même temps il frappait le fromage avec son sabre... Or, il frappait sur un diamant brut, recouvert d'une couche terreuse, qui n'attendait plus que l'art de l'ouvrier pour jeter un vif éclat. Avec son poignard Gustave débarrassait la pierre précieuse de l'alliage qui l'entourait. A chaque instant un nouvel éclat, de nouveaux feux ; le diamant, frappé par l'acier, finit par briller et resplendir. Gustave, hors de lui, frappait et buvait tour à tour.

Alors il se passa dans l'âme du jeune homme une

utte horrible. Étrange effet de la passion ! Celui qui tout à l'heure était si calme, à peine a-t-il vu briller cette pierre miraculeuse, que son œil flamboie et tout son être se contracte sous le poids du désir. Pour peu que la passion soit vraie, elle fait taire l'intelligence, elle dompte et soumet la volonté ! Le diamant étincelait de mille feux ; c'était une flamme, on la voyait grandir : c'était le premier éclat qu'il jetait de sa vie. Et devant ce trésor ce jeune homme se disait : Il me faut ce trésor ! Malheur à ce vieillard qui m'a donné avec cette arme infaillible le regret de cette fortune. Il était haletant, éperdu, muet, dans cette horrible contemplation.

Il voulut encore faire acte d'intelligence, et l'intelligence lui manqua. Il voulut tout au moins détruire son idole et se délivrer de cette obsession terrible : il frappait le diamant avec le fer ; mais, cette fois, la pierre repoussa le fer. Le diamant était arrivé à son état le plus pur. Rien ne pouvait rien contre lui. Se voyant repoussé, et voyant son fer émoussé, le jeune homme eut peur de ce qu'il allait faire !

Il se leva : Vieillard, dit-il, donne-moi ton diamant !

— Mon diamant ! dit le vieillard ; c'est mon sang ! Je vous l'ai montré pour vous faire honneur, comme on dirait à sa jeune épouse ou à sa fille aînée, enfant de seize ans : « Prenez place à côté de notre hôte, et servez-le ! » comme on dit à ses valets : « Préparez la plus belle de mes chambres, obéissez à mon hôte ! » ainsi je vous ai montré ce que j'avais de plus beau et de plus cher, mon diamant. Je n'ai ni femme jolie à vous montrer, ni jolie enfant à faire asseoir auprès de vous, ni domestiques nombreux, ni musiciens aux voix sonores, ni parfums exquis. J'ai mon vin et mon diamant, des vins qui se boivent à longs traits, un diamant dont les reflets vont jaillir jusqu'au fond de l'âme, un poignard qui tranche. Eh bien, je vous ai versé mon vin à longs flots, je vous ai prêté mon poignard hors de sa gaîne, je vous ai montré toute ma fortune; ainsi j'aurai fait les honneurs de ma maison. Soyez juge de cela, monsieur; et maintenant que je vous ai montré ma femme et ma fille, imprudent que je suis! vous voulez m'enlever d'un seul coup ma femme et ma fille! A présent que vous avez bu mon vin, vous voulez m'égorger avec mon poignard! Non pas, jeune homme, et j'en atteste ici vos dix-huit ans de philosophie et de vertu; tu ne dépouilleras pas le vieillard; tu n'abuseras pas de la lame effilée. Ainsi pleurant, le vieillard était à genoux devant le jeune homme... Il pleurait.

Gustave dit : — Buvons! Il tendit son verre; il le vida d'un trait. La quatrième bouteille fut vidée. Et le diamant était toujours là, brillant comme l'étoile en un ciel nébuleux. Toujours il était là qui lançait sa flamme au cœur du jeune homme : l'ivresse à pleins bords débordait; le diamant étincelait à pleine âme. Et Gustave au vieillard :

— Décidément, dit-il, tu ne veux pas me le donner?
— Tu ne l'auras qu'avec ma vie.
— Encore une fois, mendiant, ton diamant!
— Mendiant! dis-tu : oh! c'est alors que je serais mendiant et misérable, si je te donnais ma fortune, mon nom, mon écusson qui brille sous mes guenilles, la liste de mes ancêtres qui se fait jour à travers mes haillons, mon univers, mon voyage en Italie, mon

ciel napolitain, mon prince, mon amour. N'en parlons plus, prends mon sang, frappe, et puis tu dépouilleras à ton aise le mendiant.

A ces mots, il découvrit sa poitrine où le cœur battait vivement.

Gustave leva son poignard avec le plus grand sang-froid, car il était ivre. Il allait frapper !...

Le vieillard changea tout à coup de visage. Il prit et l'habit, et la voix, et le geste, et le regard, et le sourire que Gustave avait toujours connus à son père. C'était le même visage, les mêmes cheveux blancs, la même majesté.

— Gustave, mon fils ! mon fils ! Gustave, dit-il, frappe donc... Gustave, hors de lui, frappa son père !

Le vieillard tombe en gémissant, son sang coule, le poignard reste cloué à la terre ; la terre tremble ! Le diamant se couvre d'un voile comme font les pierres précieuses qui pâlissent à l'approche du poison. A ce sang, à ce cri plaintif, à ces pleurs, à cette voix, à ces traits, Gustave recule d'horreur ! Il vient de se reconnaître assassin, parricide ; au même instant, le vin s'en va de sa tête, le désir de son cœur ; il veut laver sa main tachée de sang, le sang reste à sa main ; il pleure, il sanglote, il s'accuse, il accuse le ciel et la terre, il s'arrache les cheveux, il veut mourir !

... Le vieillard reprenant sa première forme, le relève, sa blessure se ferme, le sang s'efface, et le mendiant d'une voix douce :

— N'accuse donc pas les hommes, ô mon fils ; et quand la voix d'un vieillard frappera ton oreille, ne te prends pas à chanter une frivole chanson d'amour. O mon fils, dépose ton orgueil ! sois humble et doux.

Ne déclame pas contre le vice et les vicieux ! Je te le disais bien, toi si honnête et si bon, te voilà devenu d'un seul coup assassin, parricide et voleur !

Gustave, éperdu, se jeta aux genoux du magicien, car j'imagine que c'en était un.

— O mon père, dit-il, quelle peur vous m'avez faite : assassin, parricide et voleur ! moi, gentilhomme ! C'est la faute du vin, mon père !

Et d'un pied furieux il repoussait les bouteilles vides. Le vieillard se prit à le consoler.

— Console-toi, Gustave, tu es honnête et bon. Tu as soulagé ma misère, ce soir, en me sacrifiant un plaisir innocent ; je suis resté ton obligé. Regarde ! je suis guéri ! Mon cœur bat plus calme que le tien. Minuit va venir. Profite de cette heure de la lune nouvelle pour me demander une grâce que je ne puis te refuser...

Et Gustave hésitait...

— Veux-tu mon diamant ? dit le vieillard.

— Ton diamant ! dit Gustave reculant d'horreur, non, non ! Je ne veux rien pour moi !

— Et tu ne veux rien pour les autres ? dit Honestus

Gustave réfléchit profondément.

— Il est une chose que je veux pour les autres et pour moi, dit-il.

— Laquelle, reprit Honestus déjà inquiet.

— Écoute ceci, reprit Gustave, écoute, voici ce que je veux : « Que le vice disparaisse du monde, que le crime abandonne la terre ; — que le règne de la vertu arrive enfin. Tu l'as dit, tu ne peux pas me refuser.

Le vieillard poussa un soupir.

— Répète ton vœu à haute voix, dit-il.

Gustave répéta son vœu à haute voix.

En même temps, on entendit sortir de dessous terre un atroce et ridicule ricanement. On eût dit le ricanement d'un vieil apothicaire parvenu ou d'un huissier enrichi : ce rire était bête et méchant.

— Qui rit ainsi? demande Gustave.

— L'esprit des ténèbres, reprit le vieillard. Il ricane aux vœux absurdes des mortels. Son rire n'a jamais été si brutal qu'aujourd'hui, en entendant ton vœu. — Rétracte-le, ce vœu funeste, ô mon fils! tu ne l'as pas encore prononcé une troisième fois!

— Vieillard, dit Gustave, tu ne m'as donc pas entendu? c'est l'abolition du vice que je demande; la disparition complète des erreurs; le règne absolu de la vertu et des sages! Et il répéta à haute voix sa troisième abjuration.

Le gros ricanement se fit entendre, et le vieillard leva au ciel des yeux remplis de larmes; puis il s'écria, avec un soupir de regrets. « Soit fait comme tu le veux, mon fils! » Il prit Gustave par la main. Ils sortirent à pied dans la rue. Le ciel était pur, l'air embaumé, les étoiles scintillaient dans le ciel, la nature dormait mollement dans l'ombre et dans les fleurs.

— Hélas! dit le vieillard, dites adieu à cette belle nuit; la nuit, c'est le vice du soleil : c'est le repos de l'astre du jour. Plus de péché sur la terre et plus de nuit pour la terre, plus de repos pour le soleil, plus d'ombre le soir. Que tes rayons soient tendus sans relâche sur nos têtes, soleil! que le soir ne ferme plus ton palais de cristal!

Le jeune homme, à ces mots, croyant que son compagnon se livrait à une boutade poétique, le laissait dire et suivait son chemin.

Au détour d'une rue, ils rencontrèrent une échelle attachée à une fenêtre, à cette échelle, des hommes grimpaient. — Qu'y a-t-il? demanda Gustave.

— Il y a que voilà de malheureux voleurs, reprit le mendiant, que votre loi contre le vice a surpris après leur vol. Soumis à la vertu, qui est à présent seule maîtresse de ce monde, ils viennent rapporter ce qu'ils ont dérobé cette nuit; trop heureux si le maître de la maison ne les prend pas en flagrant délit de restitution, leur bonne action leur coûterait cher.

Gustave pensait avec bonheur à la joie du maître de la maison quand il retrouverait à son lever les objets enlevés chez lui. Mais le mendiant :

— Je vous comprends, dit-il ; mais cet homme volé est le commandant de la maréchaussée ; il a une femme et des enfants à nourrir : tout ce monde ne vit que par les voleurs, et le pauvre hère sera désagréablement surpris quand il ne trouvera plus un voleur à arrêter.

— Qu'importe? pensait Gustave ; la vertu de tout un peuple est-elle achetée trop cher au prix du bonheur d'un gendarme? Ainsi songeant, ils suivirent leur chemin ; d'une maison décriée ils virent qui s'enfuyaient plusieurs filles peu vêtues ; leurs équivoques amants s'enfuyaient, épouvantés de leur désordre.

— Holà! dit Gustave, encore un effet de la vertu !

— Hélas! dit le bonhomme, il fallait, j'en ai peur, quelques femmes sans vertu, pour servir de repoussoir aux honnêtes femmes. La misère et le malheur de ces coquines étaient pour les autres femmes un encouragement à bien faire. Imprudent! j'ai bien peur que toutes les femmes étant forcément honnêtes, les hommes ne fassent pas grand cas de la grâce et de l'humeur. Mais ces profonds raisonnements dépassaient Gustave, il ne les comprenait pas.

A une fenêtre ils s'arrêtèrent. Un spectacle étrange vint frapper leurs regards. Une femme, belle et jeune, se tenait agenouillée au berceau de son enfant. Le lit était défait et brisé. Dans un coin de l'appartement se tenait un jeune homme pâle et beau. Cet homme et cette femme, dans la nuit, près d'un enfant, près de ce lit brisé, avaient été surpris sans transition par cette vertu subite qui venait tout à coup tomber dans le monde. Fléau subit qui ôtait sa grâce aux larmes, ses douceurs aux remords; vertu qui desséchait l'âme et la surprenait plus qu'elle ne la saisissait.

— Que font là cet homme et cette femme? demanda Gustave au vieillard.

Le vieillard répondit:

— Cet homme et cette femme étaient tout à l'heure deux amants; ils s'aimaient avec la passion la plus tendre. Le jeune homme a séduit à grand'peine la femme de son ami; ils ont été surpris cette nuit par la vertu que nous avons jetée dans le monde. Aussitôt leur repentir a devancé leur crime; à présent la mère implore le pardon de son enfant pour les torts dont elle s'est rendue coupable envers son père. Le séducteur s'éloigne, en maugréant, de la belle pécheresse; tout est dérangé dans ces deux existences qui étaient bien arrangées pour être heureuses une heure, et s'en repentir vingt ans. Les voilà bien avancés sous cette avalanche de vertu : la femme est idiote, le mari est très-ennuyé de la reprendre et l'amant épousera dans huit jours une faiseuse de romans. C'était bien la peine de les déranger par ta vertu!

Ils continuèrent à marcher dans la ville. Ils arrivèrent à une grande place chargée de grands arbres; des hommes se précipitaient par milliers hors de toutes les maisons; c'était un débordement à faire peur. Des figures hâves, des corps grossiers, des mains rudes, on eût dit autant de loups chassés de leurs repaires qui arrivent dans la ville en hiver. Pour s'opposer à cette foule hurlante, les soldats de la ville accouraient, fantassins et cavaliers, canons et tambours, enseignes déployées, mèches allumées. On chargeait les fusils, les canons, pour tenir cette foule en respect.

— D'où vient tout ce peuple hideux, s'écria Gustave, et que vient-il faire au grand jour?

— Vous voyez, dit le vieillard, la nation des joueurs, des filous, des hommes de débauche, des espions, des biographes, que la vertu vient de chasser de leurs occupations et de leurs ténèbres. Notre vertu est tombée sur la tête de ces gens-là, comme un seau glacée sur la tête d'un fou. Regardez-les, Gustave, et dites-moi si ces bandits étaient faits pour la vertu? Des âmes de boue et des corps penchés vers la terre comme ceux de la brute. Des appétits gloutons, des ventres insatiables. La vertu que vous leur avez jetée, comme on donne un soufflet à un menteur, leur fait honte au jour, bien plus que ne ferait une tache à leur habit. Croyez-moi, c'est un grand malheur d'avoir tiré de leurs cloaques les insectes qui se cachaient dans ce limon. Croyez-moi, Gustave, il faut laisser le cloporte à sa fange et le voleur dans sa caverne. Il faut laisser l'araignée dans sa toile et la fille de joie à son bouge. N'agitons jamais la fange des villes. Voyez ce que va devenir tout ce peuple de filous honnêtes gens. La ville en a peur, les voyant tous réunis; elle n'a pas assez de philosophes pour les maintenir dans la vertu.

Cependant le jour se levait, et pourtant le silence de la nuit, effrayant dans le jour, se prolongeait encore. Pas de voitures dans la rue; on n'entendait ni les cris du paysan matinal, ni le marteau du forgeron; les marchés étaient déserts. — Pourquoi tout ce silence? dit le jeune homme au vieillard.

— A présent qu'ils sont tous vertueux, qu'ils n'ont point de faux désirs, les hommes dorment en paix et se reposent, ils n'ont plus besoin de s'agiter.

A la porte des boulangeries et de tous les marchands de comestibles, les plus riches s'agitaient, et tendant leurs mains chargées d'or, demandaient un morceau de pain. Mais tout le pain de la journée avait été distribué gratuitement aux pauvres gens par la vertu des boulangers. Ainsi les riches mouraient de faim, parce que les bouchers et les rôtisseurs étaient entrés subitement dans la vertu.

A certain carrefour, sur les bords de la rivière, des malheureux rendaient leur âme. Or, c'étaient des espions, des recors, des diffamateurs de profession, des faussaires, des *grecs*, des chenapans et autres gens de métiers équivoques, qui, par vertu, ne voulaient pas continuer leur métier.

Au palais du roi plus de gardes; le monarque ne craignait plus personne, et personne ne le craignait. Les courtisans se fuyaient comme on fuit la peste; chacun dans le palais se dénonçait soi-même. « J'ai volé le peuple, disait l'un; j'ai fait couler le sang, disait l'autre; j'ai dépouillé l'orphelin, disait un troisième; j'ai rempli les cachots et les bastilles, disait le ministre. » Tous les hommes de cette cour s'accusaient de s'être vendus, et les femmes aussi : c'était horrible à voir, horrible à entendre. Le roi effrayé voulait abdiquer sa couronne; mais par vertu personne ne la voulant accepter, il était forcé de rester roi.

Enfin, ce peuple démasqué, cette foule sans physionomie, ces vertus vagabondes, aussi communes que le pavé des chemins, tout cela végétait, monotone, hideux, malsain, ennuyé, ne songeant plus à la terre, attendant la mort et le ciel. Le jeune homme, à l'aspect de ce troupeau de moutons qui tous obéissaient à la même impulsion, fut saisi d'une horreur profonde.

—Oh! mon Dieu, dit-il, quel mal j'ai fait au monde en lui ôtant le vice et le crime!

—En lui ôtant le vice et le crime, reprit le vieillard, vous avez tué le monde, vous l'avez privé de sa principale condition d'existence, vous lui avez enlevé la morale universelle, enfin vous avez privé la vertu de sa propre estime en la rendant plus commune que le sable des rivières. Changez tous les cailloux en or, et l'or n'aura plus de prix. Retiens ceci, mon fils! il fallait cette triste expérience pour t'apprendre qu'il n'y a rien de plus dangereux parmi les hommes qu'une vertu universelle... Il en est de la vertu comme de la vérité. Il faut jeter les vérités une à une dans le monde; ouvrir la main pour les répandre brusquement, c'est un crime. La vérité trop grande brûle et ne brille pas.

Le jeune homme, sans réponse, alla s'agenouiller à la porte d'un temple désert; car depuis que les hommes étaient vertueux, ils avaient oublié la prière.

—Oh! mon Dieu, dit Gustave, en joignant les deux mains; mon Dieu, retirez toute cette vertu de la terre;

rendez aux hommes le vice qui les unit les uns aux autres; rendez-leur le crime qui les rend vigilants, et leur fait aimer les lois. Mon Dieu, faites que les hommes soient encore et toujours voleurs, méchants, assassins, espions, blasphémateurs, impies ; que les femmes soient toujours coquettes et fausses, et vénales !...

La prière monta aux pieds de l'Éternel.

Tout reprit son ordre accoutumé dans le monde. Le vice rendit à la société humaine le mouvement et le charme que la vertu lui avait enlevés. Quant au vieillard, il jeta sur le jeune homme un regard satisfait.

— C'est bien, mon fils, lui dit-il, te voilà revenu à temps d'un paradoxe fatal; te voilà convaincu par toi-même, que tout est bien dans le monde, et que d'en enlever le moindre des péchés capitaux, le plus léger de tous, la gourmandise, serait en déranger la savante harmonie. — Adieu, mon fils ! à présent que vous êtes indulgent pour les moins sages, rien ne manque à votre sagesse. Il faut cependant que vous emportiez un souvenir de votre ami le mendiant. Vous avez refusé mon diamant, prenez ces trois fleurs, ce lis, cette violette et cette tulipe diaprée : le lis est l'innocence, la violette avertit d'être humble et modeste, la tulipe représente la santé. Tant que la tulipe fleurira, les deux autres fleurs seront florissantes : la santé est un vase qui renferme toutes les autres vertus.

Ainsi parla le vieillard ; il embrassa Gustave, et ils se séparèrent pour ne plus se revoir.

Depuis ce temps, le jeune sage est devenu un si grand philosophe, qu'il est mort membre correspondant des académies de Dijon, de Lyon et de Nancy.

LA MORT DE DOYEN

— 1832 —

La semaine passée, en un coin obscur de sa maison, sous un théâtre, entre un palais grec et la forêt romaine, est mort, ou plutôt s'est éteint paisiblement, le dernier, le seul protecteur de la tragédie et de la comédie de ce plaisant pays de France. C'était la première fois qu'il mourait sans poignard, sans poison, sans applaudissements autour de lui, le brave homme; eh! je ne dirai pas sans larmes, il avait une famille et des amis; mais comparez ces larmes pénibles, arrêtées par la douleur, aux pleurs abondants qui suivaient toujours la mort d'Orosmane ou la mort de César? Aussi bien, dans cette grande perte, avons-nous la consolation de penser que cette mort fut heureuse. Au silence qui l'entourait à son lit funèbre, M. Doyen a rendu son âme à la façon de l'empereur Auguste : *Applaudissez, la farce est jouée!* fut le dernier mot de Doyen et d'Auguste, empereur.

Vous aurez beau chercher dans les biographies, dans les autobiographies de l'art dramatique; vous aurez beau chanter les louanges des grands seigneurs et des nobles âmes qui protègent ce bel art, aujourd'hui anéanti, vous ne trouverez personne, entendez-vous, personne, qui ait montré autant de zèle (voilà pour l'acteur); autant de désintéressement et de bonne volonté (voilà pour le Mécène), qu'en montra M. Doyen dans le cours de sa longue et double carrière. C'était dans cet homme unique une mémoire inflexible, une critique sévère et bienveillante, un respect inaltérable pour les traditions des maîtres, un dévouement superbe aux grands poëtes d'autrefois. M. Doyen avait plus que de la passion pour le théâtre; le théâtre était sa vie et sa gloire. Dédaigneux de fouler cette misérable terre en proie à des révolutions si mesquines, M. Doyen aimait à parcourir la scène tragique à longs pas; il aimait ce retentissement dramatique, agréable aux oreilles bien faites; il se plaisait dans le monde terrible des aventures sanglantes, des amours empoisonnées, des vengeances cadencées avec art. De ce monde à part, il était à la fois le dieu, le roi et le concierge; il était le grand-prêtre de ces croyances abolies, il s'enivrait de l'encens qu'il brûlait sur les autels abandonnés de la tragédie antique; il se tenait à la porte du sanctuaire pour choisir les élus de cette religion profanée. Toute sa vie est ainsi faite, entourée à plaisir de poignards et de poisons, occupée à profusion de festins funèbres où le père mange son fils, de tombeaux où les ombres parlent; remplie à vous donner le vertige, d'incestes, de méprises, d'assassinats. La tête de Doyen appartenait aux rois sans couronne, il était le mari des épouses sans maris, des mères sans enfants, il était l'amoureux des amantes échevelées, à peine couvertes d'un voile noir : telle fut la tâche auguste de M. Doyen; il mena pendant soixante ans sa vagabonde existence au milieu de toutes ces ruines. Ilion perdue, Athènes en cendres, Rome en ruines, la Gaule égorgée, voilà ses villes de prédilection, voilà sa géographie; il a vécu dans ces désastres; il en est mort. Quand il vivait, il ne connaissait ni les frais ombrages de Meudon, ni le riant Fontainebleau, ni les eaux jaillissantes de Saint-Cloud. Que lui font ces ombrages d'un jour? Parlez-lui de la statue de Pompée et des champs de Philippes; parlez-lui des Pyramides en fait de prodiges : en fait de ruines, il ne connaît que Thèbes et Memphis; il eût donné toutes les dynasties royales de l'Europe pour la race d'Agamemnon, cette race sans fin d'Agamemnon qu'il a vue finir!

L'illusion a bercé ce digne homme, et la plus puissante illusion. Il vivait, il agissait, il se démenait dans une histoire infinie en sensations de tout genre. Entouré de crimes, de révolutions et de meurtres, comme il l'a été toute sa vie, il faut l'honorer et l'estimer comme le plus heureux des mortels.

Cet homme était né avec tous les instincts d'un grand artiste. Il avait pourtant commencé par être peintre et décorateur de son métier. C'était encore la mode en France, quand il commença, de dorer l'intérieur des maisons, de fixer sur les portes des cariatides bizarres, d'attacher au plancher la foule bouffie des Amours : on s'entourait de guirlandes et de fleurs. C'était un bon métier, celui de Doyen. Doyen, du chapeau fleuri, il en fit un art, juste au moment où le peintre David nous rappelait à l'antique simplicité.

4.

En cette crise, Doyen était perdu si le peintre des petits salons dorés ne se fût pas senti la vocation des bâtisseurs de temples pour les rois et de palais pour les dieux. Mais, quoi ! c'était alors un mauvais temps pour les dieux comme pour les rois. L'église et le palais étaient également abandonnés. Doyen, décorateur sans ouvrage, à défaut de l'église et du palais, s'empare du théâtre, qui seul reste encore debout par le privilége des passions, quand toute vertu est éteinte. Passez donc sous son pinceau rapide, palais orientaux, temples profanes, forêts sacrées; arrivez sur la toile de Doyen, rivages décrits par Homère; enfants, dressez la tente d'Achille, préparez l'autel d'Iphigénie, faites descendre le nuage de Jupiter, enflammez la demeure de Pluton : le ciel, la terre et les enfers appartiennent à Doyen. Qu'importent les révolutions qui passent? qu'importe ce bruit d'empire qui vient et qui s'en va?

C'est ainsi que, poussé par son démon familier, et ne pouvant réaliser son idéal, il élevait des châteaux aussi beaux que des châteaux en Espagne, il parait ses nouveaux domaines avec tout ce qu'il put réunir de vermillon et d'azur; son univers, il le fit, autant qu'il le put, hardi, noble et fantasque; il colora les cieux, il colora les mers, il colora les montagnes. Or son septième jour étant venu, il s'assit un beau matin sur son pic le plus élevé, et regardant à ses pieds tant de rivages silencieux, tant de palais déserts, il fut triste comme un dieu quand l'homme au monde créé manquait encore. Au théâtre qu'il avait élevé, Doyen comprenait qu'il manquait un drame, un acteur... et le *fiat lux*.

Mais la tristesse de Doyen ne dura pas plus d'un jour.

La révolution et le malheur des temps l'avaient jeté dans l'idéal. Il s'était vu forcé de décorer un théâtre, faute d'avoir une maison vulgaire à restaurer; son théâtre est fait, ne croyez pas qu'il reste vide et sonore comme un cénotaphe à des mânes égarés. Espérez ! le théâtre de Doyen s'animera bientôt, ces échos muets vibreront, cette nature versera des larmes. Ici l'homme est double : un homme, un artiste. Eh bien, le théâtre étant bâti, l'artiste a fait un pas; le théâtre est bâti la veille, Doyen est comédien le lendemain : il n'y a guère plus de cinquante ans que cela est arrivé.

Alors commença pour cet homme extraordinaire ce dévouement de tous les jours et de toutes les heures à l'art dramatique pour lequel il ne semblait pas né. L'apprentissage de notre acteur se fit vite. Il arrivait, il faut le dire, à une belle époque : Lekain vivait, Larive était applaudi, le Théâtre-Français était une puissance, on comptait encore pour beaucoup la tragédie en cinq actes ; une chute en ces temps de la fiction dramatique faisait plus pour la fortune et la réputation d'un poëte, que ne ferait un succès aujourd'hui. Doyen ne se découragea pas; seul encore, ignoré, propriétaire inoffensif de son petit théâtre, il élevait autel contre autel; il commença, de sang-froid, cette lutte pénible et ces longues rivalités qu'il a soutenues toute sa vie contre le Théâtre-Français, et dont il est sorti vainqueur, après quarante ans de combats.

Comédien, portier, machiniste, souffleur, régisseur, contrôleur, décorateur, poëte ou peintre de son théâtre, c'était surtout par l'intelligence que brillait Doyen. Quand il dressait à ses risques et périls ses tréteaux splendides, malgré le succès apparent du Théâtre-Français, il comprit qu'il y avait décadence dans l'art dramatique, et que ce fruit, si vermeil en dehors, était piqué au dedans. Alors, en effet, La Chaussée introduisait au théâtre le drame bourgeois, Marivaux chargeait de paillettes les habits et le discours des marquis de Molière, le récit tragique dépérissait; les machines remplaçaient la tirade. O misère! ils avaient dressé un bûcher sur la scène dans la *Veuve du Malabar!* Bien plus, la déclamation notée était sourdement attaquée par quelques esprits novateurs qui, malgré l'opinion de Voltaire et ses arrêts datés de Ferney, continuaient à soutenir que le vers tragique n'était pas fait pour être déclamé.

Voilà ce qui perdit Talma.

Talma! Il ne fallait point parler de Talma devant Doyen. A tous les acteurs qu'il avait faits, et il les avait faits presque tous, Doyen préférait Talma. C'était Doyen qui avait fait Talma. Il lui avait ouvert son théâtre, il lui avait prêté ses habits de consul romain, il lui avait enseigné la puissance du vers déclamé. Talma était son élève chéri, la gloire de sa vie et l'orgueil de son théâtre. Eh bien, Talma l'avait trahi. Un jour, Talma avait oublié, ingrat génie! le théâtre de la rue Transnonain et son bon maître Doyen; Talma avait cessé de déclamer le vers pour le parler, Talma avait oublié le grand geste, il avait abaissé la passion tragique d'une coudée; Talma parlait, marchait, s'asseyait, entrait et sortait comme un simple mortel; Talma n'avait gardé aucune des traditions de son maître! Grands dieux! quel dommage et quels regrets cuisants pour M. Doyen!

Le jeu parlé et bourgeois de Talma fut le seul grand échec et le plus grand chagrin de M. Doyen. Cependant il ne se laissa pas abattre; au contraire, il s'attacha plus que jamais à l'honorable mission dont il s'était chargé; il veilla de très-près sur le feu sacré dont il était la dernière vestale. Comme il se sentait l'instinct des grands maîtres, il chercha partout des élèves; non content d'ouvrir son théâtre au premier venu, il les forçait d'entrer, comme le bourgeois de la parabole, sans même regarder s'ils avaient leur robe nuptiale; pourvu qu'ils voulussent porter la toge romaine, il était content. Vous ne sauriez croire quelle était sa joie quand, après bien des recherches, il avait rencontré quelque honnête boucher, quelque grêle perruquier, quelque robuste cordonnier, quelque chantre d'église à la voix de stentor, qui consentissent à escalader son théâtre. — Bonjour, Achille; bonjour, sage Nestor; salut, Agamemnon, le roi des rois! Surtout avec quelle sollicitude ne cherchait-il pas Iphigénie sous le bonnet rond de la lingère, Roxelane sous le madras de la femme de chambre; et vous, Rodogune, majesté aux sanglantes fureurs, que de fois vous a-t-il arrachée à la lecture de vos romans, remplaçant dans votre main le cordon de la porte cochère par la coupe empoisonnée! En même temps, que de talents tragiques il a découverts! Que de belles âmes seraient restées ignorées sans ce *voyant*! Que de passion il a jetée au dehors qui se serait misérablement perdue dans le comptoir d'un café, dans un atelier de lingerie, une antichambre de ministère ou dans une échoppe de boucher !

Mais aussi quelles peines il s'est données ! Quels poumons ! « Bénis soient les poumons, bon chevalier ! » A peine avait-il trouvé son Achille ou son Iphigénie, il les mettait en présence, il leur apprenait la triste histoire de leurs amours, il leur enseignait la puissance de la consonne sur la voyelle, il les faisait passer pas tous les extrêmes, de la règle la plus minutieuse de la grammaire au mouvement le plus subit et le plus spontané du cœur humain. — Allons, marche, ô marche, et qui que tu sois ; élève de Doyen, tu es à lui, tu es sa proie, et sa gloire ; il te jètera tout armé dans le monde, au delà des mondes connus. Qui que tu sois, si tu veux parvenir, sois patient, laborieux, apprends par cœur les chefs-d'œuvre, et lave-toi les mains. C'est ainsi qu'il a créé plus d'un grand comédien qui, avant lui, ne savait pas lire. Doyen était pour ses acteurs ce qu'Hamlet était pour les siens. Seulement Hamlet, dans le fond de son âme, est un méchant ricaneur : il se moque du père noble *qui lui déchire sa passion comme du vieux linge;* il se moque de la princesse dont le talent *a grandi du saut d'une puce;* Hamlet est traître envers l'art, envers l'artiste. Doyen croit ingénument à son prince, à sa princesse, il ne se moque de personne, il ne veut décourager personne ; il a de bonnes paroles et des promesses paternelles pour tous ses enfants.

— Allons, dit-il, mon jeune Achille, avancez le pied droit, relevez la tête, enflez la voix, ouvrez les yeux ! n'oubliez pas que vous êtes *le plus beau des Grecs !* —

Allons, ma princesse, avancez la taille, arrondissons ces deux bras un peu courts, penchez la tête. Il n'est pas de roucoulements, de petites grâces, de minauderies dramatiques, pas de gestes nobles, pas de sourire gracieux, que nos artistes n'aient appris à l'école de Doyen. Là seulement on apprenait le *To-Kalon!* C'est en vain qu'il y avait un Conservatoire et des professeurs à ce Conservatoire; en rendant justice à nos grands maîtres en déclamation, il faut reconnaître que M. Doyen a fait à lui seul autant qu'eux tous, pour l'art dramatique. Aussi, voyez à Paris, voyez dans nos provinces, cette tragédie élégante et savante qui marche à pas comptés, qui s'étale et fait la belle, et la grave, et la sage, aux yeux de la foule, hoquet héroïque et gloussement... croyez-vous donc que ce soit le Conservatoire qui ait fait cela à lui tout seul?

Et quand Hamlet a donné sa leçon aux comédiens, il déclame; il s'arrête dans sa tirade, il demande au souffleur la fin de ce beau vers *qui commence par Pyrrhus;* puis, quand il a déclamé tous les vers qu'il sait par cœur, il s'arrête et, dit-il à ses comédiens: *Soldats! je suis content de vous!*

Ainsi faisait M. Doyen. Après sa leçon, M. Doyen était accessible : on pouvait l'approcher, on lui parlait, il était affable et bon. A la fin, quand ses élèves avaient vaincu les plus grandes difficultés, il daignait souvent jouer avec eux; il se mettait à la portée de leur jeune intelligence, lui, M. Doyen, en grand costume, sous la pourpre d'Auguste ou sous le casque de Burrhus!

C'étaient là des jours solennels. Le théâtre était balayé à fond, éclairé à huit becs, il voyait jour de tous ses quinquets et de toutes ses chandelles. Dès le matin chaque acteur était sur pied, occupé à se faire un costume; et Dieu sait que de beau papier doré était perdu, que de bonne gaze était gaspillée! C'était un chaos charmant à voir. On s'appelle, on s'interroge, on se cherche, on se tutoie par avance, comme si déjà l'on parlait en vers alexandrins; on s'emprunte son rouge ou sa perruque. Que d'envie un pot de céruse a souvent excitée! Junie est vernissée jusqu'à la tête, Agrippine a gardé, malgré ses ans, sa peau naturelle, Britannicus n'a pas de sandales. Dieux et déesses! tout manque à ces jeunes talents, l'espoir du théâtre! Eh bien, M. Doyen suffit à tout, M. Doyen a tout prévu; il est partout : portier, il est à sa porte, lampiste, il est à sa rampe; il s'habille, il habille les autres, il retranche de son costume tout ce qu'il peut en retrancher décemment pour vêtir son voisin; il va, il vient, il fait ses recommandations, il a soin des accessoires; il s'informe, en tonnant de sa voix de tonnerre, si le *tonnerre* est prêt, si les éclairs seront beaux, si l'ombre de Ninias aura son masque, si la lettre d'Aménaïde est d'un papier assez jaune et d'une écriture assez gothique? — Ami souffleur! dit-il, à ton poste! Il sait à quel point le souffleur est un personnage important dans ces premiers assauts.

Cependant la foule arrive. Étudiants, bonnes d'enfants, bourgeois de la vieille roche, amis naïfs de l'émotion dramatique, enfants au-dessus de neuf ans, militaires retraités, femmes malheureuses, toute cette nation à part de tendres cœurs et d'esprits oisifs qui aime encore la tragédie, arrive en haletant au théâtre de M. Doyen. On se pousse, on se presse, on se heurte, on est ivre à l'avance, et les mouchoirs sont prêts. O fête des sensations jeunes! Ô vrai plaisir de la tragédie! O vive attente de la catastrophe! O bonheur du drame! Enchantements du rhythme! O plaisir décent de nos pères dont notre malheureuse époque ne veut plus, on ne vous retrouvait que chez Doyen!

Quand Doyen avait tout dit, quand il était parvenu, en déclamant, et réprimandant le parterre, rallumant le quinquet éteint, soufflant le rôle de ses élèves, au cinquième acte de sa corvée, il n'y avait pas de bonheur égal à son bonheur, pas de gloire égale à sa gloire! — Il parlait du haut de son théâtre, et plus haut que du ciel. Il mourait aux acclamations unanimes; puis mort il se relevait, et souriant comme Hamlet, il disait comme lui :

Soyez les bienvenus, messieurs, dans Elseneur.

Elseneur, c'était son théâtre de la rue Transnonain. Mais, hélas! il n'est plus cet homme heureux de tant de gloire! Il n'est plus, ce grand pourvoyeur des théâtres de tragédie; avec lui s'est enfuie haletante la terreur tragique; avec lui disparaissent l'étude et le respect des modèles, le souvenir des grands maîtres. M. Doyen au tombeau, la dernière pierre tombe au temple de Melpomène, le poignard échappe à sa main débile, le cothurne abandonne ses pieds affaiblis. Pleurez, vous tous qui aimez encore la pompe et les grands vers! Nous tombons de la tragédie à l'opéra-comique, de l'opéra-comique au vaudeville, du Théâtre-Français au Gymnase; nous n'avons plus de chute à redouter.

J'ai dit que Doyen avait été un homme heureux durant sa vie, et je le crois. Cependant il ne fut pas exempt des chagrins réservés aux grands artistes : il avait bien pressenti avant sa mort la décadence de l'art, mais jamais dans ses craintes les plus exagérées il n'avait imaginé la décadence où nous sommes. La prose, hélas! remplaçant le grand vers, les guenilles remplaçant la broderie et la pourpre, le bonnet rouge sur des têtes modelées pour le casque athénien; les vampires, les forçats, les mortes ressuscitées, les monstres, les bêtes fauves, et Robespierre marchant sur une scène faite pour des rois et des héros, c'étaient là autant d'horribles piqûres qui allaient à l'âme de notre illustre artiste, autant d'essais informes qui échappaient à son intelligence, autant de malheurs personnels auxquels il ne pouvait pas survivre.

Il est mort à temps, le pauvre homme; il est mort avec l'art qui faisait sa gloire; il est mort avec la tragédie qui lui était si chère, mort comme elle, abandonné dans son cercueil! Ingrats élèves, ingrats comédiens! C'est à peine s'ils ont conduit à sa dernière demeure leur protecteur, leur ami. Ils ont oublié tant de sacrifices. Avec une fortune médiocre, M. Doyen avait trouvé moyen de traiter l'art en grand seigneur. Pour bâtir son théâtre, il avait vendu sa maison. Tout comme un autre il aurait eu un salon aéré, une chambre commode, un boudoir loin du bruit; il n'avait ni salon, ni chambre à coucher, ni boudoir; il avait... un théâtre! Il aurait pu charger sa muraille de tableaux choisis, d'aquarelles riantes, de bonnes gravures amusantes à regarder.... il avait des décorations pour son théâtre! Au lieu d'aller aux champs respirer les parfums et les brises d'avril, il se promenait entre les arbres de son théâtre. Il n'est guère de bourgeois de Paris qui n'ait à soi un fauteuil à la Voltaire (ô M. de Genoude, à la Voltaire) pour se reposer le jour ; un lit de duvet pour dormir ; un bonnet de coton à mèche innocente pour enfermer sa tête ; de chaudes pantoufles pour l'hiver, une lampe astrale aux mouvements réguliers, d'une clarté toujours égale, en un mot les jouissances indispensables d'un luxe innocent qui est devenu une nécessité. M. Doyen avait sacrifié à sa passion pour la comédie et les comédiens toutes ces joies charmantes de l'intérieur. Son fauteuil était un fauteuil de théâtre, un fauteuil du moyen âge, en bois noirci. Son lit était le vrai lit de quatre pieds, sur lequel se réveillait Juliette, sur lequel plus d'une fois, expira Mithridate. Il n'avait pour s'éclairer, que la lampe funèbre à un seul bec de l'antiquité homérique ; la chlamyde incommode et froide lui servait de robe de chambre ; en façon de pantoufles fourrées, il chaussait de froides et dramatiques sandales. Je vous l'ai dit, le théâtre le poursuivait dans son intérieur le plus intime ; la tragédie, inévitablement, s'accouplait avec sa gaieté la plus folle.

A table, avec ses amis et ses enfants, les poignards servaient de couteaux ; le vin, cette joie... on le buvait dans *la coupe homicide.* Je suis sûr que Doyen portait des chemises sans manches, comme il convient à un Romain qui va les bras nus ; quand il achetait une couverture, il s'informait, non pas si la couverture était chaude, mais si elle était entourée d'un file rouge assez large pour servir au besoin de manteau impérial.

JENNY LA BOUQUETIÈRE.

L'histoire de Jenny est une histoire extravagante ; elle a fait un métier que je ne saurais trop vous expliquer, mesdames. Cependant comme elle avait un bon cœur accouplé à une belle âme, il faut qu'elle ait sa biographie à part ! Elle a rendu de grands services aux artistes contemporains, cette aimable et vaillante Jenny !

Je dis Jenny *la bouquetière*, parce qu'elle vint à Paris vendant des roses et des violettes pâles comme elle. On sait que pour le débit de fleurs, il n'y a guère que deux ou trois bonnes places dans tout Paris. A l'Opéra, le soir, quand les femmes riches et parées s'en vont, en diamants, en dentelles, se livrer aux molles extases : alors il fait bon avoir un magasin de roses et de violettes sur le chemin de ces belles... la vente est sûre ; tel Harpagon du matin, donnerait, le soir étant venu, pour une rose, un louis d'or.

Mais quand vint Jenny à Paris, elle eut grand'peine à s'installer, même sur le pont des Arts ; tristes fleurs, sur le pont des Arts ! des fleurs sans parfum, sans couleur, image réelle de la poésie académique, des fleurs de la veille à l'usage des grisettes qui passent. Avec un pareil commerce, il n'y avait aucune fortune à espérer pour Jenny.

Jenny la bouquetière se morfondait en misère et en larmes de toutes sortes. Ce n'est pas que l'attention publique manquât à Jenny. Elle fut beaucoup admirée dans la sphère où elle vendait ces tristes fleurs. Il y eut plus d'un roué de la bourgeoisie qui fit des quolibets à Jenny; mais elle ne les comprit pas. — Ils sont si laids et si bêtes, ces Lauzun de boutique ! Ainsi la fillette vendait ses fleurs, plus mal de jour en jour. Rester sage et vivre est un grand problème ! Il fallait sortir de ce misérable état, à *tout prix*.

Quand je dis à *tout prix*, je me trompe : non pas au prix de l'innocence, au prix de cette fortune éphémère du vice qui s'en va si vite, et se fait remplacer par la honte. Ne crains rien pour ton joli visage, humble et douce bouquetière; il y a, Dieu merci, quelque fortune innocente à faire avec ta jeunesse et ta beauté, ma fille; avec ton doux visage, tes doigts charmants, ta belle taille, et ce pied bien cambré qui donne une forme agréable à tes souliers chétifs.

Viens dans mon atelier, belle Jenny, viens; tu n'as pas même à redouter mon souffle. Pose-toi là, ma fille, sous ce rayon de soleil qui t'enveloppe de sa blancheur virginale. Allons, sois muette et calme, et laisse-moi t'envelopper de poésie, mon idole d'un jour ! Je vois déjà voltiger autour de ta robe en guenilles les couleurs riantes, les formes légères, les ravissantes apparitions de mon voyage d'Italie. O muse ! sous mon pinceau réjoui, sur ma toile glorifiée, dans mon âme et sous mon regard, que de métamorphoses tu vas subir! Vierge sainte, on t'adore, les hommes se prosternent à tes pieds; nymphe au doux rire, les jeunes gens te rêvent et te font des vers. Sois plus grave! et relevant tes sourcils arqués, réprime à demi cette gaieté d'enfant... je te fais reine! Enfin, si tu veux poser ta tête sur ta main frêle, et t'abandonner à la poétique langueur d'une fille qui rêve, on fera de toi plus qu'une vierge : salut à la maîtresse de Raphaël ou de Rubens! C'est beaucoup plus que si tu devenais la maîtresse d'un roi!

Inépuisable Jenny! qu'elle vienne, l'inspiration me saisit et m'oppresse! la fièvre de l'art est dans mes veines; ma palette est chargée pêle-mêle, ma brosse est à mes pieds; viens, il est temps, Jenny, la complice... et le modèle innocent de mon rêve. Allons, Jenny, pose-toi, montre à mes yeux éblouis la Vénus de Praxitèle quand toutes les beautés de la cité de Minerve posèrent pour la Vénus. L'instant d'après, si je veux changer ma beauté cosmopolite, la voilà Chloé, Lydie ou Néobule. Elle se promenait, tantôt sur un char d'ivoire au portique d'Octavie! Enfant de la lyre, elle chantait les chansons d'Horace ou *l'Art d'aimer* d'Ovide! elle disait si bien : *Lydia dormis!*

Vous autres, enfants, vous n'imaginez guère ce que c'est qu'une pauvre fille qui rêve éveillée, et rêve pour vous; vous ne savez pas tout ce qu'il y a de péril dans cette position d'une pauvre femme immobile, muette, arrêtée à ce point fixe! Halte! et conservons cette extase! A ce compte, une grande comédienne, est l'innocente beauté qui sert de modèle au peintre, au sculpteur, au chercheur d'idéal! une comédienne à huis-clos qui se drape avec une guenille, reine dont un foulard forme la couronne, danseuse dont un tablier fait la robe de bal; sainte martyre qui prie, les yeux levés au ciel, en chantant une chanson de Béranger. Humble inspirée! elle passera par tous les extrêmes, pour obéir aux moindres caprices de l'artiste : on la brûle, on l'égorge, on l'étouffe, on la met en croix, on la plonge en mille voluptés orientales; elle est en enfer, elle est au ciel; archange aux ailes d'or, prostituée à l'air ignoble, elle est tout; elle passera par toutes les habitudes de la vie : une dame, une bourgeoise, une majesté, une déesse. Allons, parlez! que voulez-vous? Et tant de labeurs, sans l'espoir d'une louange, et sans la plus petite part dans l'admiration accordée au chef-d'œuvre. On voit le tableau : que cette femme est belle! quel regard! que d'inspirations véhémentes dans cette tête où tout parle! Honneur au peintre, et rien pour le modèle! On porte l'artiste aux nues, on le comble d'or et d'honneur : il n'y a pas un regard pour l'humble Jenny; c'est Jenny qui a fait le tableau, pourtant!

Assemblage inouï de beauté, de misère, d'ignorance et d'art, d'intelligence et d'apathie! Innocente prostitution d'une belle personne, qui veut sortir chaste et sainte des regards du maître, après avoir obéi en aveugle à ses moindres caprices! Voyez-vous, mes frères, l'art est la grande excuse à toutes les actions au delà du vulgaire, il est la gloire, il sera même une excuse à cet abandon qu'une humble jeunesse fait de son corps!... Il était si beau, ce modèle *aux doigts de roses!* « La bouquetière » était douce et modeste, autant que jolie! — Elle était soumise à l'artiste, et sitôt qu'il n'était plus qu'un homme vulgaire, sitôt qu'il avait déposé le burin ou l'ébauchoir, Jenny redescendait des hautes régions où l'artiste l'avait placée pour s'y élever avec elle. Elle redevenait une simple femme; elle rejetait sur sa gorge nue un mouchoir d'indienne, elle rentrait sa jambe alerte dans son bas troué; on n'eût pas respecté *la reine* ou *la sainte...* on respectait Jenny.

Ce qu'elle est devenue? Elle a rendu aux beaux-arts plus de services que tous nos ministres ne lui en ont rendu depuis vingt ans. Elle a parsemé nos temples de belles saintes que Luther eût adorées; elle a peuplé nos boudoirs d'images gracieuses, de ces têtes qu'une jeune femme enceinte regarde avec tant d'espoir... elle a donné son beau visage et ses belles mains aux tableaux d'histoire. Sa bienveillante influence s'est fait sentir dans l'atelier de nos plus grands peintres : Eugène Delacroix, Ary Scheffer, Paul Delaroche, se glorifiaient de Jenny. — Jenny dédaignait l'art médiocre; elle s'enfuyait à s'écheveler, quand elle était appelée par les célébrités douteuses; elle ne voulait confier sa jolie figure qu'au génie... elle a fait crédit à M. Ingres. Aimable fille! Elle a plus encouragé l'art, à elle seule, que tous les Médicis! Hélas! l'art a perdu Jenny; il est perdu le charmant modèle, et perdu sans retour. Jenny, infidèle à l'art, pour être fidèle à son mari, s'est mariée à un beau gentilhomme qui fut peintre un instant, et qui brisa sa palette en désespoir de ces beautés qu'il ne pouvait reproduire et qu'il avait sous les yeux.

Devenue à son tour une femme heureuse, la petite bouquetière est un *modèle* accompli d'esprit, de grâce et de reconnaissance. Elle a quitté ses pauvres habits et son châle de hasard ; elle a chargé son cou de diamants ; les tissus de cachemire couvrent ses épaules ; sa robe est brodée et ses bas sont encore à jour, mais troués cette fois par le luxe et la coquetterie ; elle a des gants de Venise pour cette main si blanche, et des senteurs de l'Orient pour cette peau si douce ; approchez, la grande dame est toujours Jenny la bouquetière, Jenny le *modèle*. Si vous êtes grand artiste, si vous vous appelez Ingres, Delaroche, ou Decamps, ou Johannot, arrivez, dites-lui : Il me faut une belle main, madame... il me faut de blanches et fraîches épaules, elle ôtera son gant, elle ôtera son cachemire.

Dites-lui : Jenny ! je fais une Atalante, il me faut la jambe et le pied d'Atalante ! elle vous prêtera sa jambe et son pied comme autrefois Jenny la bouquetière ! Ingénue et dévouée à l'art ; aimant sa beauté, parce qu'elle est utile, et, pour sa récompense, se félicitant tout haut d'être belle, parce qu'elle est belle partout : sur la toile, sur la pierre, sur le marbre, sur l'airain, en terre cuite, en plâtre, et toujours belle !

Ainsi, le peintre et le sculpteur n'ont rien perdu aux grandeurs de ce *modèle* accompli de tout ce qu'il y a de beau et de charmant.

MAITRE ET VALET.

Je me souviens encore du premier dîner que je fis à Londres ; j'eus certes le temps d'entendre et de voir, ignorant de la langue que parlaient les convives, et goûtant avec précautions de leurs mets favoris. Mon rôle fut un rôle passif une grande partie du repas, et ce ne fut qu'au second service, quand se montrèrent le bel esprit et les vins de France, si joyeusement annoncés par le fracas et la mousse pétillante, que je commençai à devenir à peu près un homme, un homme à jeun... avec des gens qui ont fort bien dîné.

Voici mon étonnement, et je vous le donne ici, non pas comme une histoire amusante, mais comme étude des mœurs anglaises ; vous ferez de mon histoire ce que vous voudrez, et ce sera plus d'honneur qu'elle ne vaut.

Donc (vous voyez que ce commencement se ressent de mon embarras), j'étais assis à côté d'un gentilhomme anglais, très-poli, très-grand buveur et fort communicatif pour un Anglais chez lui, dans son île, sous sa charte anglaise, propriétaire, électeur, éligible, élu ; celui-là était membre de la Chambre des communes. Il était très-honoré de toute l'assemblée ; on écoutait ses moindres paroles avec déférence : évidemment c'était un homme considérable, un homme hospitalier ; sitôt qu'il eut essuyé le premier feu de la conversation et qu'il y eut répondu pour sa part, il finit par m'apercevoir : alors il me parla en français, et me fit verser le premier verre de vin de Champagne, si bien que nous fûmes tout de suite une paire d'amis.

En général, on ne rend pas assez justice au vin de Champagne. On le boit à longs traits, il est aussitôt oublié qu'il est bu. On le dépense à la façon d'un peu d'esprit que l'on aurait, au hasard et à tout propos. C'est surtout lorsqu'on a quitté Paris que l'on comprend bien la grâce et les divers mérites de ce cher compagnon célébré par tous les poëtes. Paris est sa vrai patrie ; il s'y plaît, il y est à l'aise et dans toute sa joie et toute sa puissance ; il aime les jeunes gens de Paris, les femmes de Paris, les nuits de Paris. Telle femme attend ce joli vin pour être aimable, et telle autre pour être belle ; il se mêle à leurs larmes d'amour, il donne le courage du duel et le courage du jeu, tous les courages secondaires. C'est lui qui dompte les chevaux rebelles, qui conduit les frêles tilburys au bois de Boulogne ; il est la vie et le mouvement de nos boulevards ; sitôt que le soir est venu, il se dandine aux Champs-Élysées. Il parle, on l'écoute ; il appelle, on lui répond. Fugitive espérance, orgueil d'une heure et rêve d'un instant !

Hors de Paris, ce roi des bons vivants est à peine

un exilé qui se souvient de ses belles heures, mais il s'en souvient à de rares intervalles, et tout de suite il retombe en sa tristesse, songeant à la patrie absente. Que voulez-vous, hélas! qu'il devienne, à plein verre et débouché par des mains inhabiles? Comment rire en ce verre épais? Ce n'est pas un vin de province, c'est un vin de Paris. Laissez à la province le vin de Mâcon, noble et franc, libéral et frondeur, ennemi du sous-préfet et du maire; le vin du Rhin, qui porte des moustaches et des éperons, véritable soldat toujours prêt à dégaîner; laissez à la province (elle ne s'en fâchera pas) le vin de Bordeaux, limpide et clair comme l'eau des sources sacrées; mais le vin d'Aï, par Voltaire! il est l'enfant parisien, c'est la joie parisienne. Il aime, il devine, il reconnaît le Parisien « comme je reconnais la signature de mon père quand il m'envoie de l'argent », disait un Champenois de mes amis.

Que de longues et douces étreintes! que de paroles d'amour! que de bonheur de se revoir! que de promesses de ne jamais se quitter! Le vin de Champagne! il est notre heureux truchement dans les déserts de l'Afrique; il est notre consul actif et dévoué en Orient, notre pavillon protecteur dans le vaste océan, notre riche et puissant ambassadeur dans les hautes nations. Je me sentis donc très-disposé à cette naturalisation anglaise, ou, si vous aimez mieux, tous ces messieurs se reconnurent Français, quand ce pétillement joyeux apparut escorté par le bouchon qui saute, comme une grande dame est escortée par son coureur.

A ce moment-là nous fûmes tous compatriotes, chacun but et parla en français; je fus le roi du festin.

Vous raconter ce qui se dit alors, je ne saurais ; d'ailleurs, ce n'est pas là mon histoire : il faut attendre, pour que mon histoire arrive, que la plupart de ces gentilshommes se retirent et que nous restions seuls à table, occupés à boire, le gentilhomme anglais, moi et toi, mon cher et digne Hawtrey, que cette scène digne de Sterne a fait pleurer.

Nous étions donc tous les trois buvant à petits traits dans de longs verres, et tenant de très-sérieux discours sur toutes choses frivoles, le jeu, l'amour, les chevaux, les femmes, la politique, et enfin les deux héros poétiques de la France et de l'Angleterre : Shakespeare et Jean-Jacques Rousseau. Vous remarquerez qu'il n'y a pas un Anglais qui ne parle de Jean-Jacques, pas un Français qui ne s'entretienne de Shakespeare. Quel que soit le cours d'une conversation entre Anglais et Français, il faut toujours qu'elle arrive invariablement à ces deux hommes. Cela tient à ce que nos voisins ont accueilli Jean-Jacques Rousseau persécuté, et que, nous autres, nous nous sommes tout récemment soumis à Shakespeare... un demi-dieu ! Nous lui avons présenté notre épée par la poignée. Ainsi, nécessairement, nous avons parlé de Shakespeare et de Jean-Jacques Rousseau ce soir-là.

Je ne sais comment, ni pourquoi, je vins à dire à notre Anglais, qui les comparait l'un à l'autre avec beaucoup d'esprit, et qui trouvait plus d'une affinité entre ces deux génies sauvages qui éclatent et se manifestent au dehors par la pensée et par l'éloquence, comme fait un volcan : « Ajoutez ceci à votre portrait, lui dis-je, ils ont été tous les deux les humbles serviteurs de leurs maîtres : Shakespeare a tenu les chevaux à la porte des théâtres, Jean-Jacques Rousseau a servi à table chez un grand seigneur. » Je dis cela comme une chose de publique autorité.

Mais jugez de ma surprise ! A peine eus-je achevé cette malencontreuse proposition, que je vois la figure de notre Anglais pâlir tout à coup et devenir horriblement blême et triste, de joyeuse et rubiconde qu'elle était. Je crus d'abord que le digne homme venait d'éprouver les atteintes d'un mal subit, et je me préparais à lui porter secours, quand tout à coup il se leva de table en sanglotant ; puis, d'un geste, il renvoya le valet qui nous servait. Quand il eut versé deux ou trois de ces grosses larmes honnêtes qui sortent de l'âme et qui font tant de peine à voir :

— Mon Dieu ! s'écria-t-il, mon Dieu ! que vous m'avez fait de peine sans le vouloir, monsieur !

En même temps il reprit sa place à table ; il appuya son front sur sa main gauche ; de sa main droite il se livrait à un mouvement convulsif par-dessus son épaule, comme s'il voulait en arracher je ne sais quoi.

Nous étions là tous les deux, le regardant bouche béante, Hawtrey, immobile et ne songeant pas à s'expliquer ce spleen subit, sinon par l'ivresse, et moi, avec notre malheureuse littérature de bagne et d'échafaud, m'attendant à trouver un de ces êtres *flétris par les lois*, comme on dit, que la société rejette de son sein, dont les romans abondent, qu'on voit partout sur nos théâtres, et que dans le monde on ne rencontre nulle part.

Que sait-on ! J'allais peut-être entrevoir une chose

que je n'ai jamais vue, un galérien en chair et en
os !

Mon soupçon, littéraire et dramatique, prit bientôt
une grande consistance, quand j'entendis l'honnête
gentleman s'écrier en portant un regard effaré sur son
épaule :

— Ne voyez-vous rien? Ne voyez-vous rien? messieurs?

Et son geste convulsif allait toujours.

Hawtrey lui répondit qu'il ne voyait sur les épaules
de Son Honneur qu'un très-bel habit de très-beau
drap. Moi, silencieux, je pensais tout simplement que le
gentilhomme s'était trompé, et qu'il avait voulu dire :
— Ne voyez-vous rien *sous* mon habit? et non pas *sur*
mon habit. Je me croyais très-habile en ceci : il y
a des moments où l'on pousse la bêtise jusqu'à la
cruauté.

Cependant le gentilhomme insistait : « Ne voyez-vous rien sur mon habit? Ne voyez-vous pas cette
maudite aiguillette?» Et tout à coup, remarquant mon
étonnement, désappointé que j'étais, de chercher
une simple aiguillette sur une épaule que je croyais
marquée au fer chaud.

— Oui, dit-il en serrant les poings, oui, j'ai porté
l'aiguillette; j'ai servi à table; je suis un valet, indigne
d'être assis à vos côtés; donnez-moi une place derrière vos siéges, messieurs, et permettez-moi de vous
servir !

Hawtrey prit pitié de ce digne gentilhomme, et lui
adressa de consolantes paroles. Moi, j'avais un bien
mauvais cœur ce soir-là (ce n'est pas pourtant ma
coutume !), je me disais que pour l'intérêt du drame,

si l'aiguillette était un acteur moins héroïque, il était plus inattendu et plus nouveau, et je me demandais ce que le drame allait devenir.

Alors commença un vrai drame : éloquence, colère, larmes, pitié, rires aussi, rien n'y manquait; c'était un drame à la Shakespeare, et qu'il n'eût pas laissé échapper, j'en suis sûr, s'il eût entendu cet homme, avec tant de regrets, nous traîner dans toutes les angoisses de cette condition que je lui avais rappelée avec tant d'innocence et si peu d'à-propos !

Tout ce qu'il nous dit ne pourrait se redire; il le disait avec tant d'éloquence et de douleur.

— J'en conviens, messieurs, j'ai porté la livrée; et je sens encore à mon épaule innocente l'aiguillette fatale que n'ont porté ni Jean-Jacques Rousseau ni Shakespeare; hélas! je sais trop quel est ce supplice d'avoir son âme attachée au bout d'une sonnette! Vous êtes tout seul dans l'antichambre à rêver, la sonnette à l'instant vous réveille en sursaut. La sonnette est un tyran. J'ai été l'objet de ses moindres caprices, l'instrument de ses moindres passions...

Disant ces mots, il restait abîmé dans sa douleur. Nous voulûmes le consoler; mais lui, reprenant cette conversation souvent interrompue : — Ah ! disait-il, me consoler ! cela est impossible; oublier le passé, je ne saurais. Mes membres se sont pliés à la livrée, ils en conservent l'empreinte. L'aiguillette pèse incessamment sur mon épaule, ma tête est presque toujours découverte, je ne sais pas tendre amicalement la main aux gens que je salue. Quand je monte en voiture, le pied me brûle, et dans ma maison, parmi mes nombreux domestiques, s'il faut implorer un service, je n'ose pas et j'hésite. Je suis maudit. Une tache ineffaçable est à mon front!

Il se frappait la tête avec fureur.

Alors Hawtrey, qui est un puritain, un homme de la vieille Église, voyant que cette puérile affliction n'avait pas de terme, se mit en colère et s'emporta en chrétien contre l'orgueil de cet homme qui ne pouvait pas oublier son ancienne condition, et se traitait plus mal, pour avoir habité une antichambre, que s'il eût fait un voyage à Botany-Bay.

— Cela est très-mal et très-peu chrétien, et très-peu digne d'un homme raisonnable, monsieur, je vous le dis franchement.

Le gentilhomme se prit à sourire, en levant cette épaule qui le faisait tant souffrir.

— Voilà ce que je me dis tous les jours, ce sont de vaines paroles. Croyez-moi, j'ai fait tous mes efforts pour surmonter ce malheur puéril. Vains efforts! quand je me suis bien raisonné tout le jour, quand je me suis bien répété que tous les hommes sont égaux dans l'Église et dans le royaume, la nuit arrive. Alors le frisson me reprend. Je me mets au lit en tremblant, et je m'endors. Mon sommeil est horrible. A peine endormi, je recommence mon métier d'autrefois. J'étais maître, et je suis valet maintenant. Que de tortures! grand Dieu! que de petites douleurs plus cruelles mille fois que les grandes douleurs! C'est un rêve empreint de domesticité. Je loge dans les combles de la maison. Dès le matin, je me lève pour panser mes chevaux. L'animal bondit sous ma main; je le frotte et je le pare, et dans sa robe luisante, je vois mon visage encore tout pâli par les veilles. A peine ce cheval vicieux est pansé, j'entends le maître qui sonne... Et bientôt le voilà sur le cheval que j'ai rendu si beau. Il va, je le suis. Il s'arrête et je me tiens à distance. Il parle et j'écoute. Il dîne avec ses amis, et moi, debout, j'entends leurs éclats de rire et j'attends leur bon plaisir. Le même rêve ainsi m'obsède toutes les nuits, toutes les nuits j'endosse la même livrée. Je suis un laquais, vingt-quatre heures sur quarante-huit.

Et quand, après ce pénible sommeil, je me réveille enfin; quand je me retrouve au lit du maître, et dans sa chambre, éveillé que je suis, je tremble de voir arriver quelqu'un qui me chasse ; il me faut une heure au moins avant de m'habituer chaque matin à ma position nouvelle, avant d'appeler mon valet de chambre ! Il m'attend ; il a peut-être rêvé, la nuit, qu'il était le maître : il est plus heureux que moi.

— Monsieur, me dit-il encore, écoutez une histoire horrible. Sans doute vous êtes comme moi, monsieur, et vous ne trouvez rien de plus doux au monde que d'aimer une belle femme qui vous aime, de boire un vin qui vous plaît, de tenir, une épée à la main, sur six pieds de gazon; un homme armé d'une épée, un homme que vous haïssez. Cela est heureux? On se sent vivre. Eh bien, la semaine passée, j'ai rêvé que, moi, je servais à table mon rival et ma maîtresse. Pendant deux longues heures j'ai fait mon service, obéissant à leurs moindres gestes, écoutant leurs moindres propos, comprenant leurs moindres signes! Malédiction, malédiction! ils se gênaient si peu devant moi ! Ils me comptaient pour si peu ! Ils se livraient à leur fête comme s'ils avaient été seuls !

Je les servais ! Mon cœur battait à outrance. Ils se retournaient comme s'ils avaient été inquiétés du bruit que faisait mon cœur. Ma gorge était desséchée... Ils me demandaient à boire, et je leur versais à boire ! A la fin de ce repas maudit, quand je voulus me venger et demander raison de son outrage, à l'homme qui m'outrageait, il me demanda son épée et me fit signe de l'accompagner; du même pas, il fut se battre avec un autre que moi, et je restai là, tranquille spectateur... J'étais un domestique ! Je n'étais pas un homme ! Ah ! voilà pourtant les nuits que je passe, et voilà mes rêves, voilà ma vie ! Et le jour, je vis à peine; le jour, pendant lequel je suis maître, je pense à la nuit qui va venir. Si je donne, honteux de moi-même, le bras à ma femme, — avant peu, quand je serai son valet, — elle va me traiter comme un chien, tant elle est insolente et cruelle pour ses gens ! Mes amis les plus sincères, je les hais, parce que je sais qu'à la nuit tombante ils me feront porter un habit galonné, qu'ils me donneront des ordres, et qu'il n'y aura plus devant moi un seul de ces hommes si parés qui songe à cacher ses laideurs. Voilà encore un des malheurs de notre condition, à nous autres laquais : nous voyons l'humanité dans ce qu'elle a de plus vil et de plus abject. Nous savons à point nommé, quand nos maîtres manquent d'argent ou de courage; nous savons quand ils pleurent; nous connaissons leurs maladies les plus cachées; nous mettons le doigt sur leurs plaies les plus secrètes; ils ne se gênent pas avec nous : pourquoi voudriez-vous qu'ils fussent des hommes pour nous? nous ne sommes pas des hommes pour eux.

Malheureux que je suis, je méprise et je hais les hommes pour les avoir vus dans toute leur nudité.

Ainsi parla ce malheureux fantaisiste... avec une éloquence incomparable et que rien ne peut rendre. Au milieu de toute cette colère, il eut des aperçus très-fins et très-ingénieux qui me frappèrent, et qui m'échappent, comme ces beaux airs du grand Opéra, dont on se souvient, sans pouvoir en chanter une note.

Cependant l'heure était fort avancée; à minuit, notre gentilhomme se leva en sursaut :

— Voici l'heure où je redeviens laquais, nous dit-il.

Il sonna. Un des valets de la maison entra dans l'appartement.

— Voulez-vous, lui dit-il très-poliment, faire avancer ma voiture, s'il vous plaît?

Il sortit en nous faisant un profond salut.

Restés seuls, Hawtrey et moi, nous entendîmes le carrosse armorié qui s'éloignait.

— Ceci est étrange! dit Hawtrey. Voici un sentiment singulier et tout nouveau qui se révèle à nous mal à propos. C'est un mélange bizarre de folie et de raison que je ne saurais définir, mais bien singulier. Qu'en penses-tu?

— Je pense, lui dis-je, puisque nous avons parlé de Jean-Jacques Rousseau, que voilà un homme qui dérange singulièrement les plus belles pages qu'ait écrites Jean-Jacques Rousseau, son admirable déclaration sur le remords.

LA VALLÉE DE BIÈVRE.

—

C'est notre berceau, cette vallée! Elle fut découverte, un jour de printemps, par le plus sage et le plus heureux de tous les hommes, M. Bertin l'aîné, notre père. Il avait planté ces vieux arbres, il avait creusé ces pièces d'eau semblables à des lacs d'argent! Il nous abritait, chaque année, de ces doux ombrages dont il était le dieu visible. Ah! le brave homme et le libre esprit! Qu'il aimait les belles choses! qu'il aimait les jeunes gens! qu'il aimait le vrai mérite et le talent!

Nous étions quatre amis dans la vallée de Bièvre : la vallée est entourée de bois et de prairies, les eaux sont penchées sous les arbres penchés, le soleil jette en rayons brisés, sur ces arbres, sur ces eaux, sur ce gazon, une lumière élyséenne : on n'entend aucun bruit de la ville, aucune voix des hommes, aucune passion mauvaise; la vie ici va toute seule, et la plus grande agitation qui se rencontre en ces beaux lieux, c'est le mouvement du lac légèrement effleuré par l'aile de l'hirondelle qui jette à l'azur son cri de joie.

Espace! enchantements! jeunesse! Il y avait, en cet Élysée, un poëte de vingt-huit ans qui s'appelait Victor Hugo, entouré de ses quatre enfants.

A cette heure enchantée, on n'entendait que le merle et le pinson, le linot et la mésange; chacun de nous se taisait, jouissant de sa béatitude à pleine âme, et regardant parfois si Paris ne venait pas nous chercher, là où nous étions si bien, et si tremblants d'être dérangés.

Il y a des pressentiments qui ne trompent pas : au plus fort de notre recueillement, quelqu'un vint de Paris, ou plutôt tout Paris nous vint dans la voiture de quelqu'un : un de ces premiers venus très-aimables sur le boulevard de Gand, au foyer de l'Opéra, un des héros du Paris futile, traîné par un beau cheval; jeune homme d'une gaieté toute parisienne, très-bon jeune homme au fond, spirituel, obligeant, affable, amusant, élégant dans ses manières et dans son langage, d'une grande fortune et d'un beau nom, ce qui ne gâte jamais rien, même dans les pays les plus constitutionnels, un homme, en un mot, parfait, mais parfait à Paris... hors de Paris, insipide, ennuyeux, un véritable animal hors de son élément, qui marche et parle au hasard, sans savoir ce qu'il dit un être insupportable, aussi déplacé dans notre belle vallée que tu le serais toi-même, ami Renaud, si tu quittais les légumes de ton jardin et Marguerite ta ménagère, pour t'asseoir sur le sofa de mademoiselle Taglioni.

Nous autres qui étions là, humant l'air et le soleil, et l'ombre, et tout ce que l'homme infini peut saisir par les sens, par l'ouïe, et par tous les pores, nous fûmes réveillés, en sursaut, par le bruit de la grille qui tournait sur ses gonds, par les pas du cheval qui arrivait au galop : nous nous sentîmes pris comme dans un filet, et ce fut alors qui de nous tournerait la tête le dernier, pour savoir comment s'appelait cette oisiveté parisienne, cet habit noir qui nous arrivait, justement, avant le déjeuner.

Notre oisif, notre Parisien, vint à nous d'un air très-occupé, et, nous voyant silencieux et béants, couchés sur la terre en toutes sortes d'attitudes, il s'imagina que nous étions dans un moment d'ennui, et ce fut là notre plus grand malheur ; il voulut à toute force nous distraire, et se monta tout de suite au ton de la plus ennuyeuse gaieté.

— Bonjour, Arthur, dit-il, bonjour Antoine; bonjour Gabriel; bonjour, messieurs; bonjour à vous tous ; vous avez de singulières figures : on vous prendrait pour des idylles du temps de M. de Florian. Ma foi ! vous avez raison ! Au bout du fossé.... il n'y a que le boulevard des Italiens ! C'est joli le jardin, mais la ville !

» A la ville, on va, on vient, on s'éclabousse, on se parle, on se coudoie, on se heurte, on a toujours quelque chose à dire, à voir, à faire. Est-on fatigué ? l'on prend une chaise sur le boulevard, et l'on voit passer le monde ; chevaux, femmes, tableaux, livres, politique, argent; tout nous distrait ! tout cela c'est... vivre. Or, on vit très-vite à la ville : chaque journée de vingt-quatre heures en a cinq bien comptées. En dernier résultat, tout vous sert de spectacle et de maintien, la Bourse et le palais de justice. » En disant ces mots, il fut s'asseoir sur un banc au pied duquel nous étions tous couchés, de sorte qu'il nous parla de haut en bas, ce qui est la plus malséante position que je sache pour un conteur.

Comme, en résultat, notre ennuyeux dans la vallée est à Paris un homme amusant, serviable, et que nous aimons tous, nous fûmes honteux, notre premier moment d'humeur étant passé, non pas de l'avoir mal reçu, mais d'avoir eu l'intention de le mal recevoir. Chacun de nous s'en voulut de ce fugitif moment d'égoïsme involontaire dont il eût été bien empêché de donner une raison plausible : aussi bien quand il nous eut dit bonjour à tous, chacun de nous se hâta de lui rendre un *bonjour*. Au silence qui régnait tout à l'heure sur la terrasse où nous étions, succéda une conversation presque générale, tant nous avions hâte de faire honneur au nouveau venu!

Il y a deux sortes de conversations (il y en a peut-être de plus de deux sortes), la causerie ardente, hors d'haleine, et que rien n'arrête, ou bien cette espèce de discours semblable au feu de sarment qui pétille et s'éteint dès les premières étincelles. C'est ainsi que commença notre conversation : nous voulions faire une politesse au nouveau venu, et rien de plus ; quoique réunis, nous étions amoureux de silence... Il n'y a rien de plus doux! Le silence est aussi nécessaire au milieu des champs que l'air, l'ombre et le bruit des saules au-dessus de nos têtes. Ainsi les premières paroles étant échangées, il nous semblait que nous allions nous taire; mais ce n'était pas le compte de notre Parisien : il arrivait tout gonflé d'anecdotes, bourré d'histoires de toutes sortes ; il en était confit, il en était truffé, il en avait une de ces indigestions contagieuses. Il fit donc avec nous le rouet pendant une heure : à la fin, le voyant obstiné à raconter toujours, nous prîmes un parti désespéré, nous résolûmes de ne pas nous laisser assassiner d'histoires, sans répondre à l'historien par d'autres histoires, et, par ma foi, puisque nous étions réveillés d'une manière odieuse, nous nous mîmes à torturer notre conteur à notre tour. Arthur, le premier, provoqua Gabriel.

— A propos de soirée, dis-nous, Gabriel, ton aventure de jeudi passé à cet élégant troisième étage où tu nous conduisis avec un air si réservé.

— Bon! répondit Gabriel, tu étais à ce bal aussi bien que moi, et tu sais ce qui s'y est passé.

— Là, là! tu vois de bien plus belles choses que moi, Gabriel. Moi, j'arrive au bal en inspiré, en vrai hasard : à peine entré, je ne sais quel enivrement s'empare à la fois de ma tête et de mon cœur. Le frôlement de la valse et les cris aigus de ces souliers de satin m'agacent les nerfs comme le son d'un harmonica. Je suis étourdi par le bal, je n'y vois rien; c'est un nuage de toutes les couleurs, un murmure de tous les bruits, un enchantement qui touche à tous les extrêmes. Je ne vois ni n'entends, je ne marche pas, je suis porté, je rêve. Or, toi, c'est bien différent, mon fils : tu observes, tu écoutes, tu regardes, tu es de sang-froid! Dans ce salon aux tièdes effluves, tu te caches sous quelque tableau de ton choix, vis-à-vis le reflet d'une glace, et te voilà le roi de la fête! Toutes ces femmes parées, c'est pour toi qu'elles sont parées; c'est pour toi ce bouquet de fleurs, ce regard baissé! Les sourires, tu les devines, les ambitions, tu les comprends! Tu sais les mystères de ces cœurs volages! C'est toi vraiment qui assistais en esprit à la fête de l'autre soir!

Gabriel, à ce discours : A quelle heure es-tu sorti de ce bal? — Je ne sais pas, dit Arthur; mais il était grand matin quand je l'ai quitté. Les heures s'envolaient dans leur costume de danseuse; une de ces belles heures, surprise par l'aurore : Ramenez-moi, m'a-t-elle dit, à ma voiture! Et je l'ai ramenée; et elle m'a dit adieu avec un sourire; et c'est là tout ce que je sais de ce bal.

— Vraiment! dit Gabriel, je te félicite de tomber toujours sur des heures qui ont leur équipage à la porte; pour toi, Apollon est un dieu complaisant qui ne craint pas de faire attendre un cocher de fiacre. Je suis moins heureux que toi, je tombe souvent sur des *heures* qui vont à pied; et le soir même dont tu me parles, j'en ai reconduit une à travers les rues de Paris.

A mesure que nos deux jeunes gens racontaient leur histoire, notre Parisien redoublait d'attention. Évidemment, il s'engluait dans l'intérêt du récit d'Arthur et de Gabriel.

— Et comment donc avez-vous reconduit chez elle cette belle *heure*, le matin dont vous parlez?

— Mais, dit Gabriel, la chose est toute simple : le matin venu, j'allais partir, quand je vis la dame italienne avec laquelle tu as dansé, qui s'enveloppait de son manteau. C'était une belle et grande personne aux yeux noirs; vive et résolue, elle descendit les trois étages et se mit à marcher à grands pas dans la rue. Et moi, la voyant seule, je lui offris mon bras sans rien dire; et elle l'accepta sans rien dire, et voilà tout

— C'est étrange ! dit le Parisien.

La conversation tomba. Cette fois nous espérions que le silence allait durer une heure, et déjà nous nous blottissions sous ce bon silence comme on se tapit dans un bosquet d'aubépines; mais ce n'était pas le compte de notre Parisien.

Notre Parisien voulait parler à toute force; il croyait qu'il était de son honneur et de sa politesse de parler : raconter des histoires était un devoir auquel il ne pouvait manquer; et malgré l'admirable retenue de nos amis pour arriver à une conclusion silencieuse, il reprit la conversation :

— Savez-vous, messieurs, que le marquis de Nhérac est mort?

Profond silence. Alors le Parisien, baissant la tête, nous regarda l'un après l'autre; son regard plus encore que sa question demandait une réponse.

— Quel marquis de Nhérac? demanda Moncalm.

En voyant Moncalm sortir de derrière son chêne, lui dont personne ne soupçonnait la présence en ce lieu, j'admirai son imprudence et sa politesse... Ajoutons que c'était un peu plus que la curiosité qui tirait Moncalm de son repos.

Moncalm était un grand amateur de livres. C'est lui qui vendit une ferme pour se présenter convenablement à la vente du fameux marquis de Châteaugiron.

— Le marquis de Nhérac, reprit-il, ne s'appelle-t-il pas Nherac-Montorgueil? Et si c'est lui qui est mort, que devient sa bibliothèque, et qu'a-t-on fait de son bel exemplaire in-4° d'*Isaïe le Triste*, aux armes de M. de Thou?

L'intervention de Moncalm, et sa question faite d'un ton sérieux, déjoua tous nos projets : nous entrions, malgré nous, dans ces désespérantes conversations de la ville que nous voulions éviter. La conversation allait commencer pour tout de bon entre Moncalm et le Parisien, si je n'étais pas intervenu :

— Vous avez raison, Moncalm, c'est vraiment le marquis de Nhérac-Montorgueil qui est mort, ce petit vieillard avec lequel nous avons passé de si délicieux moments chez Sylvestre, un homme estimé de Crozet, à qui Thouvenin ne faisait pas attendre ses reliures plus de dix-huit mois.

— Et qu'est devenu son exemplaire d'*Isaïe le Triste?* demandait toujours Moncalm.

— Il est entre les mains de ses héritiers, probablement, lui dis-je : et je crus que la conversation s'arrêtait là.

Mais ce damné Moncalm, une fois à cheval sur son dada, rien ne l'arrête. Et puis le moyen d'empêcher Moncalm de répondre au Parisien, le Parisien d'interroger Moncalm ?

Cependant, il y eut un moment de silence qui dura bien cinq minutes, pendant lequel nous fûmes entre la vie et la mort de la conversation, espérant bien que ces deux messieurs se tairaient.

Vains efforts! vain espoir! Après ces deux belles minutes de silence, au moment où tous les yeux se portaient mollement sur tous les points de l'admirable vallée :

— Ah! le singulier corps, ce marquis de Nhérac-Montorgueil, reprit Moncalm.

Il n'en fallut pas davantage pour réveiller le Parisien; rien de ce qu'il avait sous les yeux, les saules qui se balancent au gré du vent, les platanes qui poussent, la maison blanche et qui fait un si délicieux point de vue, avec son portique de quatre colonnes, les aqueducs de Buc tout au loin, qui se cachent à demi sous les peupliers jaloux, rien ne put retenir une nouvelle question du Parisien, placée sur ses lèvres comme un pot de fleurs, sur les fenêtres d'une grisette, sans garde-fous.

— Vous avez donc beaucoup connu le marquis de Nhérac-Montorgueil? demanda le Parisien.

— Si je l'ai connu! reprit l'autre; il n'y a pas trois semaines encore, nous étions, lui et moi, chez Silvestre, à la vente Duriez. Vint le marquis après la *Théologie,* et je lui fis place. Il est riche; il s'y connaît, il achetait d'un ton ferme et sans balancer les plus belles choses; moi, cependant, triste et pensif, je voyais les plus beaux incunables passer devant moi et s'en aller dans les mains des profanes : mon cœur se brisait, je n'avais jamais été si humilié de ma malheureuse pauvreté.

» — Qu'avez-vous? me dit le marquis. Vous n'achetez pas ces *Lettres Provinciales,* Moncalm? Peste, un in-4°, la première édition dans sa reliure janséniste... C'est un beau livre, et qui vous convient parfaitement.

» Je ne répondis que par un profond soupir.

» — Vous êtes malade, Moncalm? me dit le marquis. donnez-moi le bras, et sortons. Il sortit, non sans donner ses ordres au libraire chargé de la vente, et quand nous fûmes dans la rue des Bons-Enfants : — Voyons, me dit-il, qu'avez-vous?

» — Hélas! je n'ai pas d'argent, lui dis-je, et cette vente me tue! On ne reverra pas de sitôt ces livres qui s'en vont je ne sais où.

» — N'est-ce que cela? Voulez-vous cinquante mille francs? reprit le marquis.

— Et vous avez pris les cinquante mille francs? demanda le Parisien.

— Monsieur, dit Moncalm, je n'ai jamais emprunté l'argent que je ne pouvais pas rendre; seulement, j'ai dit au marquis : — Prêtez-moi votre exemplaire d'*Isaïe le Triste,* s'il vous plaît.

— Je suis sûr, lui dis-je après dix minutes, que le marquis ne vous a pas prêté *Isaïe le Triste.*

— Vous avez deviné juste, me dit Moncalm; il voulait me donner cinquante mille francs, il n'a pas voulu me prêter son livre. Ah! le digne homme!

La saillie de Moncalm nous fit rire; et maintenant que ce damné Parisien avait changé l'allure de notre esprit, nous sortîmes de notre recueillement sans trop nous plaindre, et nous fîmes le tour du beau parc, mollement tapissé de mousse. Alors, marchant et courant dans les bosquets, dans le bateau, sur le rivage, dans l'île, en parlant jeunes femmes et vieux livres, nous trouvâmes que le Parisien était un bon vivant. Mais à minuit, quand chacun de nous fut rentré dans sa chambre, chacun regretta son bon silence et sa tranquille contemplation de tous les jours; ce jour-là nous fûmes bien persuadés d'une vérité dont on n'est pas assez convaincu, à savoir, que de tous les contes fantastiques et non fantastiques, le silence est le plus difficile à faire... et le plus difficile à raconter.

LE HAUT-DE-CHAUSSES.

Le seul endroit de Versailles où l'on boive honnêtement de bon vin, même en comptant le palais du roi notre sire, c'est le cabaret des *Deux Cigognes*. Il est vrai qu'il est situé à l'extrémité de la ville, fort éloigné de ce château en tuile rouge et de ces belles allées où se promène madame de Montespan; mais c'est un joyeux cabaret. En été, il est protégé par un large tilleul dont les fleurs tombent par intervalle sur les tables en pierre; en hiver, il est chauffé par un poêle aux larges bords, autour duquel se réunissent les mousquetaires et MM. les gardes du corps du roi, plus amoureux de bon vin et de gais propos que de gloire et de tapage. Oui-dà, tout est dit quand on a dit : les *Deux Cigognes*, et je vivrais mille ans que je les aurais toujours devant les yeux; oiseaux plus unis que les frères d'Hélène, s'envolant du même vol, flanc contre flanc, à la tête blanche, au long bec; oiseaux hospitaliers dont la queue était cachée par le bouchon du cabaret qui flottait au moindre vent.

Un jour que ma femme, et vraiment elle était fort

jolie, elle portait de vastes paniers, de blanches dentelles, un chignon relevé avec des épingles d'or, et ça vous avait un petit pied que M. le surintendant général avait daigné remarquer quand ma femme n'avait que douze ans; un jour donc que ma femme avait été présenter, après la messe, un placet à Sa Majesté Louis XIV en personne, relativement aux affaires du régiment de monsieur son père, mon beau-père à moi, feu M. le baron de Saint-Romans, tué en duel sous le cardinal, vis-à-vis Notre-Dame des Champs, j'étais allé attendre le résultat de cette audience au cabaret des *Deux Cigognes*.

J'étais là depuis deux heures environ, aussi heureux que peut l'être un honnête bourgeois qui boit du vin de Mâcon, qui respire un air plein d'ambroisie, et qui attend patiemment sa femme attifée à la mode nouvelle; j'avais épuisé tous les sujets récréatifs de cette belle ville; j'avais vu passer la maison de Monsieur, vert et or, la maison du grand Condé, toute jaune, et madame de Maintenon avec ses deux jeunes élèves, enfants charmants qui promettaient d'être de jolis princes, qui saluaient de droite et de gauche; enfin monseigneur de Louvois, qui venait de commander une belle dragonnade; j'avais même aperçu M. de Condom, une grande croix violette sur la poitrine, et M. Despréaux en habit neuf : tout ce bruit, ces laquais, cette foule en habits brodés, faisaient de Versailles un paradis sur la terre. O malheureux que je suis (me disais-je), et que viens-tu faire en ce tumulte? Eh! messieurs, vous qui allez à la cour, renvoyez-moi donc ma femme, s'il vous plaît.

Vous savez peut-être à quelles rêveries s'abandonne un buveur qui boit seul? La machine de Marly obéit moins rapide, que le verre au buveur. On est là comme une plante en plein midi : la plante est penchée, elle souffre ; arrive le jardinier qui l'arrose et lui rend quelque vigueur : s'il l'arrose encore et toujours, la plante à la fin succombe sous cette bienheureuse fraîcheur. Je vous prie, au reste, de ne pas vous étonner de cette comparaison poétique ; je l'ai entendue sortir de la bouche même du célèbre M. de Bachaumont, un jour que j'eus l'honneur de dîner avec lui.

J'étais donc entre l'être et le non être de l'ivrognerie, et déjà les premiers arbres de la grande route se mettaient à défiler devant moi une belle parade, avec leurs têtes rondes et poudrées comme des têtes de chambellans. Il me plait ce sabbat champêtre ; les sapins élancés se mêlent aux chênes revêtus de chèvrefeuille, les ormes habillés de lierre renversent les bois taillés en pyramides, pendant que le saule apparaît en dessous de l'onde comme un clair miroir d'argent... Confusion des confusions : le sabbat commençait fort bien, quand dans ce miroir d'argent j'aperçus un homme. — Ah! ventrebleu! corbleu! sacrebleu! disait-il; et je vous prie de croire qu'il disait mieux que *ventrebleu*... Garçon! une veste, un haut-de-chausses!... Ah! malheur! ah! damnation! que je souffre! Oh! que je suis meurtri! Je brûle comme la pucelle Jeanne!... Au secours, garçon! un haut-de-chausses! Au diable si je ne vous traite pas comme des Anglais! Corbleu! Ventrebleu! Sacrebleu!

Disant ces mots, l'homme exaspéré se jetait sur un

banc de pierre. Ah! malheur! damnation! dit-il en se relevant comme un pantin mécanique. En même temps, il tira son sabre, et déchirant les aiguillettes de son haut-de-chausses, il l'envoya à dix pas de là. Le haut-de-chausses, en tombant, tomba tout roide; on aurait dit un homme sans tête et sans jambes. Puis il ôta sa veste qui fut rejoindre le haut-de-chausses. La sueur ruisselait de tout le corps de ce pauvre homme : ses cuisses et ses bras étaient rouges comme du sang; une écrevisse n'est pas plus rouge en sortant de l'eau bouillante... De sorte que l'homme en question resta planté là, en chemise, devant moi, dans une espèce d'affaissement satisfait qui lui donnait le plus extraordinaire de tous les airs.

Oh! vraiment, c'était une figure hardie, un visage tannée, un poil rude et roux, les membres d'un Hercule et le cou tors, un véritable brigand : il avait conservé sur sa tête un chapeau fin orné de belles plumes blanches et d'une cocarde brodée, le chapeau d'un noble officier du roi.

Il s'approcha de la table où j'étais, il prit brusquement un verre de mon vin et il but, il but tout d'un trait; il prit ensuite la bouteille et la vida! Cependant un attroupement assez nombreux se faisait au dehors; messeigneurs du gobelet et de la bouche, qui revenaient dans de grands fourgons chargés de viandes et de légumes, les femmes du voisinage, tout le faubourg fut bientôt à la porte des *Cigognes*, bouche béante, espérant voir un fou.

Alors, sans se soucier de son haut-de-chausses, de son habit et de ses épaulettes d'or, il emporta mon verre et son sabre; il traversa le salon du rez-de-chaussée sans que personne eût envie de rire, et par la main il me conduisit dans l'arrière-jardin, à une autre table.

— On est bien là, dit-il. Garçon, du vin ! garçon, des habits et du vin ; mais avant tout du vin !...

Puis, s'adressant à moi :

— Vous êtes un brave homme, bonjour !

Un garçon se présenta.

— Nous n'avons à vous offrir, monsieur, que des habits à moi, de pauvres habits de coton très-légers et qui seront peut-être un peu courts.

Il pensa embrasser le garçon.

— Oui, mon ami, des habits à toi, une culotte légère et fraîche, une veste dont les revers ne montent pas jusqu'aux blanc des yeux, et dont les basques n'inquiètent pas mes talons ; un habit comme le tien, voilà ce qu'il me faut... En même temps il passait le pantalon de coutil, il mettait la veste à raies jaunes et vertes, gardant toujours son chapeau à plumes sur son front. Et quel soupir d'allégeance il poussait sous ce pampre enchanté.

— Voilà une pièce à votre genou gauche qui jure horriblement, lui dis-je en lui montrant le pantalon.

— Si monsieur voulait mettre un tablier tout blanc sur cette pièce, on ne l'apercevrait pas, dit le garçon.

— Non, pas de tablier ! Je suis heureux, content ; je suis bien : va chercher mes habits, mon garçon, je te les donne pour les tiens ; prends garde surtout à la doublure, elle est en or massif la doublure, et tu pourras en acheter un cabaret à toi.

— Une culotte en or, monsieur !

—Oui, en or, me répondit-il; j'ai voulu une fois dans ma vie être habillé comme un grand seigneur; j'avais imaginé cette doublure pour me distinguer des autres courtisans qui mettent tout leur or en dehors; mais que j'ai souffert! mais que je suis tout en sang! O bienheureuse culotte! et il regardait amoureusement la pièce noire qui se détachait à son genou, sur un fond blanc.

Je lui servis à boire, et je remplis son verre jusqu'au bord; il vida son verre d'un seul trait. — Vous ne savez pas verser le vin dans un verre, me dit-il sérieusement. Remplir un verre est une grande action, sur ma parole; quand on a une bonne culotte et une bonne veste, il faut prendre ses aises, et vous y allez comme un fils de famille qui vient de dérober sa première bouteille à la cave paternelle.

A ces mots, il se posa d'aplomb sur son banc; il se plaça vis-à-vis de son verre et le coude appuyé sur la table, prit la bouteille de sa pleine main, puis il renversa lentement le petit vin qu'elle contenait. En même temps, un large sourire, un sourire de bon homme, un sourire de buveur, laissait entrevoir dans sa bouche deux larges rangées de dents blanches et bien faites, pendant que son œil de feu suivait dans le verre la liqueur vermeille.

— Entendez-vous ce son léger, disait-il, cette imperceptible musique aussi douce que le son du canon? Tin! tin! tin!... le son vibre à fond dans le cœur, le vin est plus souriant, l'écume est plus blanche... Tin! tin! Mon Dieu, la bonne culotte! Ah! mon Dieu, mon Dieu, que je suis heureux!

Puis il vidait son verre et reprenait ainsi:

— C'est une découverte que j'ai faite, une grande découverte : quand le temps est calme et que le vaisseau file ses dix nœuds, je m'amuse à interroger ma bouteille, ma harpe éolienne, mon téorbe, mon clavecin, mon violon, ma viole, tout mon orchestre, mon orchestre, ma fanfare ; mon ami, mon bon ami !... Pardieu ! la bonne enveloppe que j'ai là !

Il s'interrompait pour s'asseoir plus à l'aise ; il reprenait sur le même ton : — Par le son, par l'odorat, je devine aussitôt quel vin je me verse ; un généreux vin de Bourgogne est un général d'armée ; il commande, on obéit. Le petit vin, le vin des Anglais, sur les bords de la Garonne a la voix claire de la première fillette que vous rencontrez, quand vous êtes resté deux ans à votre bord, et que vous trouvez le soir, au coin d'une rue de comédie, marchant légèrement et fredonnant un air nouveau ; le vin de Champagne, oh ! là, là ! se démène en écumant comme une passion de tragédie hurlant des vers de douze pieds. Ne me parlez pas du vin des îles, muet comme un empoisonneur. Parlez-moi du vin qui vous parle et qui vous soutient, et vous couvre en pétillant de son écume... Ah ! la bonne cotonnade, et le frais habit que voilà !

J'admirais, j'écoutais, je ne pensais plus à ma femme ; honteux seulement de mon silence avec un si bon parleur.

— Et, à votre sens, monsieur, repris-je, assez heureux de ma question, quel langage trouvez-vous au punch ?

— Oh ! pour le punch !... en même temps, il portait sa main à ses lèvres... pour le punch !... Il passa son bras robuste au-dessus du cou, il me fit pencher la tête jusque sur la table, et, s'étant bien emparé de mon oreille, il murmura ces solennelles paroles :

— Pour le punch, aussi vrai que je suis un loyal marin, et que j'ai reçu le baptême sous la ligne, j'aime le punch comme j'aime l'odeur de la poudre. Le punch est un poëme à faire, plus difficile que tous ceux de mademoiselle Scudéri ; le punch est un enfant qu'on met au monde ; un esprit de feu, une âme légère qui folâtre, une fée ; il est le produit des deux mondes, le lien des deux mondes ; j'aime à le faire quand j'ai le temps... Mon Dieu, la bonne culotte et la bonne veste ! que je suis heureux, mon Dieu !

» Cet esprit de feu est rempli de courage ; mes marins et moi nous en avions bu, saturé de poudre, un certain jour que nous allions couler bas, et qu'en échange d'une méchante barque, nous donnâmes au roi de France un galion d'Espagne chargé des trésors de l'Amérique ; de l'or, des piastres, des diamants, de la canelle, du rhum. Vive le punch ! »

Il remplit lentement son verre et, après s'être assuré de la qualité du vin :

— J'oubliais de vous dire, me dit-il, que, dans la cargaison que nous avions prise, il y avait encore du sucre et du café, un café parfumé qui vous monte au front comme une couronne, et qui vous fait découvrir une voile, à sept lieues en mer ! Hourra ! hourra ! mes braves, aux voiles ! pointez ! silence ! virez de bord ! jetez le pont ! montrez-vous, encore un de pris ! Vive le roi.

Il agitait son chapeau, il était rayonnant, c'était

plaisir de voir ce brave marin se promenant de long en large dans le jardin du cabaret, en veste et en pantalon de nankin. Je criai moi aussi : Vive le roi !

Après un instant d'enthousiasme, il revint s'asseoir auprès de moi.—Quel grand roi ! mais aussi quel ennui dans son palais ! Il fronça les sourcils, et il reprit : Buvons !

Je m'aperçus alors que sa main gauche était saignante et déchirée. — Qu'avez-vous donc là ? lui demandai-je en souriant ; une petite main a déchiré la vôtre ! O le mauvais coup ! les jolies femmes de Paris n'en font pas d'autres, depuis longtemps !

— Ce n'est pas une jolie femme, monsieur, qui m'a égratigné de cette sorte, c'est le chat du roi. C'est un beau chat, j'en conviens, gros comme moi ; ce chat blanc se promène en collier d'or comme un hidalgo dans l'antichambre ; j'aperçois le ministre qui le salue et le confesseur qui le salue, et chacun lui fait place ! Bon ! je n'avais rien à faire, je m'approche agréablement du matou : *Minet ! Minet !* viens, *Minet !...* On s'étonnait de mon audace... *Minet ! Minet, ici !* Et Minet faisait le gros dos, je me baisse alors pour le caresser, et, niais que je suis ! je veux passer la main sur la fourrure de Minet ; voilà Minet qui jure et qui s'emporte, et qui me donne un violent coup de griffe !—Il entre alors chez le roi, avant moi, pour le prévenir contre moi.

» — Sacrédié ! m'écriai-je, vaincu par la douleur.

» Un huissier s'approche de moi. — On ne jure pas chez le roi, me dit-il.

» J'allai m'asseoir dans un coin. Le même huissier revint près de moi. — On ne s'assied pas chez le roi !

» Je me levai, et pour mieux vaincre ma colère, je me mis à siffler un air de mon pays ; mon vaisseau tremble quand je siffle cet air-là ; les matelots sont à leur poste, le pilote à son gouvernail, les canonniers à leurs canons ; quand je siffle cet air, c'est une tempête en plein minuit.

» Je sifflais donc, quand le même huissier, un insolent drôle, vint à moi, et, avec le même sang-froid : — On ne siffle pas chez le roi !

» J'étais furieux ! comment j'ai fait pour ne pas l'assommer ? je n'en sais rien... Je pris ma pipe et je la remplis de tabac ; l'huissier me laissait faire, et je pensais que du moins, à la cour, la fumée était permise... — On ne fume pas chez le roi ! me dit l'huissier.

» J'ai brisé ma pipe. Ah, nom de nom !... Me traiter ainsi, moi, le serviteur du roi ! m'empêcher de fumer, de jurer, de siffler, de faire chez le roi tout ce que j'ai appris à faire au service du roi ! Je l'ai dit au roi, qui m'a promis de donner des ordres à son huissier, pour le jour où je reviendrai. »

Ainsi il parla. Il était si heureux de sa culotte de nankin !

La conversation de cet homme m'intéressait au dernier point ; rapporter tout ce qu'il me raconta m'est impossible : le roi lui avait dit : « Je vous ai fait chef d'escadre, » il avait répondu : « Vous avez bien fait, sire. » Il avait dit au roi : « Voyant que *le Neptune* était engagé, j'appelai *la Gloire !*.... — Elle vous obéit, répliqua Sa Majesté. Et comment, amiral, avez-vous fait pour traverser l'escadre ennemie ?... En ce moment, les courtisans me serraient à m'étouffer... à

coups de poings, j'écartai la foule à droite, à gauche,
» Voilà comment j'ai fait, sire !...

» Sur quoi je suis sorti pour échapper au supplice de ma doublure en or...

» Le roi riait, les marquis riaient, et tous riaient... et me voilà !... Mais quelle est donc cette aimable femme, aux yeux bleu de mer, qui vient me chercher? reprenait l'amiral.

— C'est ma femme elle-même, ne vous déplaise, monseigneur...

C'était ma femme, en effet, qui avait parlé à M. de Lauzun, l'ami du roi. Sa demande étant accordée (ah! c'était une enjôleuse), elle eut l'honneur de rentrer à Paris, dans le carrosse de notre ami... Jean-Bart.

L'ÉCHELLE DE SOIE

— Vous ne sauriez croire, ami Francis, me dit-il, out ce qu'il y a de charme et d'innocence dans un bain de femmes turques : ignorant comme vous l'êtes, vous avez tort d'en parler si légèrement.

A ces mots, le vieux général reprit son *brûle-gueule*, il s'enfonça dans son fauteuil, il croisa les jambes, et retomba dans cette rêverie éveillée qui fait le charme du tabac de la Havane, opium bâtard de nous autres orientaux de Paris ou de Saint-Cloud.

La conversation finit là. Je me levai ; — à l'autre extrémité du salon, je fus saluer la fille du général, Fanny, jolie et rieuse personne, qui, sous ce masque de fumée, paraissait aussi brillante qu'une belle gravure de Wilkie sous un verre sans défaut.

C'est un charmant contraste, le vieillard qui se fait poëte dans une ondoyante fumée ; une jeune fille qui respire et qui chante à travers le nuage. Vous la voyez comme une apparition au delà des sens : à peine vous distinguez son visage, elle n'a plus de souffle ; on dirait une sylphide qui s'est trompée d'élément. Mais j'étais trop accoutumé à voir Fanny avec son père, pour faire toutes ces belles réflexions.

Je fus donc m'asseoir près d'elle, et bien plus près que je n'aurais osé le faire, sans la fumée qui comblait les distances : cette atmosphère ondoyante est si favorable à l'amour ! — Il y a des moments où vous êtes seul entre deux nuages, vous rêvez à vos amours.... Tout à coup, le nuage s'entr'ouvre et vous voilà au sommet de ces alpes fantastiques, à côté de la belle Fanny, enveloppé du même voile, isolé avec elle du monde extérieur, à vos pieds les mêmes orages, le même calme sur vos têtes. Alors la belle sourit avec plus d'abandon, vous la regardez avec plus d'audace ; pas de nuage et pas de rempart... A la fin, vous voilà retombés, elle et vous, dans le salon enfumé, au milieu des guerriers de l'Empire qui décorent la muraille ; vous entendez sonner dix heures, le signal du départ : c'est à peine si vous avez le temps de reculer votre siége de celui de Fanny.

— Votre pipe est-elle déjà vide, général ?

Le général avait sa tête penchée ; son fourneau tout noici, reposait à terre à côté de son chien. A voir cette large machine entourée encore de légères vapeurs, on l'eût prise pour l'Etna, quand il se repose enfin, lassé de jeter sa lave et sa fumée.

Après deux minutes, le général répondit à ma question.

— C'est assez fumer pour ce soir, monsieur Théodore ; je ne suis plus ce que j'étais : j'ai vu le temps où je serais resté trois nuits et trois jours à jeter en l'air plus de fumée que n'en pourrait faire, en un an, tout un corps de garde de soldats citoyens. C'étaient de grands et vifs plaisirs ! Tout nous manquait, l'habit sur notre corps, la chaussure à nos pieds, le pain, le vin, la paille... Heureusement le tabac nous soutenait. Le tabac ! beau rêve ! Il y avait à l'armée d'Egypte des hommes qui avaient le cœur de faire des vers français devant les pyramides. Un d'entre eux a osé faire un poëme épique au milieu du désert. J'ai fumé aux pyramides, j'ai fumé partout et toujours. La première fois que je vis ta mère, ma chère Fanny, elle recula de trois pas ! j'avais les lèvres enflées à force d'avoir pensé à ta mère. Elle était si douce et si jolie ! Elle aimait avec transport les fleurs, les odeurs suaves, le linge brodé et odorant ! Son œil était si pur, sa joue était si blanche ! Eh bien, ma chère enfant, je l'avais apprivoisée, ta mère. Que de fois elle a posé sa lèvre élégante, et fraîche, sur mes lèvres brûlées par le tabac ! Que de fois elle a chargé ma pipe de sa main charmante. As-tu vu le cerf de Franconi, ma fille ? Quand le cerf avait tiré son coup de fusil, il respirait l'odeur de la poudre : ainsi était ta mère. J'allais à elle, je lui tendais ma pipe, en faisant les gros yeux. Ta mère arrivait à petits pas, elle tendait son joli nez sur ma pipe, chaude encore ; et Dieu sait qu'elle se sauvait en éternuant, la peureuse ! Rentrée chez elle, elle déroulait ses cheveux, elle changeait de robe et de mouchoir, toute l'eau de Portugal y passait !

Disant ces mots, l'œil du bon général était humide. Vous avez vu cela souvent : une larme qui roule dans un œil vif encore, et qui reste suspendue à de gros cils ; et la joue honteuse de se sentir humide ! Fanny entendant parler de sa mère, jeta ses deux bras au cou de son père ; elle appuya sa tête blonde sur la poitrine du vieillard ; ce fut alors seulement que cette larme après avoir roulé sur le visage du général, rejaillit sur le visage de son joli enfant : le bon père se sentit soulagé.

— Bonsoir, dit-il, bonsoir, ma fille; bonsoir, mon bon garçon. Voilà une femme, elle a la grâce et la beauté de sa mère.... Elle ne craint pas plus le tabac et la fumée que moi, son père. Aussi je l'ai élevée au gré de mon cœur. Quand elle vint au monde, et que sa mère me la donna d'une main tremblante, il y avait huit nuits et huit jours que je n'avais fumé; j'étais défait et livide! J'avais prié le bon Dieu, tremblant comme un moine espagnol qui abjure! Quand j'eus mon enfant, je repris ma fumée, et je couchai ma fille en son petit berceau-voyageur. Nous étions en Espagne alors : beau pays! J'envoyai chercher une nourrice andalouse, une nourrice comme pour un empereur. Elle arriva la nourrice, grosse mère rebondie, œil noir, cheveux noirs, visage idem, mais tout le reste était très-blanc. Je la vois encore; elle tenait à la bouche un long *cigaretto* que lui avait donné quelque muletier en passant sur la route.
— Tenez, Maria! prenez cet enfant. Bien! nourrice, garde ton cigare; je n'ai pas peur de la fumée, commère; ma femme non plus. Et ma fille se jeta sur le sein de la nourrice, et comme je m'approchai pour voir comme elle allait s'y prendre, halte-là, la nourrice l'enveloppa dans un nuage, et moi, je me fis apporter ma pipe, et je ne quittai plus la nourrice. Je fumai avec elle aussi bien que j'aurais fumé avec un capitaine de dragons; aussi vous comprenez quel plaisir c'est pour moi, de savoir que ma fille aime son père et les plaisirs de son père. Quel bonheur de pouvoir entrer partout chez soi, sans avoir

7.

à redouter certaines limites. Aussi bien je te promets un mari qui saura fumer comme ton père, mon enfant; c'est le moyen de n'avoir ni un débauché, ni un joueur, ni un faiseur d'esprit, ni un moqueur, ni un oisif; mais un brave homme, aimant sa maison, sa femme et son feu. C'est moi qui te le promets, Fanny, tu n'épouseras jamais qu'un fumeur.

J'avais pris machinalement la pipe du général, et, l'entendant parler avec tant de véhémence, j'avais approché le tuyau de ma bouche et j'étais dans l'attitude d'un homme qui médite ou qui fume, quand le général, me regardant avec la plus profonde pitié :
— Pauvre espèce ! et quelle triste génération ! Allez donc en Egypte, ou prenez Moscou avec des gaillards de ce calibre! A ton âge, morbleu! j'étais un homme de fer : les femmes, le froid, le chaud, la bataille, le sommeil, le plaisir, rien n'y faisait ; je n'aurais pas reculé d'un pas, devant un excès quel qu'il fût ; c'est qu'alors nous avions des âmes d'une haute trempe. Vous autres, tout au rebours, vous êtes une race molle et blafarde, pitoyable à voir. C'est une grande misère ces jambes grêles, ces mains mignonnes, ces poitrines rétrécies, ces visages pâles, ces cheveux bouclés, cette barbe qui serpente au hasard, ces voix flûtées, et de dire que tout cela s'appelle un homme ! Un homme, *morbleu* ! Un homme aujourd'hui, sais-tu ce que c'est? C'est quelque chose qui sait le latin, qui lit des journaux, qui déclame des vers, qui se lève à huit heures, qui se couche à onze, qui boit de l'eau, et fume des cigares en papier. Vos hommes portent des gants jaunes, ils ont des habits étroits, ils affectent de montrer leurs dents et leurs gencives, ils ont

un lorgnon à leur cou parce qu'ils n'y voient pas, ils parlent beaucoup et toujours ; surtout ils parlent de préférence des choses qu'ils ignorent et des pays qu'ils n'ont pas vus : de l'Espagne, de l'Alhambra, de l'Orient, où ils ne sont jamais allés, et des bains turcs, dont ils n'auraient aucune espèce d'idée, même quand ils seraient allés en Orient.

— Général, lui dis-je, vous revenez aux bains turcs par un long détour ; il serait plus charitable de me dire tout de suite, l'histoire que vous avez envie de me conter à ce sujet.

— Laissez ma pipe ! laissez ma pipe, monsieur ! me cria le général, sans répondre à ma réponse. Veux-tu bien laisser ma pipe ! toute muette qu'elle est, et toute vide, il y a encore assez de feu dans ses cendres, assez d'âme en ce corps éteint, pour vous jeter ivre-mort sur ce tapis jusqu'à demain ! — Or ça, bonsoir, mon doux enfant ! bonsoir ma fille ! Et il embrassa son joli enfant, et la jeune fille se retira en me disant, à moi aussi : *Bonsoir!*

Le général la suivit des yeux ; la porte du salon se referma, et je croyais voir encore la charmante apparition. Quand il fut dit que nous ne la reverrions plus que le lendemain, nous fûmes d'une grande tristesse son père et moi ; il se rejeta dans son fauteuil de très-mauvaise humeur : et moi, regardant la pendule, tout à l'heure si rapide, et si lente à présent, je pensai, avec un soupir, qu'il fallait que cette aiguille fît le tour du cadran, avant de vous revoir, ma chère Fanny ! Il y eut entre le général et moi un silence qui dura plus d'un quart d'heure, et muets tous les deux, nous eûmes une de ces longues conversations qui viennent du cœur; si pleines de choses, et de tendresse et de serments d'amitié; une conversation du sixième sens, entre un vieillard indulgent et un jeune homme honnête qui se donnent, sans le savoir, lui un fils de plus, lui un second père. C'est ainsi que, peu à peu, nous fûmes consolés, pensant tous les deux au lendemain.

Quand nous eûmes bien épanché notre cœur dans ce silence, et quand tous nos secrets intimes, de lui à moi, de moi à lui, furent épuisés, la conversation reprit son cours :

— Fais le thé, me dit-il, charge ma pipe, ranime le feu, et buvons du thé, puisque aussi bien, pauvre monsieur, le rhum vous monte au cerveau, comme le tabac. Trop heureux encore si monsieur peut dormir, quand il aura deux ou trois tasses de thé vert dans le cerveau.

Il se prit à sourire; je découvris la théière, je chargeai la pipe; le tabac et le thé jetèrent leur arome: Le général se retourna pour regarder le portrait de sa fille; de sa fille, son regard se porta sur moi, sur le thé, sur sa pipe : il avait dans cet instant la physionomie heureuse d'un homme heureux.

— Quand je suis avec toi, me dit-il, une chose me chagrine et me gêne étrangement; je suis mal à l'aise avec vous autres, jeunes gens d'une époque où tout est gêne et souffrance. Ah! vous êtes trop sages pour un vieux comme moi : je n'oserais pas parler plus librement devant vous, que je parlerais devant ma fille. Enfants! vous n'avez pas vu le Directoire? Vous n'avez pas assisté à ce moment de plaisirs solennels, quand toute la France, enfin délivrée de l'échafaud, se ruait dans toutes les jouissances de la vie et de la jeunesse, à la façon d'un écolier échappé aux étrivières du pédagogue. Les guerres d'Italie, le général Bonaparte et l'Egypte marchèrent à ce réveil délirant. J'eus le bonheur de faire partie de l'Europe active ; je fus soldat à la suite du grand homme, et, quant aux scandales du Directoire, je ne fis que les entrevoir. Cependant, je m'en souviens encore, et quand ma fille dort entre ses rideaux blancs, j'aime à parler de tout cela avec toi, mon enfant.

— Général, repondis-je, il me semble que vous calomniez bien fort la génération présente. Tant s'en faut qu'elle soit aussi chaste que vous l'imaginez : elle est née en toute hâte, elle a le sentiment des grandes passions, elle n'en a pas la force. Il n'y a plus de Lauzun, il n'y a plus de Cambronne, il y a des rêveurs qui lisent les *Méditations poétiques.* C'est notre petite santé qui fait nos grandes vertus, mon général, mais, de grâce, ne le dites à personne, et surtout n'en parlez pas à votre enfant qui dort !

Et maintenant, à présent qu'il est onze heures, que votre pipe est brillante comme une étoile, que le thé est versé pour nous deux, si vous me racontiez votre scène dans les bains des femmes turques? Faisons cette débauche à noux deux, le voulez-vous ?

— Oh ! reprit-il, ceci est une belle histoire, et je vais te la conter ; aussi bien, depuis sept heures du soir, je suis fatigué de vous entendre parler de l'Orient comme vous faites ; je suis las de vos vers, de vos descriptions, de vos contes, de vos grands livres à gravures sur l'Egypte, moi qui ai vu et touché l'Egypte !...

A la fin, il commença brusquement ce récit si longtemps attendu :

« J'étais à bord de *l'Orient* avec le général Bonaparte; nous allions en Egypte lui et moi, lui général, moi soldat. Nous sommes entrés à Malte ensemble ; nous avons débarqué ensemble dans la même chaloupe, suspendus à la même corde, sur le rivage. Il me tendit la main à moi soldat Il a tendu ainsi sa main à dix armées ; puis nous avons pris tous les deux l'Alexandrie d'Alexandre le Grand. Il fallut aller au Caire; traverser le désert et les Arabes : point de verdure, point d'eau, des puits comblés, et le mirage qui faisait de tous ces sables, autant de lacs argentés sous un ciel de France ! C'était beaucoup souffrir. Bientôt nous passâmes devant les pyramides. Tout seul, Desaix passa sans lever son chapeau à tous ces siècles qui nous saluaient de ces hauteurs. J'étais à l'avant-garde et j'entrai au Caire un des premiers. Nous avions eu tant de chagrins, de malheurs et de peines pour arriver jusque-là ! Nous avions eu soif si cruellement et si souvent ! Je dis à quelques-uns de nos compagnons : — Mettons-nous quelque peu sur une hauteur, pour nous reposer, et voir entrer le général en chef !

» Justement, à l'entrée de la ville, il y avait un petit bâtiment sombre et sans grâce. Au sommet de la maison, sur le toit, s'étendait une terrasse au grand air, qu'abritait la muraille d'un palais. Sur cette terrasse, nous fûmes nous placer, mes amis et moi. Il y avait six jours que nous n'avions été à l'ombre, six jours que nous n'avions eu un moment de repos : que cette halte était belle, et nous cinq, sur un des toits de la ville conquise, étions-nous haletants et curieux !

» Au loin, tout bruissait, tout frissonnait. Le bruit d'une armée en marche est plus formidable que le tonnerre. Entendez-vous les premiers pas des soldats républicains, et le pas du général, qui battait plus haut, à lui seul, que tous les autres réunis : le tambour et la trompette, le coq gaulois aux ailes déployées qui nage dans les trois couleurs, l'arc-en-ciel triomphal? Bravo! Nous vîmes entrer tous ces travaux, tous ces dangers, tous ces Français, tout ce général; il nous semblait, du haut de ce toit propice, que nous nous voyions passer. En présence de cette gloire, nous nous levâmes, pénétrés de respect; et, comme nous avions oubliés d'être chrétiens, nous criâmes en vrais croyants : *Dieu est grand!*

» Il y a des heures où la religion est un besoin. C'était la première fois, depuis mon départ, que je m'avisais de croire en Dieu !

» Au moment où nous nous levions tous les cinq, battant des pieds et des mains et criant : *Dieu est grand!* le toit fragile vient à s'enfoncer mollement sous le faix; étonnés, et ne sachant pas ce que nous devions craindre, nous nous sentîmes descendre au milieu d'une vapeur odorante, chaude vapeur pleine de volupté et de repos; un instant nous crûmes au paradis de Mahomet.

» Vous autres de la génération nouvelle, si vous aviez cette histoire à raconter, vous seriez une heure à décrire ce bain turc, à examiner ces femmes turques presque nues; vous diriez la blancheur de leur peau, la beauté de leurs lèvres, la petitesse de leurs pieds, la finesse de leur taille, la couleur de leur prunelle et la longueur de leurs cheveux, éternels descripteurs que vous êtes ! Malheur à la description, elle a tué l'intérêt du récit et du voyage. La description, c'est votre maladie à vous autres, vous ne sentez rien en bloc. Qu'un de vous entre au sérail, de toutes ces beautés, le maladroit n'en verra qu'une seule, détruisant ainsi l'effet de cet accident heureux.

» Nous, au contraire, nous étions cinq au milieu de vingt femmes effrayées ; cinq Français, dont un Corse qui devenait plus Français chaque jour, à mesure que Bonaparte gagnait une victoire. Tous les cinq, tombés au milieu de vingt baigneuses. Oh! quel bonheur d'échapper un instant au bruit, au soleil, à la poussière, à la gloire de la ville ! Quel bonheur de voir enfin l'Orient dans ses mystères ! Pas un de nous ne se mit à réfléchir, à décrire, et notre premier soin fut de rassurer du geste et du regard, ces odalisques muettes. Bientôt nous fûmes compris par ces dames toutes rassérénées, bientôt nous fûmes à l'aise comme dans un salon français tout rempli de femmes habillées à la grecque. Ce lieu était silencieux, caché, rempli d'une molle vapeur. L'eau froide et l'eau chaude coulait au milieu, — et les mains grêles des baigneuses jetaient cette eau sur leurs beaux corps ; chacune d'elles se jouant avec le miroir transparent. Puis, c'étaient de petits cris de joie, et des cris effarés, des mouvements de curiosité haletante, des rivalités charmantes. Elles étaient là, ces vingt princesses et reines de beauté, qui avaient quitté le harem pour le bain ; elles étaient dans leur moment de liberté, espérant beaucoup de la guerre et de la conquête, et répétant en toute espérance le nom sauveur de Bonaparte, qu'elles savaient par cœur. Le nom de Bonaparte était déjà un nom si grand, que les *muets* eux-mêmes l'auraient tous répété au besoin.

» Alors nous fîmes, à notre tour, nos ablutions au bord du ruisseau d'eau tiède. Nos compagnes, en riant, nous couvrirent d'essence de roses; elles démêlèrent nos cheveux, elles blanchirent nos visages, elles nous offrirent le sorbet dans des coupes de cristal. Elles murmuraient doucement à nos oreilles; elles s'étonnaient de nous voir si polis et si doux, leur souriant avec tendresse, et leur baisant respectueusement les mains !

» Cependant, au dehors, nous entendions retentir les tambours français, et nous vidions nos coupes à la santé de nos frères d'armes, plus glorieux et moins heureux que nous.

» Je n'ai jamais été plus content de ma vie. En Espagne, il est vrai, je me suis hébergé dans des couvens de moines tout ruisselants des vins de Malaga et de Porto; je suis descendu en Italie au milieu de la vapeur des roses, après avoir traversé les Alpes chargées de neiges; en revenant de Moscou, mort de misère, en haillons et les pieds nus, je fus accueilli par une comtesse polonaise de dix-huit ans, qui me mit dans son lit de batiste et de velours, comme elle eût traité son propre fils, la chère femme ! Eh bien, jamais dans cette joie extrême qui succède à l'extrême douleur, dans cette extrême abondance qui remplace une horrible disette, je n'ai éprouvé ce que j'ai éprouvé dans mon bain du Caire ! Au milieu de mon sérail à moi, le sultan à trois chevrons, témoin de leur coquetterie, de leur abandon charmant, il me semblait que je prenais ma revanche de toutes mes fatigues, de toutes mes privations depuis que j'avais quitté la France. A la fin, j'avais trouvé cet Orient après lequel nous courions tous; je les avais trouvées ces houris qui nous agitaient dans nos rêves sous les tentes du camp ; le premier, j'avais mis vraiment le pied sur cette terre de féeries. Sézame, ouvre-toi !... En ce moment, nous étions plus réellement les vainqueurs du Caire que ne l'étaient Bonaparte et le reste de l'armée, et voilà pourquoi, si vieux que je suis, je te rappelle tout cela en détail.

» Quand les femmes turques sont au bain, pas un homme, quel qu'il soit, n'a le droit de les troubler. Les nôtres restèrent longtemps au bain, ce jour-là. Mais enfin il fallut se séparer. Pour leur dire adieu, nous leur donnâmes à toutes un nom : adieu, Louise ! adieu, Victoire ! adieu, Fanchette ! adieu, Marion ! adieu, toutes ! adieu, les belles ! adieu, les houris ! adieu, mes amours ! adieu, *Fanny !* Quand je dis Fanny, je me trompe ; c'est le nom de ma fille, et c'est un nom que je ne donnerais pas, pour le bâton d'un maréchal, à la femme du Grand Turc : mais adieu, Clarisse ! Agathe, adieu ! adieu, Zoé ! Nous réunîmes en bloc tous les noms de nos premières amours, et ces noms de Paris, ces noms de nos soirées de fête, ces noms de nos théâtres ouverts de nouveau, ces noms de nos couvents détruits, ces noms français, ces noms en robes grecques et romaines, aux pieds nus et chargés de diamants, nous les fîmes retentir dans ce bain des péris, qui les prit pour les noms les plus voluptueux de l'Orient. Nos adieux furent longs. Quels sourires, que de larmes ! que de belles mains tendues vers nous! Déjà battait la retraite du soir; déjà les sons de la diane nous rappelaient à la garde du camp.

» Mais hélas! hélas! comment sortir de ce piége enchanté? Le toit est enlevé, la muraille est à pic. — Il était si facile de se laisser glisser sur l'humide mosaïque : mais comment remonter? à la porte, veillent les esclaves; à la porte, si l'on nous voit, nous entendrons des cris féroces, nous aurons désobéi au général; nous exciterons une révolte dans la ville soumise à peine; le musulman jaloux invoque Allah!... Ces femmes sont perdues, et nous serons fusillés sur l'heure. Voilà ce que nous disions entre nous, mais en vrais soldats, sinon sans reproches, au moins sans peur.

» Albert, qui était déjà caporal, tirant de sa poche la proclamation du général, se mit à lire solennellement de la proclamation militaire, les passages qui pouvaient nous concerner!

« Soldats,

» Les peuples chez lesquels nous allons entrer traitent les femmes différemment que nous; mais, dans tous les pays, celui qui *outrage* une femme, est un monstre.

» Article 1ᵉʳ. Tout individu de l'armée qui aura *outragé* une femme sera fusillé.

(Signé) BONAPARTE, *membre de l'Institut National.* »

» Nous sommes perdus, disait le caporal Albert, nous sommes perdus, ma chère Margot, même si ces dames nous pardonnent nos *outrages*. Parlant ainsi,

Albert embrassait une grosse Géorgienne aux yeux noirs.

» Rufo, qui était Corse et fanfaron : — Bah! dit-il, le général est mon cousin, et il ne voudra pas nous *chagriner* pour si peu. Tous les Corses voulaient être les cousins de Bonaparte.

» Eugène, qui était des bords du Rhône, Eugène qui avait été clerc de procureur dans l'étude de sa mère, en ce temps-là les gens de loi étaient rares, rassurait Philippe qui tremblait de tous ses membres.

— Lis cette loi avec soin, Philippe, interprète-la, ne t'attache pas à la lettre, et tu seras sauvé.

« Sera fusillé celui qui aura outragé une femme. » Or, nous n'avons outragé personne ici, mesdames. Et les pauvres femmes avaient l'air de répondre : O Dieu du ciel! vous ne nous avez pas outragées, M. Albert, vous non plus, M. Rufo, ni vous M. Philippe, et vous M. Eugène; quant à moi, j'avais peine à me dégager d'une pauvre jeune fille qui me tenait embrassé de ses deux bras : Je ne t'ai pas outragée, n'est-ce pas, Elvire?

» Dans ce temps-là, il y avait à Paris beaucoup de femmes qui s'appelaient Elvire, en l'honneur d'Ossian, le poëte favori du général en chef; je ne sais pas quel nom elles portent aujourd'hui.

» — Et puis nous avons toujours Rufo, le cousin-germain du général, qui nous empêchera d'être fusillés, mon bon Philippe. Philippe tremblait toujours de tous ses membres, malgré la sage interprétation de la loi.

» La position devenait critique, et nous étions perdus en effet, si l'une de ces dames, la grosse et bonne

Géorgienne, ne se fût avisée d'un stratagème auquel nous n'aurions pas pensé. Au moment où la pâleur commençait à envahir tous les visages, la Géorgienne se plaça sans mot dire contre la muraille, justement sous l'ouverture du plafond par laquelle nous étions descendus : ce fut la base solide sur laquelle nous improvisâmes l'escalier libérateur. Marion au bas du mur, Louise grimpa sur Marion, Fanchette sur Louise, Victoire sur Fanchette ; comme elle était la plus grêle et la plus légère, la pauvre fille qui m'embrassait grimpa sur Victoire ; elle fut le dernier échelon de cette échelle animée, échevelée et pleurante, qui devait nous rendre à la liberté. Philippe grimpa le premier sur cette échelle, et tremblant qu'il était, il meurtrit plus d'une blanche épaule, il égratigna plus d'un visage, il ne dit adieu à personne, il se voyait fusillé le lendemain matin ! Rufo, plus sage, eut grand soin de ne pas laisser flotter son sabre ; mais comme il avait sa chaussure entre les dents, il n'eut pas un seul baiser à donner à cette échelle vivante qui tremblait sous son poids.

» Restés tous les trois dans le bain, Eugène, Albert et moi, nous oubliâmes toute discipline et ce fut à qui de nous monterait le dernier : — A toi, Eugène, disait Albert. Eugène ne voulait pas monter. — A toi, Albert ; Albert montait les premières marches : il arriva ainsi au troisième échelon ; il l'embrassait avec l'ardeur d'un capitaine de la garde, puis, folâtre enfant qu'il était, il se laissait doucement glisser jusqu'à terre, pour recommencer son escalade. Par Mahomet ! disait Albert, je reste ici, j'y suis bien, je veux être fusillé ; vous autres, fuyez et laissez-moi. Eugène se suspendit à ces belles femmes rieuses et pleines de grâce; une fois sur le toit, il voulut redescendre, et tout à coup plus d'escalier, l'escalier était à bas, qui dansait en pleurant. Et nous voilà narguant Eugène *le parvenu*. Lui cependant : —Viens donc, Albert, viens donc, Georges, venez... ou je vais redescendre ! Et nous de danser la farandole, narguant Eugène : *Tu n'iras plus au bois, les lauriers sont coupés.*

» A la fin, je dis à maître Albert : — Albert, il faut sortir d'ici, absolument. Qui de nous sortira le dernier ? Va d'abord, tu me donneras la main. Sois bon enfant; je t'ai donné une bonne place au premier rang, si bien que tu as manqué d'être tué à mes côtes, et tu dois t'en souvenir !

» Albert, touché de mon discours, m'embrassa comme s'il eût embrassé la Géorgienne. L'escalier se forma de nouveau; on choisit les femmes les plus fortes; j'ai toujours été d'un embonpoint si ridicule ! Je ne sais comment cela se fit; mais ma jolie brune était encore assise au sommet de l'échelle; elle me regardait d'un air pénétré.

» Je fus fidèle à ma parole, et je montai tout de suite après Albert. Je me faisais léger et petit, de mon mieux ; je montai lentement. Je sentis plus d'une poitrine haletante ; j'entendis plus d'une voix qui me disait adieu dans cette langue inconnue qui vient du ciel. J'atteignis enfin au sommet; Albert et Eugène me saisirent de leurs bras nerveux et m'attirèrent... à eux. Hélas ! hélas ! à cet instant même où j'étais exaucé, j'eus un des plus violents chagrins de ma vie.

» A ces mots, le général déposa sa pipe, il avait du chagrin plein le cœur ! — Figure-toi, Théodore, que la jolie brune, cette petite fille de seize ans, le dernier échelon dont je t'ai parlé, s'attachait à moi avec tant de force, qu'elle vint avec moi sur la plate-forme ; une fois sur la plate-forme, elle se jette à mes pieds, les mains jointes, sans vêtements, priant, s'arrachant les cheveux, et parlant, d'une voix si douce et si plaintive, que je la comprenais, comme si j'avais le don des langues. Elle se tordait, elle criait ; elle se leva, elle m'embrassa ; elle me disait en arabe : « Ne me laisse pas ici toute seule ! enmène-moi, je serai ton esclave, je serai ta femme ! » Eugène, Albert et moi, voyant cette douleur, cette beauté, ces cheveux épars, ce sein nu, cette pauvre femme hospitalière et si bonne, tout cela, l'âme et sa belle enveloppe, qu'il fallait abandonner sans retour, nous fûmes près de pleurer, comme elle pleurait.

» Ce fut une douleur suprême. A mon tour j'étais à ses pieds, je l'embrassais avec délire ; je lui dis adieu avec des larmes ; Eugène, Albert la rendirent doucement à ses compagnes. Puis, tout à coup, pour la ranimer, voilà toutes ces femmes qui frappent dans leurs mains, et remplissent l'air de leurs cris. La porte fut ouverte avec fracas ; les esclaves accoururent ; les femmes se voilèrent, et de leurs mains brûlantes elles montrèrent ce toit entr'ouvert, et ces chrétiens qui s'enfuyaient.

Les époux de ces femmes remercièrent Allah, dans leur prière, du danger dont il les avait préservés.

Le toit fut réparé, le lendemain, avec du fer.

Quant à nous, moi pleurant, eux riant, tous les cinq épanouis, frais comme des roses, reposés comme un sultan, couverts d'essences, chargés d'amulettes, d'anneaux d'or et de chapelets d'ambre, nous rentrâmes au camp, à la faveur de la première confusion.

» Nous fûmes salués à notre entrée, comme cela était dû à des gens de l'avant-garde qui s'étaient battus les premiers, et qui étaient signalés nominativement dans l'ordre du jour. Seulement, les camarades trouvèrent que nous portions avec nous une odeur insupportable : l'essence de rose étant peu connue alors, et peu en usage dans le camp.

» Le lendemain, nous étions nommés sous-officiers tous les quatre ; Albert était officier tout à fait.

» Un mois après, j'avais la peste à Jaffa. »

Le général achevait son récit quand il sentit quelque chose qui touchait légèrement son épaule ; il se retourna vivement, et le visage couvert de rougeur.

C'était son lévrier favori qui, dans un accès de tendresse, lui disait *bonsoir*.

— Tu m'as fait une horrible peur, Vulcain, dit le général, j'ai cru que c'était ma fille qui nous écoutait; quelle honte c'eût été pour moi !

Je me levai. — Bonsoir, général.

Il me prit la main : — Bonsoir, mon enfant.

Je sortais, il me rappela.

— Fais-moi le plaisir de couper ta barbe et tes moustaches ; fais-moi le plaisir de ne plus mettre de gants jaunes, et de ne plus porter de lorgnon, veux-tu?

Nous avions de si bonnes moustaches nous autres dans l'armée, des mains si nerveuses, une barbe si noire et de si bons yeux, que toutes vos moustaches, et vos gants jaunes, et votre barbe, et vos lorgnons, et.... vos bains Vigier, me font pitié !

LE VOYAGE DE LA LIONNE

Puisque aussi bien on ne fait plus de drames, enfermés que nous sommes dans le cercle vulgaire des empoisonnements et des meurtres, je veux vous raconter une action, terrible jusqu'au sang, amusante jusqu'aux larmes ; un drame à deux acteurs, comme *Bérénice ;* un drame qui commence et se dénoue au pas de course; un drame sans contre-sens, sans barbarismes, sans adultères, sans injures contre les prêtres, sans préface et sans *gracioso ;* un drame enfin comme on n'en fait plus.

Cette fois, vous serez délivrés de l'exposition qui explique, du confident qui raconte, du héros qui dit: *Je suis Agamemnon,* ou bien, *je suis Oreste ;* vous serez délivrés de l'amoureux qui roucoule, et du récit final, voilà pour le drame antique. Vous n'aurez aucun des désagréments du drame moderne : le moyen âge, les vers coupés, les décorations aux vitraux gothiques, les nains, les fous et les varlets, la bonne dague de Tolède, et les bonds extraordinaires de l'héroïne qui se roule au cinquième acte, la ceinture défaite, le sein nu, l'œil en feu, la voix d'un pathétique enrouement.

L'origine du drame que je raconte remonte à la

guerre d'Alger. De l'Afrique nous sont venus déjà Mithridate, Jugurtha, Monime, et tant d'autres, sans compter saint Louis, tel que l'a vu M. de Chateaubriand. Ma nouvelle héroïne est africaine. Outre les trésors de la Casauba et le mauvais tabac, nous avons encore reçu de nos conquêtes récentes, la plus belle cargaison de lions, de panthères et de tigres. Au bruit que faisaient ces gladiateurs hurlant, on se fût cru aux jeux du Cirque, au commencement d'un nouveau siècle, au triomphe de César. La guerre d'Afrique nous a mis en provisions de lions, pour vingt bonnes années. Au jardin des Plantes, on ne les compte plus. Ils sont chez eux, ils grandissent, ils font leurs dents, ils répondent en chœur aux folles de la Salpétrière, quand elles hurlent dans la nuit, par un temps d'orage ; ils sont chez eux, nourris, blanchis, portés, et tout le reste du compte que le valet du *Joueur* présente au père de son maître, dans Régnard :

Nourri, logé, servi, désaltéré, porté.

Or, dans ce débordement de bêtes féroces, dans cette invasion du drame africain, il est arrivé que les gouvernements n'ont pas été les seuls à s'apercevoir des bienfaits de la conquête. De simples particuliers ont été traités comme des rois ; le désert a jeté à profusion ses largesses; dans cette grande battue, au milieu des sables brûlants, le simple citoyen n'a pas été oublié; on a fait des bourriches particulières de panthères et de chacals : je connais, pour ma part, un grand orateur de ce temps-ci, qui a reçu une lionne vivante par le roulage, comme il eût reçu trois lapins et deux perdrix, de la forêt de Fontainebleau. « A Monsieur Chaix-d'Est-Ange, à Paris. »

Cette lionne était un gage de souvenir auquel mon ami fut sensible. Il écrivit sur le registre des messageries : *reçu une lionne en bon état,* comme ce soldat de l'empire écrivant : *reçu un pape ;* tant nous sommes apprivoisés avec les puissances les plus redoutées du monde ! Voilà donc la lionne au milieu de la basse-cour de l'illustre avocat. La pauvre bête était à bout de ses forces ; l'espace étroit de la cage, la longueur du chemin, la mauvaise nourriture, les regrets du pays natal, l'avait rendue humble et soumise. Ainsi Coriolan, au foyer du roi des Volsques.

Cependant la jeune lionne eut bon accueil ! Chacun lui fit fête, en cette maison hospitalière. Le jeune enfant prit la lionne pour le chien qu'il avait perdu, et la caressa de la main, en l'appelant *Fidèle.* Remarquez, tous, que mon drame ici commence ; ma lionne, affligée et pleurant la patrie absente, c'est la jeune princesse captive dans *Rodogune,* qui commence par des larmes, et finit par empoisonner, ou peu s'en faut, sa belle-mère ; mais n'anticipons pas sur les événements.

Plusieurs jours se passent. La lionne dort et mange, et bondit sous les yeux de son maître ; elle se réjouit au soleil, elle se livre à ces naïfs et silencieux bâillements de la bête fauve, si jolis et si gracieux, qui font honte à nos bruyants et stupides bâillements d'hommes civilisés. La lionne enfin développe ses griffes, elle essaie ses dents ; son cœur bondit, elle se sent lionne. Déjà la passion la prend comme l'Iphigénie de Racine.

elle se sent Iphigénie : un beau matin, hors d'elle-même, elle rugit! A ce rugissement toute la maison s'éveille en sursaut.

C'est donc au premier hurlement de la lionne, que commence l'action de mon drame. Nous assistons tous, sans nous en douter, aux premières explications d'Agamemnon avec Clytemnestre. La bête a rugi, sauve qui peut! La mère de famille a peur, la jeune servante a peur, le jardinier s'appuie sur sa bêche, prêt à en faire une arme défensive ; le joli enfant lui-même retire, effrayé, sa petite main embarrassée dans la crinière naissante : voilà la terreur, voilà les passions qui s'éveillent, l'héroïne va sortir des bornes de la passion. Prenez garde au poignard, au poison, aux colères de l'amante dédaignée ; prenez garde aux griffes de la bête fauve, et sauve qui peut! Pour ma part, à l'Hermione de Racine, au cinquième acte, terreur pour terreur, colère pour colère, je préfère la lionne de Saint-Mandé.

En effet, la scène se passe à Saint-Mandé, au fond du joyeux village, un jour de foire, et dans une maison pleine d'éloquence, de talent et de douces vertus domestiques. Le premier mugissement de la bête africaine a détruit le calme de cette maison. Adieu la sécurité de la mère! adieu les chansons de la basse-cour! adieu les joies de l'enfance! adieu les visites des amis! Le rugissement a tout changé; c'en est fait, il faut que cette terrible hôtesse déguerpisse ; il faut qu'il parte, cet hôte du foyer qui a balayé les cendres de sa tête et qui parle en Romain ; il faut partir. La lionne part; elle s'en va, où vont tôt ou tard, tous les lions bourgeois, au jardin des Plantes! la lionne rugit bien haut à cette heure, et le chemin est bien long de Saint-Mandé, au *jardin du Roi*!

Nous sommes dans le temps du courage civil, le plus beau de tous les courages. Comment sommes-nous devenus si hardis et si braves, nous autres bourgeois? je l'ignore, mais c'est un fait irrécusable. La peste est au loin qui brûle et dévore, on se précipite à qui va l'étudier de plus près. L'émeute hurlante se promène à travers la cité, les mains pleines de pavés, le garde national achève son dîner, il s'habille, et son fusil sous le bras, il va à l'émeute, comme il irait à l'Opéra. Nous sommes les hommes de l'heure présente; que cette heure apporte un danger, un plaisir, qu'importe? Allons! Voilà donc un homme qui est un des premiers du barreau de Paris, rare et brillant esprit, éloquent, généreux, aimé de tous, qui dit adieu à sa femme, à ses deux enfants, et qui fait venir un fiacre pour aller de Saint-Mandé au jardin des Plantes, tête-à-tête avec une lionne qui rugit!

Le fiacre arrive. Il est semblable au juste d'Horace: sur les débris du monde il ouvrirait encore sa portière au Chaos, si le Chaos voulait le prendre, à l'heure.

— Montez, madame! Et voilà ma lionne qui monte, et son maître après elle; ils sont assis l'un et l'autre, et fouette cocher! Le cocher s'en va, fumant sa pipe aussi tranquillement que s'il s'agissait encore d'enlever Manon Lescaut, de l'hôpital.

D'abord la voyageuse fut assez calme. Elle se tenait gravement assise :

Sur les coussins poudreux du char numéroté.

Dans ce char, le troisième acte de notre drame

8.

s'accomplissait lentement comme, en général, s'accomplissent tous les troisième acte, quand on dirait que l'action est finie, et que tout le monde va être heureux. Mais bientôt l'action change de face; le soleil était vif, l'air était doux. Les arbres s'agitaient mollement sur la grande route; le voyageur passait; tout était fête et joie autour du carrosse; en ce moment, les tendres influences de l'été qui s'en va, passèrent dans le cœur de la lionne.

Tout à l'heure elle était calme et s'abandonnait à cette heureuse façon d'aller; après le premier silence, voilà ma lionne qui s'agite, et se réveille, et secouant sa crinière, elle bondit, elle veut être libre, et revoir les sables du désert, le soleil, les eaux de la citerne. Oh! c'était une horrible joie, on l'eût prise pour un long désespoir. Jamais elle n'avait hurlé ainsi. Son guide cependant la voyant qui s'échappait l'avait prise corps à corps; il la tenait embrassée au fond du fiacre, il luttait avait elle jusqu'aux morsures; il lui frappait la tête contre les parois de la voiture... Elle mordait! Elle était en furie! Or, les chevaux allaient toujours, et le cocher réfléchissait à part soi, qu'il n'avait jamais assisté à de pareils ébats.

Les stores étaient baissés. Du fond de la voiture on entendait ces sourds rugissemens. La foule s'arrêtait ébahie, et l'oreille niaisement tendue, elle disait : « C'est quelque poëte qui passe, et qui déclame à l'avance ses vers tragiques, pour les mieux lire à l'Odéon. »

A la barrière du Trône, on s'arrête : le commis de la barrière, décoré de juillet, ouvre la porte de la voiture; il aperçoit l'homme et la lionne, et comme il n'y a pas contrebande, il referme la portière avec le plus grand sang-froid. O que tu es admirable, honnête courage civil !

Cependant la lutte devenait à chaque instant plus pénible, et l'homme se fatiguait à contenir cette bête africaine. Bajazet était vaincu par Roxane, vaincu, hatelant, fatigué, tout prêt à tendre le cou au cordon fatal. On arrive au jardin des Plantes, par la porte qui donne sur le pont d'Austerlitz ; la sentinelle de cette porte, voyant une voiture, dit : On n'entre pas ! On répond à la sentinelle : — C'est un homme et un lion ! Elle réplique: *On n'entre pas!* si c'eût été le lion sans l'homme, à la bonne heure ! Cette sentinelle à un haut degré, possédait le courage civil !

A la fin l'homme à la lionne est à la porte de M. Geoffroy Saint-Hilaire, ni plus ni moins. C'est donc ici !... le fiacre s'arrête. Un petit garçon, un gamin de Paris, héros des trois jours, se précipite à la portière en chantonnant *la Marseillaise!* Ce héros est curieux avant d'être avide. Un sou lui convient, mais surtout il veut voir ce qui sortira de cette voiture si bien close ! O surprise ! à la portière ouverte, il est nez à nez avec la lionne, l'œil en feu, la bouche horrible, et la crinière en désordre. Cet œil en feu, ces grincements, ne sauraient étonner un gamin de Paris; qu'il brise un trône, ou qu'il ouvre un fiacre, il ne recule guère, et le voilà qui flatte la lionne de la main. Gouvernez donc une ville qui peut jeter cet intrépide lichen sur les murs, hors des murs, au sommet des toits, sous les porches des palais, dans les clochers des temples! Après le lierre qui ronge l'arbre, je ne connais rien de plus tenace que le gamin de Paris.

Heureusement pour les gouvernants, le gamin de Paris n'est pas toujours gamin; il prend de l'âge, il s'amende, il devient sage et tourne au bourgeois : concierge en quelque bonne maison, il se marie, et marié avec femme, enfants et oiseaux, il devient le plus pacifique des hommes. Ainsi s'est rencontré le portier de M. Geoffroy Saint-Hilaire. Ce digne homme, habitué à tant de monstres, a reculé devant la lionne. Etrange effet de l'habitude! Chaque jour, et par cette même porte, il voit entrer des enfants à deux têtes, des têtes à un seul œil, des colonnes vertébrales à vertèbres recourbées, des hommes à trois bras, des hommes sans bras, des cochons à six pattes, des fœtus, des géants; beaucoup moins de géants que de fœtus. Il n'y a pas un monstre de ce siècle auquel ce portier n'ait ouvert la porte, et sans même dire à sa femme enceinte : *sauve-toi*! Eh bien, cette lionne de six mois a fait peur à cet homme qui a vu Rita-Christina en chair et en os, qui a lu distinctement le nom de l'empereur dans les yeux d'un enfant. Notre homme et notre lion ont donc été forcés de s'annoncer tout seuls, chez M. Geoffroy Saint-Hilaire. Ils sont entrés dans son salon, la bête et l'homme, et le domestique est venu pour les recevoir; il a dit : asseyez-vous. Le fiacre, sa course finie, est allé chercher quelque noce à conduire, quelque baptême à faire, un voyage à Bicêtre, ou, mieux encore, une de ces lentes promenades au cimetière du Père-Lachaise, qui sont si bien payées et fatiguent si peu les chevaux. Le gamin de Paris restait à la porte, se tenant prêt à aller chercher une autre voiture, quand la lionne sortira.

Mais la lionne faisait antichambre dans le salon, attendant M. Geoffroy Saint-Hilaire. Ces savants naturalistes sont d'étranges hommes ! M. Geoffroy Saint-Hilaire se faisait la barbe, quand la lionne entra. Si on lui eût dit : — Monsieur, voilà le crâne de Marat ; voici l'embryon d'un crocodile ; je vous apporte des bords du Nil la momie d'un ibis, ou toute autre curiosité ; à coup sûr il eût posé son rasoir, et, laissant sa barbe à moitié faite, il fût accouru : *Où est-il mon crocodile ? Où est-elle ma momie ?* et cette barbe eût attendu jusqu'au lendemain, le dernier coup de rasoir. Si l'on eût dit encore à M. Geoffroy Saint-Hilaire : — Monsieur, la maîtresse de Henri VIII, Anne de Boleyn, est dans le salon, qui vient vous montrer la fraise rouge qu'elle porte au-dessous du sein droit ; Zulietta, la belle Vénitienne, qui trouva J.-J. Rousseau si poltron devant son téton borgne et charmant, vous attend, pour vous prouver que Jean-Jacques Rousseau s'était trompé ; à coup sûr notre savant naturaliste n'eût pas tenu à paraître rasé, même devant ces dames ?... Il se rase pour la lionne ! Une lionne bien conformée n'est plus qu'un solliciteur vulgaire ; qu'elle attende ! L'homme et la lionne ont attendu plus d'un quart d'heure ; enfin, M. Geoffroy Saint-Hilaire, rasé de frais, vint à la porte du salon ; il indiqua du doigt, la fenêtre par laquelle il fallait sortir pour mener cette lionne à la ménagerie du jardin, son dernier gîte... Et tout fut dit.

Vous trouvez que mon drame languit ; n'ayez crainte ; entendez rugir la lionne ! Quand elle se vit dans ce salon triste et mal meublé en velours d'Utrecht, elle se débattit de plus belle ; il fallut la traîner dans le jardin, où elle voulait courir tout à son aise. Ici j'aurais besoin d'un incident qui retardât quelque peu la catastrophe! Un incident, de grâce! un incident! Je me contenterais du plus vulgaire, de la lettre de Tancrède ou de Zaïre, ou du canon d'Adelaïde! Justement, quand l'homme et la lionne étaient à moitié chemin, se traînant l'un l'autre à travers le jardin, passe un bourgeois suivi de son chien! Le bourgeois regarde bêtement la bête qu'on traîne, pendant que la bête traînée regarde le chien du bourgeois. O bonheur! ce chien sera pour moi la lettre de Zaïre ou de Tancrède! A l'aspect du caniche innocent, la lionne se renverse, elle mord, elle arrache le bras de son conducteur, elle déchire tout son corps de ses ongles. Le jeune homme n'a que le temps de crier au bourgeois : *Sauvez-vous!* Le bourgeois prend amoureusement son chien dans ses bras et se sauve!... Enée emportant son père! A la fin, la lionne est libre et se promène tranquillement. Son conducteur, épuisé de fatigue et tout sanglant, tombe par terre, comme s'il eût été percé par le poignard final!

Ceci dit, le dieu sortira de sa machine. Il y avait dans le jardin la girafe et son nègre. Aux cris de la lionne, le cornac de la girafe est accouru. Son bras nerveux a jeté un filet à la bête furieuse... La lionne est enfermée dans une cage de fer! En même temps, une jeune femme blanche et jolie est venue, qui a pansé les profondes blessures de l'homme à la lionne... Elle avait à la lèvre un sourire qui disait : C'est bien la peine d'avoir trente ans, pour se faire mordre à belles dents, par une bête fauve de cette espèce-là!

Sur l'entrefaite, passa M. Rousseau, le gardien des

bêtes. Il regarda ce jeune homme qu'on pansait :
« Hélas! lui dit il, mon jeune fils a été encore plus
maltraité que vous, monsieur; il a été dévoré à moitié par l'ours noir, il y a deux jours! »

Le sang arrêté, et son bras en écharpe, notre hardi joûteur rendit mille grâces à la jeunesse qui l'avait pansé, et il s'en allait à sa maison des champs rejoindre sa femme et ses enfants, quand, au fond de la cour, il découvrit notre grand savant, M. Cuvier, cet homme dont la science égalait le génie; il montait en voiture, le front incliné par la pensée. — M. le baron, lui dit-il, j'ai eu le bras presque emporté par une lionne, et j'ai grand'peur d'être enragé!

M. Cuvier, sortant de sa méditation, mais sans jeter un regard sur cet homme à demi dévoré, lui répond: *Le lion est un animal qui sue, il n'y a pas le moindre danger.* Avec cette sentence augurale, il rentrait dans son carrosse et dans sa méditation.

Or, je vous le demande, cet amateur de monstres qui fait attendre une lionne dans son salon, ce gardien qui console un blessé en lui parlant de son fils dévoré la veille, ce grand homme qui n'a pas un regard pour un bras emporté, pour un lutteur tout sanglant, chose futile! cet autre riant au nez du nouvel Androclès, ne sont-ce pas là des mœurs à part et dignes d'étude? Quant à mon drame, il est complet, rien n'y manque. Il commence dans la joie, il se démène au milieu des tapages, il finit dans le sang. C'est une tragédie qui se joue à deux comme le *Philoctète* du poëte grec, et qui se dénoue de même par l'intervention d'un Dieu. Quel Dieu grec, en effet, du fond de son nuage, aurait pu dire ce que disait M. Cuvier?

Bien souvent, dans ses domaines du jardin des Plantes, j'ai revu la lionne, elle vit, elle est douce et folâtre. On dirait à présent une jeune première qui a quitté le cothurne et le manteau romain, pour reprendre la robe d'indienne, le simple chapeau de paille, et le cachemire Ternaux.

Hélas! nous en sommes revenus au règne animal! L'art dramatique a laissé l'homme, il s'est recruté dans les forêts, dans les cavernes. Il a dit au singe : — Fais-moi rire! et le singe l'a fait rire et pleurer. Il a dit à l'éléphant : — Fais-moi peur! l'éléphant est monté sur la scène, à la fois terrible et doux, admirable et modeste.

L'homme a disparu du théâtre, la femme est retournée à sa quenouille, les ménageries ont hurlé à la place des chanteurs. C'est un beau siècle! un grand siècle roturier et dramatique. Les bêtes parlent, chantent et jouent; l'homme n'est plus là que pour les admirer, les flatter et les applaudir.

LA FIN D'AUTOMNE

Rien n'égale en beautés de tous genres la noble habitation du vicomte de Lagarde. Le château est à huit petites lieues de Paris, dans un village dont nous tairons le nom par égard pour le curé ; maintenons toujours la paix et la concorde entre les autorités d'une même commune et ne brouillons pas le château et le presbytère.

Il serait difficile de trouver quelque part, même à Meudon, un parc mieux ombragé, des allées mieux remplies de soleil et d'ombre. Portique élégant, vaste écurie où l'écho joyeux des voûtes retentit du robuste hennissement des chevaux. Dans les cours nettes et spacieuses, on entend bouillonner la fontaine. Ici des griffons, contemporains des magots de la cheminée, laissent s'échapper à regret un mince filet d'eau de leur gueule entr'ouverte ; là, des têtes de bronze, ornements de l'Empire, ami du fer, renvoient l'eau à gros bouillons dans des cuves de marbre. Il y a de l'eau... même dans la rivière du jardin ; des brochets effilés et des carpes limoneuses y passent de loin en loin, en furetant. Du reste, point de gibier dans les fourrés du parc, à peine quelque pigeon échappé de la basse-cour.

Lagarde n'est pas une de ces habitations modernes, construites au cours de la rente, avec des statues de plâtre, une façade peinte en jaune, un toit à l'italienne, et précédée de quelques pieds de terrain disposés en jardin anglais, c'est une maison solide à l'antique seigneurie. Les murs sont recouverts d'un épais manteau de lierre ; les pierres de taille, grises et cendrées, sont encadrées de mousse ; les pavés des cours ne se refusent pas quelques touffes d'herbe. Le château est éloigné de la route, et bien posé au milieu de son parc qui s'ouvre en quelques endroits, sur des chemins écartés, auxquels il communique par des grilles chargées de rouille. Ces ouvertures sont un repos dans le chemin. Le voyageur va coller son visage à ces barreaux complaisants, et regarde le domaine ; il sourit de regret en apercevant une ceinture et un chapeau de paille oubliés sur un banc de mousse, ou sur le siége de bois à demi vermoulu, qui borde l'allée fleurie, et bienveillante, dont les flancs seuls se laissent entrevoir.

Ce jour-là, vers l'automne (l'oiseau chante encore, l'arbre en est à sa dernière verdure, et la rose se tient de toutes ses forces pour rester belle), il y avait grand déjeuner au château de Lagarde ; déjeuner d'hommes mariés, échappés aux piéges décevants de la jeunesse. Chacun des convives avait vanté son bonheur à l'envi. Pendant tout le repas, ils criaient au choc joyeux des verres, comme un chœur d'opéra qui détonne : « Vive le mariage ! Il est l'état le plus heureux du monde ! Honte au célibat ! L'homme le plus heureux est celui qui garde en réserve, un raisonnable contingent de désirs à satisfaire. Or, le mariage peut seul nous maintenir dans cette tiède et moyenne température de désirs modérés ! » Tels étaient les discours confus, diffus, menteurs.

Chacun des convives décriait le passé, pour avoir le droit de le regretter tout bas. C'était un torrent de louanges sur la félicité conjugale, et pour que leur action fût bienséante avec leurs discours, ils s'étaient arrêtés à cet état de demi-ivresse dans lequel l'esprit est obligé de veiller de près sur soi-même, crainte de tomber dans une embûche.

Ils vantaient donc la destinée conjugale avec le fanatisme de nouveaux convertis.

— Moi, disait l'un, j'apprends à épeler à ma petite fille d'après une nouvelle méthode, et je lis à ma femme *l'Amour Maternel* de Millevoye, pour la mettre au fait de ses devoirs.

— Je suis artiste en peinture, Alphonsine me sert à ravir. Ne me parlez plus de ces indignes prostituées, les modèles de mes premiers ouvrages, qui se mettent toutes nues pour un petit écu. Alphonsine me tient lieu des plus beaux modèles.... Et pour conclure, il avalait un grand verre de vin de Champagne.

— Moi, messieurs, disait un troisième, ma femme est poëte et païenne comme Voltaire ; Corinne est son nom de baptême ! Elle compose des vers sur les premiers sujets venus, sur la pluie et le beau temps, sur l'hyménée et sur l'enfance, sur moi-même.

— Certes, messieurs, s'écria Prosper Lagarde, l'amphytrion, impatienté de tous leurs épithalames, vos tableaux de bonheur domestique sont d'une séduisante couleur ; reste à savoir si le talent de l'artiste n'a rien déguisé. Amis, que j'ai choisis parmi tous les mortels ! s'il vous plaît, allons aux faits, point de déclamations, venez voir ce que fait ma femme ! Elle est là-bas, au bout de la galerie, au milieu de ses fleurs; elle fuit le bruit du monde; elle a nom Suzanne, pour vous servir.

Sans le savoir, M. de Lagarde faisait pour ses amis ce que le roi Caudale avait fait pour son confident Gygès. Les convives acceptèrent avec empressement la proposition.

Ils quittèrent la table tant bien que mal, et Prosper commandant la troupe, ils arrivèrent sur la pointe du pied, par une longue file d'appartements, à une porte vitrée, à peine protégée par un léger rideau de soie. Prosper souleva le rideau d'une main légère et d'un air satisfait, se rangeant poliment pour que tout le monde pût tout voir; si bien qu'ils purent contempler à loisir la jeune vicomtesse, en robe du matin, lâche et flottante, assise sur un sofa, sans prétention; auprès d'elle était assis un jeune homme qui tenait sa tête près de la sienne, une main passée dans ses cheveux... et leurs lèvres se touchaient !

Madame de Lagarde ! Elle était dans ces heureux moments de passion où la passion s'oublie, où l'amour rêve éveillé, où la femme adorée ne voit rien de ce qui l'approche. Cependant, les yeux fixés sur le beau jeune homme, elle vit fort bien à travers la croisée les convives l'œil fixé sur elle. O pitié ! Alors elle poussa un grand cri : le jeune homme s'élança par la croisée et disparut.

Prosper, laissant tomber le coin du rideau, regarda ses cinq amis... stupéfaits !

Il les reconduisit en silence, jusqu'à la porte de son

parc ; aucun d'eux n'osa risquer un mot de consolation ; ils se séparèrent.

Les voitures parties, le vicomte ferma lui-même la grille du parc ; et regagna le château.

Heureusement l'avenue qui menait au château était longue et déserte. Le vicomte de Lagarde était fort laid, chauve, grêlé, n'ayant pour lui qu'un œil brillant et des dents *charmantes;* mot qui semble inventé pour les femmes, et qu'elles seules savent prononcer. Dans le monde, il passait pour manquer d'esprit. On l'appelait : *la Barbe-Bleue,* attendu que sa barbe était rousse ; aussi ce n'était point sans quelque appréhension qu'il avait épousé sa Suzanne, jeune blonde de seize ans, riche et volontaire. Il convenait qu'elle était trop jolie, et pour bien faire, il lui passait bien des caprices d'enfant gâté, qui contrastaient avec le ton grave et sérieux d'un homme de l'âge où l'on n'est plus jeune. Il n'était donc pas étonné, mais il fut vraiment malheureux de cette aventure.

Et pourtant, à travers les souvenirs du festin, il cherchait encore à douter de la fatale scène, croyant à une vision ! Ah ! vain espoir ! ce qu'il avait vu de ses yeux, l'obsédait sans rémission. Il avait beau faire, il revoyait cette jeune femme à demi renversée entre les bras d'un beau jeune homme, ivre d'amour !

— C'était écrit ! pensait-il : voici ma femme, à son tour, qui me trahit pour un autre, et tout est dans l'ordre, hélas !

Puis il continuait, pensant tout haut :

— Où en est la journée ? Il est six heures du soir. C'est la fin d'une heureuse soirée d'automne. Voilà bien mes jeunes allées d'acacias et de tilleuls, mes bordures de thym qui répandent sur mes pas leur senteur vulgaire, mes roses éplorées qui s'effeuillent sur les pelouses, mes longs peupliers qui semblent se pencher l'un vers l'autre, en se racontant ma triste histoire! A ces parfums, à ces bruits qui se croisent, à ces murmures confus de la soirée, je reconnais le signal d'adieu, l'heure d'extase d'un beau jour qui va finir.

» Au dehors, dans les prairies voisines, les chèvres agitant leurs sonnettes; le trot des vaches que les petites filles chassent devant elles; la chanson des jeunes enfants revenant de gros paquets d'herbes sur la tête, et dans le lointain, le marteau des forgerons. — Malheureux que je suis! Voilà la nature impitoyable! Elle nous rend plus sensibles à ses touchants spectacles, quand nous avons dans l'âme quelque peine secrète au logis. »

En rentrant dans la salle à manger, il fut désagréablement surpris de retrouver les débris de son déjeuner d'amis. Rien n'avait été dérangé; l'air de l'appartement gardait encore une odeur de vins éventés, de poisson, de gibier. Il se prit à sourire, en croisant les bras sur ce triste champ de bataille, jonché de bouteilles. Il crut voir encore ses sots convives vantant leurs femmes en s'abreuvant de ses vins; tandis que la sienne, à lui, la sienne! Ah! Suzanne!... — Allons, se dit-il, je suis fou; et il marcha droit à l'appartement de sa femme.

Je ne sais quel Elysée annonçait la chambre à coucher de madame de Lagarde! Il y avait dans chaque pièce une odeur de fleurs d'automne, et de si beaux meubles! Tout ce luxe frais et fragile d'un jeune mé-

nage ! Hélas ! disait ce triste mari, elle est heureuse !...
Et il sentit que sa colère l'abandonnait.

Il trouva cette enfant dans une posture à demi tragique, égarée, échevelée, assez disposée à lui donner une scène de désespoir. Elle avait à ses côté une arme d'Asie, à égorger un Turc, qu'elle avait empruntée à l'armoire des curiosités ; et sur un guéridon, près d'elle, croupissait dans un pot de terre un breuvage de couleur grisâtre, un poison de contrebande qui se fabrique avec de gros sous.

— Choisissez, du fer ou du poison, monsieur !... lui dit-elle à la façon de madame Dorval.

Il ne put s'empêcher de sourire.

— Ah fi ! dit-il, un poignard, du poison ! que signifient ces instruments mélodramatiques ? Instruisez-moi ; je ne saurais saisir à moi seul, le sens de tout ceci.

La vicomtesse le regarda d'un air incrédule ; c'était la première fois qu'elle s'arrêtait à le contempler, la première fois qu'elle se sentait le besoin d'avoir une opinion arrêtée sur le compte de son mari...

— Je conçois cela, pensa-t-elle, il fait de l'ironie, et tout à l'heure la colère aura son tour. — Mais enfin, je suis coupable, monsieur !

— Je vous l'accorde, madame, dit le vicomte.

— Dites, monsieur, dites-le tout de suite, quel sera mon châtiment ? Je sais que le mari prévient la loi, pour rendre sa vengeance plus terrible et que la loi lui permet...

— Adultère, interrompit Prosper, adultère ; cela s'appelle adultère dans les romans et dans le Code pénal. C'est un mot auquel on s'apprivoisera difficilement, Suzanne, ajouta-t-il en se plaçant auprès d'elle sur le canapé; mais non contente de la chose, voulez-vous m'en imposer le pénible attirail?

Il tenait dans sa main les mains de sa femme. Elle avait ôté ses bagues, signe dramatique de malheur et de désespoir.

— Hélas! dit-elle en hontoyant, vous voulez me punir à force d'égards, m'accabler de ma faute, et m'assassiner par des galanteries moqueuses et des marques d'amour que je ne mérite plus!

— Que vous êtes injuste, répondait Prosper, avec ces tristes intentions que vous me supposez. Peut-être ne seriez-vous pas très-fâchée de me voir lever contre vous ce coutelas dont vous avez eu soin de vous munir. C'est un enfantillage inexcusable, ma chère Lucrèce. Vous feriez mieux, je vous jure, de me savoir quelque gré de la façon dont je prends tout ceci; car, enfin, je n'ai pas oublié que, tout à l'heure, un autre ici, tantôt, mes amis pour témoins, était assis sur ce canapé, près de vous! Mais où donc est-il le séducteur, l'infâme, que je le tue, et que je me venge en même temps de vous et de lui!

Et il marchait dans la chambre le couperet en main; puis, quand il eut bien fait la grosse voix et les grands yeux, il revint s'asseoir, en souriant, près de sa femme. Il y avait dans cet acte subit de Prosper un mouvement de plaisanterie forcée qui fit mal à Suzanne. Il lui semblait que son mari voulait lui dire:

— Voyez, je veux rire de votre faute, et pourtant vous sentez que j'en plaisante mal, que je n'en puis rire qu'à demi! Elle était attendrie, et comprenait confusément que l'intention de son mari était de tout oublier. Mais comment vivraient-ils désormais?

— Vous me pardonnez? dit-elle à tout hasard, en prenant la main de Prosper avec un geste adorable; ah! que vous êtes bon.

— Quel mot dites-vous là, ma chère? Pardon! est un mot trop solennel pour en abuser; un simple mot ne saurait avoir la vertu de rappeler l'amitié ou l'amour évanouis, ces sentimens si prompts à s'effaroucher, mais qui reviennent si vite... A demain...

Suzanne resta seule dans son appartement, qui communiquait à celui de son mari par une porte d'alcôve. Il se garda bien de faire le moindre bruit, de peur de se nuire à lui-même, intervenant en personne aux rêveries de sa femme, aux impressions qu'il lui avait laissées.

Cependant elle se sentait profondément agitée; la conduite de son mari l'occupait, et bouleversait sa pauvre tête; elle s'était dit dans un moment d'ennui:

— J'aurai aussi mon jour de faiblesse; et si mon mari surprend mon séducteur, il me tuera!... Alors elle avait bâti son drame; elle avait conduit le drame au quatrième acte, jusqu'à la scène de l'adultère inclusivement; mais à présent la fin du drame n'arrivait pas; son mari ne l'égorgeait pas sur la place et sa catastrophe lui manquait. Cependant, elle relevait sur sont front ses beaux cheveux; elle pleurait, et priait Dieu du bout de ses lèvres coupables...

Enfin elle se coucha, abandonnée à l'espérance. Elle sentait qu'elle avait reçu l'absolution d'un grand péché; elle pleurait, elle tremblait; car si son mari se fût irrité contre elle, il eût fallu partir la nuit même, avec un étranger, traverser les froides allées du parc avec sa pelisse de bal sur ses épaules nues, quitter sa chambre à coucher qu'elle aimait, ses fleurs, ses vases, son lit de duvet, sa couche de dentelles. Bientôt un sommeil léger la berça dans ses bras : elle eut une mauvaise pensée, une vision bizarre... Prosper !... Frédéric... Sainte Vierge ! Elle s'endormit.

Heureusement la journée du lendemain fut belle; et tous deux le mari et la femme, venus dans le parc de grand matin, se rencontrèrent devant un *Amour* en plâtre, et dont les ailes étaient brisées. On eût dit, à les voir, deux jeunes amants qui venaient prononcer des vœux aux pieds de quelque statue de la mythologie d'autrefois, du temps d'Emilie et de M. Demoustier.

Ils parcoururent les allées du parc, l'un à côté de l'autre, et marchant à petits pas, sans se regarder ni trop ni trop peu, et comme ils se seraient promenés la veille au matin, s'ils s'étaient promenés. Ils s'extasiaient de tout ce qu'ils voyaient, remarquant une premiere feuille desséchée, un nid abandonné, des plumes d'oiseau, une goutte de rosée scintillante au buisson. Il s'arrêtaient à chaque fleur, au moindre insecte, et quelqu'un qui les eût entendus n'aurait eu rien à dire, en voyant cet homme au front grisonnant, en contemplation devant la jeune femme qu'il avait surprise avec son amant ! O l'heureux crime et qui les rapprochait l'un de l'autre : c'était comme un lien tout nouveau qui les rendait amants, d'époux qu'ils étaient.

Ainsi, pour ces deux coupables, ce qui devait mêler le rire aux larmes de leur sentiment, c'étaient les fautes de la femme, et les fautes que le monde a cru défendre en y attachant sa risée... Il y avait dans les yeux de la dame un regard qui semblait dire : Hélas ! c'est vrai ! Un autre était hier à mes genoux ; je l'écoutais... C'est toi que j'écoute aujourd'hui ! Un autre fut un instant mon préféré, maintenant son souvenir seul fait ma honte !... Ils disaient tout cela ces beaux yeux au trop heureux Lagarde ! Et ses yeux répondaient : Oui, tu m'as trahi, comme dirait le monde ; un autre à ma place, et, pour se venger, te livrerait aux remords, à l'abandon, mais loin de moi ces pensées, ma Suzanne, puisque je t'aime encore, puisque tu me sembles plus belle et plus charmante... Oublions, veux-tu, l'heure fatale, et que le rideau de ta porte soit retombé pour toujours !

Ainsi il parlait, la regardant avec un amour tout nouveau ; plus il pardonnait à Suzanne, et plus il se faisait petit devant elle... Il l'admirait ! Il s'étonnait du courage de cette femme d'un corps si frêle et d'un nom si chaste, qui avait osé lui faire le dernier outrage, à lui, vicomte de Lagarde. Elle avait osé tout cela !

Il fallut que Suzanne lui racontât les moindres détails de ses amours avec Frédéric, car il s'appelait Frédéric. — Figurez-vous, disait-elle, la plus plate intrigue de comédie. Un colonel, une femme de chambre et une échelle sous mes fenêtres. Des billets roses qui vous feraient rire de pitié, et qui font mal à la tête ; des vers entremêlés de prose, de la prose coupée par des vers. Elle parla de cette fade intrigue avec le mépris le plus vrai et le mieux senti : elle n'eut pas assez de sarcasmes pour ce poltron moustachu qui s'en va comme il est venu, par la fenêtre, furtif amant qui se cache. Ah! qu'elle se trouvait sotte à l'entendre. Aussi son mari fut complétement rassuré. En vain il cherchait dans le récit de sa femme un souvenir qu'il aurait eu le mérite de dompter...

Ainsi la saison qui avait commencé tristement pour les hôtes du château de Lagarde, se termina en grâce ineffable.

C'était un ménage qui manquait d'équilibre; grâce à *Monsieur Frédéric*, l'équilibre se rétablit, et le vicomte de Lagarde fut doublement heureux. Quoi de mieux? il aimait, on l'aimait.

L'hiver les rappelant à la ville, ils revinrent à Paris l'oreille un peu basse, et bien que Prosper n'eût pas commandé à ses amis du déjeuner de garder le silence sur son aventure, tout Paris en était instruit.

Au contraire, il arriva que les hommes voyant Prosper devenu *l'attentif* de sa femme, heureux de lui parler à cœur ouvert, saluèrent le vicomte comme le plus habile des époux, le Talleyrand des ménages; de leur côté les femmes le proclamèrent homme d'esprit; si bien que notre héros, à les entendre, devait penser, sentir, aimer, haïr autrement que tous les maris d'ici-bas.

Il y avait déjà longtemps que M. Frédéric, pour s'être vanté mal à propos de la conquête *de la petite vicomtesse*, avait reçu du vicomte un bon coup d'épée qui l'avait tué, pour lui apprendre à vivre.

Et la vicomtesse, jeune et belle, et compromise par cinq témoins et par un duel, n'eut plus, de ce jour-là, ni poursuivants d'un âge mûr, ni jeunes poitrinaires attachés à ses pas, ni rivales dangereuses. Les femmes se jugeaient aisément supérieures à cette *malheureuse* et gardaient la conscience de leur vertu. Quant aux hommes, ils portèrent ailleurs leurs soupirs, et laissèrent le vicomte en repos. Pourquoi voulez-vous que les hommes se mettent à soupirer quand la plus douce faveur qu'ils puissent obtenir est déjà divulguée, quand il n'y a plus ni secret, ni larcin?

Le jeune couple fut donc à la mode tout l'hiver; il se vit accueilli dans les salons les plus sévères sur les bienséances, les plus fidèles à la pruderie de l'étiquette. On les reçut comme deux étrangers qui ignoraient encore nos usages et nos mœurs.

Grâce à cette aimable histoire... on causa... Dieu sait si l'on causa! Chacun citait aux nouveaux mariés, comme un modèle de félicité conjugale, un ménage où la femme ne s'était permis qu'une seule erreur. Plusieurs époux voulurent user du même moyen; mais il se trouva que leurs femmes avaient déjà pris les devants.

Et ceux-là chantèrent, en guise de *Te Deum*, le : *Gaudeant, les bien nantis!*

HOFFMANN ET PAGANINI

Ce soir-là je me sentis le besoin de te voir, Théodore, ô mon cher artiste, avide poursuivant du rien, sous toutes ses faces, hardi champion de la couleur, du son, de la forme, de toutes les manières d'être un poëte ; à la fois brave comme don Quichotte, et sage comme Sancho, s'entourant à son usage de peintures invisibles, d'harmonies ineffables, toujours plongé dans un ciel perdu là haut, sous les astres. J'avais absolument besoin de rencontrer mon ami Théodore, et je le demandais aux quatre coins du ciel.

Autrefois, quand venait le soir, il y avait deux endroits où j'étais sûr de rencontrer Théodore, à savoir : l'église et le cabaret. Il aimait les lueurs incertaines de la cathédrale, ses échos prolongés, son vague parfum, ses grands cierges éteints, ses dômes et l'orgue aux accents solennels, remplis de peintures et de lumière. Très-souvent Théodore s'amusait à pleurer dans la vieille église, avant de se livrer aux folles joies du cabaret.

Mais à présent le temple est profané : plus de saintes bannières, de vierges aux belles mains, plus de parfums suaves, plus d'orgue au buffet somptueux, plus de musique et plus rien ! Tout est ruine, et silence, et solitude aux même lieux où s'élevait la cathédrale, et Théodore en est réduit, chaque soir, à se rendre une heure plus tôt à son cabaret.

Hâtons-nous, c'est l'heure où notre ami s'enferme en son large fauteuil, disposant son orchestre et distribuant à chaque musicien sa partition, son air à chaque chanteur ! Prenez, messieurs et mesdames, duos, quatuors, trios, choisissez ; disposez-vous, instrumentistes ! prenez garde au signal, au coup d'archet, allez en mesure ; et, quand ils sont partis en chancelant, en voilà pour toute une nuit d'harmonie et d'extase. — Il tient, à cette heure, une foule de musiciens à ses ordres, tout un orchestre, et les plus belles voix fraîches et pures qui suffiraient à ravir tous les théâtres du monde. Laissez Théodore se recueillir, laissez-le s'entourer de quelques vieilles bouteilles de vin du Rhin, et jamais vous ne vous douterez du spectacle et de la bonne musique et de l'âme de ces chanteurs, de l'enthousiasme ingénieux de cet orchestre. Théodore est le vrai créateur de la symphonie invisible.

Il est l'artiste, il est le dieu ! Cette table d'auberge, chargée de brocs, Théodore à sa volonté la change en un vaste théâtre où se jouent tous les genres, le bouffon et le sérieux, le grave et le plaisant. Pour ce chef de l'orchestre en train, les bouteilles surmontées de leurs bouchons goudronnés représentent les forêts et les bocages ; la cruche aux larges flancs devient tour à tour palais ou chaumière, selon le genre, pastoral ou guerrier. Est-il besoin d'un volcan, d'un tonnerre? aussitôt le gaz de la bouteille, hors de contrainte, vous ramène au Vésuve ! — Et, maintenant que tout est prêt : villes, palais, chaumières, vastes forêts, volcans grondeurs, lustre allumé ; à présent que l'orchestre est à son poste, allons ! levez la toile, que la jeune première apparaisse et chante ! Et voilà le démon de Théodore à la fin déchaîné.

Prenez garde, il chante ; et prêtez l'oreille, écoutez cet opéra digne de Mozart. La mélodie est grave et majestueuse tour à tour : tantôt une marche guerrière tantôt le mouvement vif et gai d'une danse grotesque ; tantôt la basse et tantôt le ténor ; récitatif et chant, tout s'y trouve. Le drame commence, il se complique, il se noue, il se dénoue, il s'achève aussitôt que le démon de Théodore est parti. Le démon obéit à Théodore : il ne s'en va, que lorsque Théodore ne peut plus commander.

Alors seulement tout disparaît : démons, théâtre et musiciens, musique ; et le lustre est éteint. On cherche Théodore, il est tombé jusqu'à demain, sous son théâtre, il rêve..., il dort.

Donc, hâtons-nous d'arriver avant que Théodore ait élevé son théâtre, avant qu'il ait dressé sa forêt, préparé son volcan, allumé son lustre et distribué sa partition aux acteurs.

J'arrivai tout essoufflé au cabaret, je vis Théodore... il était triste... on l'eût pris pour un bourgeois de Nuremberg ! Lèvre inerte et regard morne... ses cheveux tombaient sur son front ; on l'eût pris plutôt pour un vulgaire moucheur de chandelles, que pour le dieu d'un Olympe élevé par ses mains. Quand il me vit, chose étrange ! il parut content de me voir, ce qui ne lui arrive guère à ces heures-là.

— O mon très-cher Théodore, lui dis-je, assez inquiet de le trouver sobre et clairvoyant, d'où vient ce nuage? Avez-vous la fièvre... êtes-vous mort?

— C'est donc toi, Henri, me dit-il ; Henri, mon génie est perdu, ma tête est vide. Croirais-tu que par cette pluie horrible et dans ce lieu funeste, je ne trouve pas un chanteur à mes ordres, pas un air dans mon génie.

» Henri ! je n'ai plus d'idées, et je ne trouverais pas trois notes dignes de Mozart ! Mozart, Beethoven ! le chevalier Gluck... fumées et visions... Je ne suis plus ivrogne... enivrons-nous !

— Bon cela, répondis-je... et buvons. A défaut d'art, vous m'avez appris combien c'est bonne chose une belle ivresse. Cependant, mon grand Théodore, faut-il donc toujours que vous arrêtiez votre propre génie, et ne jouirez-vous jamais des chefs-d'œuvre au delà de votre esprit? Pardieu ! puisque vos musiciens ont pris congé du maître, allez ensemble entendre un grand joueur de violon, il en sera content, et ça te reposera.

Il reprit : — Tu parles de violon? J'en ai entendu des violons dans ma vie, et de fameux violons. Il y a trois jours, par un vieux vin de France, à cette table, ici, j'ai assisté à un concerto de violons comme jamais oreille humaine n'en avait entendu. D'ailleurs, moi-même ne suis-je plus un vrai musicien habile à tirer d'un archet magique une suite éloquente des plus vives sensations?

D'une main inspirée, il chercha son violon... Le noble instrument était suspendu au plancher, entre un long chapelet de harengs et une langue de bœuf fumé qui attendaient le jour de Pâques. Hélas ! le violon de Théodore était en piteux état ; deux cordes manquaient, les deux autres étaient détendues, les toiles de l'araignée avaient pénétré jusqu'à l'âme : à cet aspect, Théodore honteux courba la tête... il pleurait !

— Pleurez, lui dis-je, et soyez honteux de vous-même. Autrefois, c'est vrai, vous étiez un grand artiste, un hardi musicien. Le chant naissait sous vos doigts inspirés ; votre archet ne manquait à aucune inspiration de votre âme et vous jetiez en dehors les élégies qui remplissaient votre cœur. C'était votre bon temps ; vous ne vous livriez pas, en égoïste, à ces plaisirs solitaires ; le monde entendait votre génie, il en jouissait, vous touchiez cet instrument en maître habile ; à présent, l'instrument est muet ; plus de voix, plus d'expression, plus d'amour ; vous le regardez moins souvent que ces harengs saurs et cette langue fumée. Ah ! que vous avez bien raison de pleurer... C'est honteux !

A ces mots, Théodore me suivit, inquiet de mes justes reproches, à l'Opéra.

— Par Castor et Pollux ! dit-il au premier coup d'œil, le sot théâtre et le misérable orchestre... Henri que t'ai-je fait que tu m'as entraîné dans cette odieuse caverne? A-t-on jamais réuni plus de gens à longues oreilles? Des oreilles pour ne rien entendre... et des yeux pour ne rien voir ! Il riait, il se moquait, il triomphait.

Tout à coup, à travers les arbres de la forêt sombre il vit apparaître... un violon, sous le bras et l'archet à la main, un homme... un fantôme.... Un phénomène ! un bras de ci, un bras de là, le corps roide et droit, la taille haute, le visage maigre et ridé, le front vaste, aux cheveux flottants : sourire, pensée, assurance et mépris, solitude et génie, inspiration... tout est là !

— Vois-tu, me disait Théodore, comme il est fait ! J'ai chez moi une antique tapisserie représentant sainte Thérèse ; quand elle va, se pliant, se repliant sur elle-même, allant, venant, tantôt haut, tantôt bas, toujours présente, elle ressemble à cet homme : une fantasmagorie ; O là ! là ! quelle autorité sur les âmes.

— Silence ! écoutons ! Cet homme !... est un violon et un archet !... Au même instant, semblable au fléau sur une meule de blé, l'archet se leva, le violon s'appuya sur une épaule, archet et violon, épaule et bras, l'âme et le corps du violoniste... ils s'appelaient : *Légion !*

O mon Dieu !.. que devint Théodore à cette vision ! Il écoutait, à la façon de la sainte Cécile de Raphaël, prêtant l'oreille à ses propres cantiques ! Cette fois, le chant l'entourait de toutes parts, il était débordé, il se noyait, il plongeait dans l'harmonie ; le chant l'attaquait, le pressait, l'oppressait, vif, lent, moqueur, plaintif ; c'étaient des harmonies étranges et charmantes ! c'étaient des rires et des larmes ! un chant divin où tout chante, où tout pleure ! un *de Profundis* de l'enfer ! un *Hosannah !* venu du ciel ! Pauvre Théodore !... Il était vaincu ; il n'était plus le maître d'arrêter l'orchestre ; il avait beau dire : *assez ! assez !* l'archet allait toujours, comme le balai du sorcier apportant l'eau dans la ballade allemande. Encore, encore, et toujours, toujours.

Quand le violon et l'archet eurent accompli leur chef-d'œuvre, alors le joueur de violon salua l'audi-

toire. Il lui fit le salut d'un chambellan à son prince...
un salut ventre à terre. — Ah ! le lâche ! il se courbe,
il se plie, il salue à droite, à gauche. Voilà un triste
salut, dit Théodore.

— Un salut de cuistre, repris-je.

— Un musicien doit saluer en Allemand, dit
Théodore. Oh ! reprit-il, quand j'avais mon violon
(alors je croyais jouer du violon), quand j'avais mon
violon et que la foule me disait : *Chante !* je mettais
mon chapeau sur ma tête, et quand le goût m'en
venait, je jouais quelque fantaisie, au hasard ; puis
au moment où la foule était attentive, attendant une
conclusion, je reprenais mon verre et je m'en allais
brusquement... Une prosternation ! qui ! moi ? saluer
ces pleutres ? et les remercier du plaisir que je leur
ai fait ?... Pas si bête ! A ces idiots, la salutation, la
génuflexion ? Mais silence, il revient ! Ecoutons, et
taisons-nous !

Ici l'homme au violon reparut ; il venait jouer
l'*adagio*. Il fut simple et touchant, il fut plein d'expression et de grâce. — Or çà ! je te prends à témoin, me
dit Théodore, que je me tire aussi bien que ce violoniste, de l'*adagio*. Je n'ai pas peur d'un *adagio* humain
écrit pour des hommes. Je ne recule devant aucune
difficulté, tu le sais ; mais j'ai peur de la musique à
laquelle on ne peut atteindre ; je ne sais pas courir,
tout essoufflé, après des notes impossibles. Te souvient-il de cette mystérieuse partition qui me fut apportée un jour par quelque musicien de l'enfer, il
me défiait de la déchiffrer. Ce fut pour moi un pénible travail. Je sentais confusément qu'il y avait sous
ces notes une puissance d'harmonie, et je ne la trou-

vais pas! Figure-toi un savant de votre Institut devant les hiéroglyphes du temps d'Isis : ainsi j'étais en présence de ces sonates mystérieuses.

» Que d'efforts tentés, pour lire ces chiffons ! que de tortures j'ai subies! Ma main en resta brisée; en vain j'ai mis tous mes muscles à la torture; à peine ai-je pu tirer quelques sons de mon violon indocile ! Mon archet n'a pas voulu courir, en même temps, là et là! mon violon s'est cabré! la chanterelle s'est brisée! Hélas! malheureux que je suis! en vain ai-je interrogé à la fois l'aigu, le grave et le médium... Mon violon était muet. Maintenant... le croiras-tu? cette musique de l'autre monde... voilà cet Italien qui la joue, et qui la jette à mon âme! Comment fait-il? comment fait-il? Vois-tu sa main? Sa main est-elle partagée en deux, pour atteindre en même temps aux deux extrémités de cette gamme violente? Ses doigts sont-ils plus longs que les miens, ses tendons plus nerveux, son âme plus grande? Moi, pourtant, je suis un grand artiste; j'ai rêvé des instruments qui embrassaient la terre et le ciel, qui s'adaptaient à tous les modes connus; mais je n'ai pas inventé ce violon, ce grand violon de la terre et du ciel! J'ai vu bien des musiciens... je n'ai jamais vu son pareil. Il est difforme.. et superbe! Enfant-géant! tout perclus, tout puissant! Vois-tu comme il est en colère, et comme il tuerait le malheureux musicien accompagnateur, qui a manqué sa note d'un dix-millième de son! Son œil flamboie, et son violon demande en pleurant vengeance! O le terrible artiste! Mais le voilà qui finit et qui salue. Ah! le misérable, il ne sait donc pas ce qu'il vaut, pour se prosterner... comme il fait, devant ce triste auditoire? — Ah! fi! Relève toi, génie! et rassure toi! Les gens qui t'écoutent, ne valent pas un crin de ton archet magique. Oui dà, ce sont de grands seigneurs, des fils de rois, des représentants de nations! que t'importe? Il n'y a que moi, dans cette foule, qui sois digne de te juger. Nous sommes frères! Si tu exécutes mieux que moi, c'est de droit divin, c'est par un vœu de ta mère. La mienne m'a jeté tout simplement dans le monde avec le secours d'une vulgaire sage-femme : j'ai été élevé dans l'innocence et dans les festins : j'ai été heureux toute ma vie, aimant, buvant, chantant, joyeux conteur, doux convive, intrépide buveur ; et cependant je suis comme toi, un grand artiste! » Ainsi se parlait Théodore, agité cette fois par la seule passion qu'il n'eût pas connue encore... l'envie!

Il reprit : — Ce qui prouve, Henri, qu'il y a là-dedans quelque chose de surnaturel et qui dépasse notre intelligence, c'est que ce violon... ne sait pas, n'a jamais su, et ne saura jamais une fausse note. Jamais pensée humaine ne conçut un calcul plus compliqué, jamais doigt humain ne l'exécuta d'une façon plus précise et plus nette. Henri, comprends-tu cela? pas un son faux, pas une note hésitante, pas un calcul trompé! Comment expliquer cela? Ne vois-tu pas que rien existe et que nous rêvons tous deux? Ah! maudit violon, tu as fait de Théodore un vil esclave! A tes moindres volontés j'obéissais. J'allais seulement où tu voulais me conduire et pas plus loin. Misérable! Insensé que je suis! J'ai été trompé par mon violon, il m'a jeté par terre. Au lieu de détourner du soleil la tête de mon cheval, comme a fait Alexandre, j'ai voulu dompter mon cheval comme un écuyer vulgaire ; et me voilà par terre. Alexandre est à cheval. O malheureux !

» O malheureux ! Je n'ai pas su dire à l'instrument mal dompté : Te voilà, marche ! obéis ! Chante à ma joie, et pleure à mes larmes ! Tu vas me répéter tous ces mystères de mon âme, et tous ces transports de mon cœur... Et voilà ce misérable Italien qui, pour me narguer, brise à son violon trois cordes. Plus cruel pour lui-même que l'aréopage à Sparte, il n'en conserve qu'une seule... une seule corde pour tant de passion ! Une seule pour toute cette âme ! Une corde pour ce chant jeté à profusion ! » Et Théodore, hatelant, inquiet, bouche béante, écoutait, riant légèrement avec un sourire de naïve crédulité. Bon Théodore ! Il sortit en courant.

— Trouvez-vous cela beau ? lui dis-je.

Il se mit à courir ; il allait lentement, il allait vite, il chantait, il pleurait, il trouvait des airs admirables, il se démenait, il répétait ses plus beaux drames, puis il se décourageait... à la fin il se retourne, et répondant, après une heure, à ma question :

— Si c'est beau ! si c'est beau ! mon Dieu ! Il s'animait de plus belle, il élevait la voix tout à fait, il était tout musique, âme et corps. Il chantait pour moi seul ! Et voilà mon inspiré tour à tour furieux et tendre, imposant et burlesque. Il est le tyran, la jeune fille et la grande dame ; bonhomme, il gronde, il pleure, il rit, il se désole, il est tout un drame, un orchestre, un dieu. Que de pleurs il m'a fait répandre, et que d'émotions il a soulevées dans mon âme ! J'ai compris, le soir dont je parle, ce qu'il y avait d'art et de passion dans ce brave homme ; en même temps je compris pourquoi donc je l'aimais ! je l'aimais pour son génie et pour sa bonté.

Ne sois donc pas mécontent, cher Théodore, d'avoir trouvé ton égal ou ton maître. Je sais bien que tu ne comprends pas l'alliance étrange de ces deux mots : art et théâtre, art et grand jour ; heureusement il y a des exceptions à cette règle générale de la poésie et du drame. Heureux l'artiste qui surmonte cette grande difficulté ! Il règne. Il arrive au milieu des hommes comme une révélation de leur puissance ; il leur apporte des plaisirs inconnus ; il leur enseigne la force du beau, quand il est simple ; il les excite par l'émulation du génie ; il force la jeune fille à ne rougir ni de sa passion ni de son talent. Rends donc grâce à ce hasard qui te force à n'être plus, pour toi seul, un grand artiste.

Or, comment nous nous sommes retrouvés à la porte du cabaret ? Je l'ignore. L'hôtesse était couchée, et les vastes rideaux entouraient le lit d'un mur impénétrable ; la lampe brûlait encore. A peine entré, mon Théodore reprit son violon, il monta la corde qui restait, il chercha son archet... vainement.

— Tu m'apporteras un archet demain, me dit-il.

— Voulez-vous aussi trois cordes, mon ami ?

Il reprit : — Apporte un archet.

Puis voyant que je le regardais avec anxiété, cherchant à deviner ce qui pouvait lui manquer : — Mes amis m'ont perdu, dit-il, par leurs gâteries. Grâce à vous, méchants, je n'ai pas eu ce qui s'appelle un instant de malheur ; je n'ai pas été pauvre une fois, pas malade ; la santé me tue ! Que veux-tu donc que j'invente avec ces joues rebondies et ce nez rubicond, ces cheveux épais, ce lourd sommeil, cette vaste poitrine et cet estomac d'autruche? On n'est qu'un pleutre avec tant de cheveux... Ah! mon cher, le malheur m'a manqué pour être un génie. Au contraire, l'homme au violon... tout l'a servi; ni père, ni mère, enfance à l'abandon! jeunesse aventureuse! cet homme a mendié son pain pour vivre... il a fait pis que mendier, il a donné des leçons de son art; il a eu des écoliers! Conçois-tu ce martyre, Henri? venir à telle heure, obéir à quelque idiot, et lui dire: Faites ceci, faites cela! puis tendre la main. Et cet imbécile, après dix ans, se vantera de son maître! Il dira: je suis l'élève de Théodore! L'homme au violon a subi toutes ces tortures, et bien d'autres. Il a connu toutes les misères au préalable de sa gloire! Il s'est vu envié, calomnié, persécuté! Comme il est pâle et maigre! il a l'air d'un spectre! Et voilà qu'il est le premier dans son art, le plus grand, le seul; musicien et chanteur, pensant et rendant sa pensée, un homme à tuer d'un souffle... et qui m'a tué d'un coup d'archet.

» Ce n'est qu'en souffrant qu'on devient un génie, Henri! — Le feu brûle, et consacre.

» A côté de la foudre, est le chef-d'œuvre aux grandes passions, aux grandes douleurs!

» Quant à nous, les petits, les viveurs, les fantasques, buvons, rions, chantons et faisons danser les fillettes, assis sur un tonneau, entre un clairon qui hurle, et la clarinette qui glapit. »

Il prit un verre: — Honneur à Paganini, le miracle! — A la santé d'Hoffmann, le ménétrier!

LES DUELLISTES

Nous cherchions la porte Maillot, au bois de Boulogne ; je me battais contre Bernard, mon meilleur ami : il m'avait demandé la réparation d'une offense, et l'offense était si grande que je ne m'en souviens plus. Nous allions chacun à sa guise, et faisant craquer sous nos pas les feuilles tombantes de l'automne ; Bernard marchait de l'autre côté du chemin, les mains derrière le dos. Bernard allait gravement ; à toute force, il voulait me tuer : moi, j'allais sans trop de réflexions ; sur ma foi, je ne voulais pas tuer Bernard, bien que ce fût moi qui l'avais offensé.

Nos témoins, bonnes gens, nous suivaient à distance et fort tristes ; ils nous aimaient tous deux, et pensaient avec effroi à l'instant fatal où l'un de nous serait couché par terre, une balle au ventre. Ils pensaient à nos vieux parents auxquels nous ne pensions guère, à nos belles soirées de l'automne qui allaient revenir ; ils pensaient même au chagrin d'Augustine et d'Élisa. Nous allions donc, et vraiment la route est longue ! J'ai toujours admiré ceux qui vont se battre en voiture, le moindre cahot leur jette un frisson. Au contraire, aller à pied, le sang circule... on s'amuse à contempler, pour la dernière fois peut-être, le grand soleil, l'espace et le ciel! C'est un voyage d'agrément au bord de quelque cataracte qu'on espère bien franchir, c'est le passage du pont du Saint-Esprit.

Arrivés à la porte Maillot, nous fîmes semblant de nous séparer.—Nous allons chercher un bon endroit, dit le capitaine Reynaud.

— C'est cela, un joli endroit, dit Bernard.

Et nous voilà, nous enfonçant dans les allées, pendant que le bois est sillonné de toutes parts, chevaux anglais, calèches remplies de femmes, tilburys légers et favorables au tête-à-tête en public. La belle invention! Vous êtes seul à côté d'*elle*, serré près d'*elle*, on la voit, on la touche, on l'aime et, tremblante, son voile et ses cheveux vous frappent au visage. Le cheval même comprend ce bonheur et n'en va que plus vite.

J'étais arrivé sur la lisière de l'allée *ombreuse* qui fait face à la Muette, et ne songeant plus à ce que j'étais venu faire au bois, je regardais au loin sous le feuillage, quand je vis passer... Ô bonheur! Elle était seule dans sa berline, la Julietta. Je la devinai plutôt que je ne la vis; je la devinai à son écharpe, au museau noir de son petit chien, qui tenait sa tête à la portière, appuyé sur l'écharpe, et qui regardait l'automne passer.

Vraiment, j'étais venu sans haine dans ce champ clos, je ne sentis plus que mon amour, et la voyant si près de moi, ma belle artiste.—Arrêtez, m'écriai-je! attendez-moi, Juliette, et je courais à sa suite... Bernard me retint de sa grande main, et de son air solennel :

— Ce n'est pas là qu'il faut aller, me dit-il, mais par là, me montrant le coin du bois.

— Oh! lui dis-je, un instant de repos, Bernard, je te tuerai tout à l'heure, ou tu me tueras, peu m'importe ; mais que je lui dise une dernière fois... ce que je lui disais chez elle hier, à Juliette! Elle a chanté *Don Juan;* tu la connais, tu as soupé avec elle chez moi, il y a quinze jours, tu l'as accompagnée au piano quand elle a chanté ; tu lui as parlé en italien, en espagnol; tu lui as parlé tout bas, tant que tu as voulu ; laisse-moi aller dire adieu à cette belle. En même temps le carrosse de Juliette revenait par un détour et s'arrêtait à mes pieds. Elle écarta de la main son petit chien, et mettant son joli museau à la portière :

— Bonjour Bernard, bonjour Gabriel, me dit-elle, toujours amis, chers seigneurs, toujours inséparables; où donc allez-vous? En même temps, elle me tendait la main avec son charmant sourire de Napolitaine, tout bruni par le soleil. Comme elle me tendait sa main, Bernard la baisa.

— Signorina, lui dit-il avec une familiarité qui me surprit fort, si vous voulez faire encore quelques tours dans le bois, nous avons, Gabriel et moi, quelque affaire à régler ici même, après quoi nous sommes à vous, et si vous voulez, ce soir nous chanterons ensemble le duo de *Matilda di Sabran.*

Zerlina-Julietta, en bonne princesse, consentit à se promener encore un peu ; elle me dit adieu en regardant Bernard, et en me donnant sa main. Pour le coup, je me souvins que j'étais venu pour me battre, et je dis à Bernard : Marchons!

Nous fîmes un détour à gauche : en me retournant, je vis Bernard qui suivait de l'œil le lourd carrosse. Quelque chose était encore à la portière, qui regardait Bernard ; je ne sais pas si c'était l'épagneul ou Juliette qui regardait Bernard.

Arrivés au milieu du sentier, tout était prêt, calme et silencieux. Les promeneurs français ont cela de bon, ils sont discrets; ils respectent un duel, à l'égal d'un rendez-vous d'amour; bien moins que nous, messieurs nos témoins étaient gens à ne pas reculer; les armes étaient chargées, les distances étaient arrêtées, chacun se mit en place, et nous levâmes nos pistolets en l'air...

Bernard me dit de loin (nous étions à vingt-cinq pas) :

— Tire le premier ! Je dis à Bernard : — Tirons en même temps ! Le capitaine Reynaud donna le signal dans ses deux grosses mains... Un ! deux ! trois ! j'attendais que Bernard fît feu. Un, deux, trois, rien ! Bernard ne tira pas, moi non plus.—Tu es d'une insigne fausseté, me dit Bernard. Sans regarder Bernard, je dis au capitaine Reynaud.

— Capitaine, jamais je ne tirerai sur Bernard.

— Eh bien ! dit Bernard, à toi, Gabriel.

Il tira... il fit un grand trou à mon chapeau : la balle fit le tour de la coiffe... et ma foi, il faut que je sois né coiffé.

— Tu n'es pas mort? me dit Bernard. — Non, lui dis-je — Eh bien, tant mieux, embrassons-nous. En même temps il vint à moi, me tendant les bras, et m'embrassa à m'étouffer.

Puis, voyant mon chapeau tout brûlé, et ce grand trou, à deux pouces du front :

— J'ai bien tiré, dit-il, n'est-ce pas?

— Oui, lui dis-je, heureusement c'est mon vieux

chapeau que j'ai mis ce matin, et cela me fâche un peu moins que si c'était le neuf.

— Eh bien, dit Bernard, prends mon chapeau qui est tout neuf, et donne-moi le tien, que je le garde en souvenir de notre éternelle amitié.

Les témoins applaudirent beaucoup à la sublime résolution de Bernard. Moi qui sais que Bernard est plus pauvre que moi, j'étais honteux d'échanger mon vieux chapeau contre le sien, mais il me dit avec tant d'empressement : — « Donne-moi ton vieux chapeau ! » que je lui donnai mon chapeau. Il le mit sur sa tête et saluant les témoins, il s'en alla tout droit devant lui aussi fier, et sa tête aussi droite que s'il eût gagné la bataille d'Austerlitz.

Nous attendîmes Bernard un quart d'heure, à la lisière du bois, ne sachant ce qu'il était devenu. Au bout d'un quart d'heure, nous vîmes passer la voiture de Juliette, et dans le fond du carrosse, à côté d'elle était Bernard ; sur les genoux de Bernard, le chien de la jeune artiste ; et sur les genoux de la dame... ô ciel ! que vois-je ? le chapeau troué que m'avait pris Bernard. La voiture passa si rapidement que j'eus à peine le temps de saluer Juliette avec le chapeau neuf de Bernard.

Nos témoins n'y comprenaient rien ; mais j'étais très-heureux de comprendre la belle action de Bernard. Il parle de moi, me dis-je, il raconte à *ma* chère Juliette le danger que j'ai couru, et sur mon chapeau troué, il répand de douces larmes. Digne Bernard ! J'étais si content de sa belle action, que j'avais regret qu'il ne m'eût pas frappé au cœur.

Nous reprîmes tous le chemin de la ville, en chantant les louanges de Bernard. Nous étions d'une grande gaieté pour plusieurs raisons différentes : nos témoins n'avaient pas vu couler le sang, j'étais réconcilié avec Bernard, Bernard plaidait ma cause auprès de Juliette. Chemin faisant, nos témoins parlèrent de combats singuliers, de duels à mort, d'offenses lavées dans le sang. Ils racontèrent de longues histoires, dans lesquelles le pistolet, l'épée et le sabre, y compris le poignard, jouaient des rôles sanglants.

— Tous ces duels que vous racontez là, dit le capitaine Gaudeffroi, sont des duels de terre ferme, et ne ressemblent en rien à un duel à mort, sur le vaisseau *la Belle Normande,* dont j'ai été le témoin, moi centième, quand j'étais aspirant de marine. Il y a de cela longtemps : le duel eut lieu entre le capitaine de vaisseau et un officier anglais. Le capitaine, qui était peu fort sur la discipline, lui avait promis satisfaction en tel endroit de l'Océan, et l'autre attendait depuis un mois... Mais l'histoire est longue à raconter, dit Gaudeffroi, et si vous ne voulez pas vous asseoir sous le bouchon poudreux de l'estaminet des *Deux Amis*, jamais je n'aurai la force de vous la raconter jusqu'au bout.

Nous nous assîmes sous le bouchon des *Deux Amis,* à l'ombre grêle et mince d'un jeune peuplier, qui dépassait déjà la maison de toute la tête, et le capitaine Gaudeffroy nous raconta, à peu près en ces termes, mais plus longuement, l'histoire du duel en pleine mer :

« Ils avaient passé la nuit dans le même hamac : le même roulis les avait bercés dans leur lit comme une mère attentive son jeune enfant pour l'endormir. A voir ces deux hommes ainsi rapprochés et réunis, pas un n'eût pu dire que le lendemain l'un d'eux devait mourir de la main de l'autre, et telle était pourtant leur destinée ; à peine le vent frais du matin et le cri des gardes qui se relevaient leur eût annoncé l'aurore, ils se précipitèrent tous les deux, se préparant à s'égorger avec toute la dignité d'honnêtes gens.

» L'un de ces hommes n'était rien moins que le capitaine en pleine force, en pleine vie ; on voyait aux regards de cet homme que son ennemi était mort. Du reste, le sourire était encore sur ses lèvres ; son coup d'œil parcourait dans leurs moindres détails les moindres parties de son navire ; il alla, comme à son habitude, étudier la boussole, interroger le pilote ; au gaillard d'arrière, au conseil ! Il n'y eut pas un matelot qu'il ne passât en revue, et pas une voile qu'il ne fît mettre en ordre ; enfin c'était le même homme actif, prévoyant, impérieux, réfléchi : avant une heure, il allait jouer à pile ou face ? ou la vie ou la mort ?

» Son adversaire était un simple *gentleman* ; son habit marron, sa cravate élégante annonçait un jeune homme anglais ou parisien, plus habitué à nos fêtes de chaque jour, qu'au spectacle imposant d'un vaisseau roulant dans la mer. Ce jeune homme avait l'air soucieux, mais l'ennui seul faisait son souci ; assis sur le pont, il étudiait d'un regard, qui pouvait être le dernier, ce ciel brumeux entrecoupé de nuages, ces flots d'un blanc verdâtre dont le soleil paraît sortir, ce mouvement actif et silencieux d'une armée de matelots ; renfermés dans les flancs d'un navire, ils n'ont plus d'instinct que pour obéir à la voix d'un seul homme. Ainsi, des deux parts, le combat était arrêté.

» Quand le capitaine eut donné ses derniers ordres, il vint sur le pont retrouver son adversaire ; à son premier signe, le jeune homme se leva, et, quoiqu'il fût de moindre stature que son ennemi, il n'était pas difficile de voir qu'il avait du cœur.

» Justement un calme plat venait d'arrêter le navire, les premiers rayons du soleil naissant avaient enchaîné tous les vents ; la voile s'était repliée contre le mât ; tout le navire assistait à ces jeux sanglants : on voyait arrêtés sur le pont les plus vieux marins, véritables enfants de la mer; derrière eux s'étaient rangés les jeunes aspirants, l'état-major était à côté de son capitaine, une façon de témoin dans cette circonstance solennelle, et, si vous aviez levé la tête, vous eussiez aperçu, grimpés sur les cordages, les jeunes mousses effarés du spectacle imposant qu'ils avaient sous les yeux.

» Cependant le jeune homme était seul de son côté ; pas un vœu pour lui, pas même un moment de doute sur ce qui allait arriver de sa personne, tant le navire était persuadé que c'était un acte de folie de se battre sur un vaisseau de l'Etat, contre son capitaine... un pousse-caillou, pardieu !

» Aussi bien, quand les épées furent tirées, le jeune homme comprit qu'il n'était pas sur la terre ferme : le roulis du vaisseau faisait trembler sa main, et c'était un homme mort, si le capitaine, comprenant ce désavantage, n'eût jeté son épée à la mer, en demandant ses pistolets. Quand on eut décidé à qui tirerait le premier ? un coup se fit entendre, faible et perdu dans le bruit des flots, à la marée montante. Cependant, sous ce faible coup, le capitaine venait de tomber ; il était mort comme s'il eût accompli un acte ordinaire de la vie, en gourmandant un de ses gens dont l'habit était troué.

» Quant à son meurtrier, que devint le meurtrier? Au moins, quand vous vous trouvez sous les ombrages riants du bois de Boulogne, au milieu des broussailles de la barrière d'Enfer, une fois que votre ennemi est tombé et que votre honneur est vengé, on vous entraîne loin du champ de carnage, et vous laissez aux parrains de la victime le soin de relever son cadavre... à bord d'un vaisseau, quand tout est mer ou ciel autour de vous, vous avez sous les yeux votre victime agonisante, et quand il ne reste sur cette tête vaillante que la douleur d'une vengeance trompée, il faut assister aux funérailles du marin, il faut tenir un morceau de la voile qui lui sert de linceul, il faut prêter main-forte pour jeter dans la mer ce maître, *après Dieu*, de son navire qui commandait aux vents et à la mer.

» Quelles angoisses pour ce malheureux jeune homme quand il vit les flots s'entr'ouvrir au cadavre encore chaud qu'on leur jetait, quand il entendit le canon et les cris de l'équipage qui faisait au mort ses derniers adieux, quand il vit le vaisseau reprendre sa course à travers les ondes, et qu'il se retrouva seul au milieu d'un épouvantable silence et de ce deuil général ! »

Ainsi parla le capitaine Gaudeffroi : son récit parut faire une vive impression sur tous les témoins de notre misérable duel en terre ferme et moi seul, je trouvai que le digne capitaine parlait beaucoup ; j'étais tout entier à Bernard, tout entier à Juliette.

A la fin, la nuit tomba ; chacun s'en fut de son côté,

moi je courus dans tout Paris chercher Juliette et Bernard: aux Bouffes, chez Julie, chez Cyprien, partout. — Elle et lui on ne les avait vus nulle part. A la fin, je rentrai chez moi et m'endormis jusqu'au lendemain.

Le lendemain, arriva Bernard.

— Où donc étais-tu? lui dis-je, on t'a cherché hier tout le soir.

— Mais, reprit-il, j'étais à *Mithridate*, au Théâtre-Français, avec Juliette.

— Et qu'a-t-elle dit de ton chapeau percé, Bernard?

— Elle a dit que tu étais un grand drôle d'avoir tiré si juste sur ton ami, dit Bernard, et ma foi! elle ne veut plus te revoir, elle a peur d'un *buveur de sang*, tel que toi.

En effet, depuis cette *horrible* rencontre, elle ne voulut plus me voir; elle oublia que c'était moi, qui lui avais présenté Bernard, elle ne voulut plus que Bernard : elle garda *son* chapeau troué comme trophée, et pendant plus d'un mois elle vous le suspendit au chevet de son lit. Et voilà comme, à ce malheureux duel, je gagnai un chapeau neuf, et Bernard les bonnes grâces de la dame que j'aimais.

Il est vrai que j'eus par-dessus le marché, l'histoire du capitaine Gaudeffroi.

VENDUE EN DÉTAIL.

Mon histoire est touchante, il n'y a pas de sacrifice qui soit comparable à celui que je raconte. Une enfant est, tout ensemble, et la victime et le grand prêtre de cette abominable tragédie. Ah! la triste héroïne, et sa vertu l'a perdue. En raison, elle appelait l'honneur à son aide, elle est dans la fange aujourd'hui; si elle eût commencé par le vice, elle serait dans la soie et dans l'or : voilà notre justice !

Hélas! il y a tant de misère! il est si difficile de vivre, même pour les femmes, qui vivent de si peu! Les hommes n'ayant pas à vivre en hommes, vivent du travail des femmes. Ils se font couturières et brodeuses; ils portent la demi-aune, en guise de mousquet; plus d'un s'est fait marchande à la toilette, et vend des fleurs. Que voulez-vous que devienne une malheureuse en cette ruche, où les rangs sont pressés comme un essaim d'abeilles ? — La place au plus fort, au plus adroit, au plus vif client! La force est tout; la ruse après la force. Ainsi, le grand sexe écrase le petit sexe. Que de pauvres êtres meurent de faim, ou qui se déshonorent dans un coin! Trop heureuses si le déshonneur même ne leur manque pas!

Ceci va vous paraître étrange... et ceci n'est pas un paradoxe. Il faut lever encore ce coin du voile. Aujourd'hui plus que jamais, les hommes vont sur les brisées des prostituées; ils ont des marchés où ils vendent à un prix certain leur conscience; ils vendent leur plume et leur parole; ils ont des prix pour leur soumission, pour leur respect. Ils font des rois, on les paie; ils défont les rois, on les paie; ils meurent, on les paie. Les hommes se vendent, sous toutes les formes, sous toutes les apparences du bien et du mal. La vénalité les couvre et les protége de son bras puissant. Les révolutions leur profitent. La révolution met à flot la barque échouée; elle bâtit sur les places vides, elle renverse les palais déserts, elle dresse une stalle au héros de ce matin, des temples aux dieux nouveaux, des trônes aux rois de la veille; elle fait tout pour les hommes et rien pour les femmes. 1830 vient d'ôter à ces déshéritées de l'amour et du hasard leur dernier morceau de pain, aux femmes leur dernière ressource.

Le monde des courtisanes est au rabais; il se déteint, il passe, il s'agenouille, il tend la main. Soyez belle et jeune, qu'importe? le vieillard vous regarde à peine; le jeune homme est un ambitieux qu'un doux regard ne saurait arrêter; l'artiste est pauvre, et c'en est fait de lui jusqu'à nouvel ordre.

Autrefois l'on disait: *Jeunesse de prince source des grandes fortunes!* Allez donc Phryné, ou Laïs, chanter cette gamme à nos seigneurs de la Chambre des députés.

La pauvre enfant (j'en reviens à mon histoire), la misère la tenait au corps. La misère horrible et froide, la suivait pas à pas. La misère froissait sa robe fanée, elle déchirait son mouchoir troué, elle remplissait son soulier, de neige. C'était la misère qui faisait son lit avec quatre brins de paille, qui chauffait son poêle avec une once de charbon ; la misère dressait sa table sur son pouce rougi par le froid ! Elle marchait donc suivie et précédée, enveloppée *in extremis* par ce triste compagnon, la misère !

Ce n'est pas un camarade comme un autre. Ni cœur, âme et sourire ; larmes, pitié, sympathie, espérance, tout lui manque. Un autre compagnon, quel qu'il soit, même au bagne, s'attache à son compagnon, et partage avec ce malheureux, son *copin*, son eau fétide et son pain noir. La misère inintelligente, avide, hébétée avait pris en amitié cette enfant de seize ans. Elle tenait son âme et son corps. Elle était sa volonté suprême ; elle pesait de tout son poids sur cette frêle épaule, et quand la fillette passait dans la rue, elle sentait peser sur ses épaules... la misère ! Un jour qu'elles étaient de compagnie, la fillette s'en vint frapper à la porte d'une horrible vieille. La vieille femme, horreur des grandes villes, est la servante des passions humaines. Ces êtres-là ont déshonoré les cheveux blancs ; elles ont des rides hideuses, des grandes mains desséchées dont le toucher est une souillure. La vieille avait partagé le sort des jeunes ; elle était la veuve du vice, à son tour. Cependant elle avait encore un fauteuil pour s'asseoir, un pot de terre où se chauffer, un gros matou pour aimer quelque chose ! Du reste, elle était triste ; elle était là, tête basse, et son chat favori se tenait coi.

Mon héroïne, amenée en ce lieu funeste par la misère, attendit que la vieille, accroupie à ce feu de veuve, à la fin l'interrogeât. En grand silence, elle attendit l'oracle de sa destinée, et d'un doigt timide elle lui montrait son compagnon, le dénûment !

Pour peu qu'on ait des yeux, on le voit à droite, à gauche, aigu, fluet, qui circule comme un vent de bise autour du pauvre ! Ah ! le hideux fantôme ! ils se connaissaient de longue main, lui et la vieille, ils avaient fait leurs farces ensemble, et voilà pourquoi la vieille était dure au malheur d'autrui.

C'était une de ces âmes coriaces, qui ont passé à travers toutes les rugosités de la vie. Ame de boue, tannée, râclée, pelée, toute plissée, toute ridée, une fange, un chaos.

La vieille, à l'aspect de cette beauté réduite à l'implorer, resta écrasée un instant dans sa contemplation au fond de sa vilaine âme ; elle releva lentement ses yeux inégaux, et voyant ce frais visage amaigri par la faim, voyant ces mains qui pouvaient devenir si blanches, et cet œil bleu aux longs cils, la vieille poussa du fond de son atroce poitrine un horrible soupir. Que ce cher visage aux doux reflets lui rappelait des temps plus heureux ! Comme autrefois, elle se serait plu à parer ce beau corps tout courbé sous le haillon, à rehausser par la blanche dentelle cette tête enfantine, à protéger d'un fin tissu ces épaules si fraîches, à couvrir d'un gant glacé ces mains glacées, à renfermer dans le soulier de Cendrillon ce pied d'enfant, brisé par cette épaisse chaussure ! O Vénus ! quel chef-d'œuvre elle eût fait de cette pauvre fille, l'infâme vieille ! Un aussi grand miracle, que le miracle de Pygmalion ! Et, quand il eût été fait, ce chef-d'œuvre, et bien posé sur sa base élégante, bien réchauffé par le soleil, éclatant de lumière et de bien-être, alors le Phidias en jupon sale eût appelé autour de sa statue éclatante de tous les feux du jour, les connaisseurs de la ville et de la cour; Pygmalion eût mis à l'encan son chef-d'œuvre, il eût prostitué sa Galathée à quelque fermier général !... C'étaient là les passe-temps de la vieille, en ses beaux jours.

A l'aspect de la jeune fille abandonnée à sa merci, cet affreux visage eut un moment d'intelligence. Elle regarda en connaisseuse le bloc informe et charmant. Elle était comme l'*artiste* du bon La Fontaine devant le marbre de Carrare : *Sera-t-il dieu, table ou cuvette ?... Il sera dieu !* disait l'artiste, en son premier instant d'enthousiasme... Il sera dieu ! Prends garde, ami, ton dieu resterait sans autels ! Au sortir de sa muette contemplation, la vieille hocha la tête : elle venait de perdre son dieu ! — Ma fille, dit-elle à la pauvre enfant, je ne puis rien pour vous... Tu viens trop tard. Je meurs de faim, moi qui vous parle. Il n'y a plus de chalands dans ma boutique ; la nuit on ne frappe plus à ma porte, et le jour c'est en vain que ma porte est entr'ouverte. Elle caressait le gros chat, qui faisait le gros dos.

Alors l'enfant, qui s'était tenue debout et droite, comme une jeune personne qui comprend qu'on la regarde, voyant qu'elle n'avait rien à espérer, s'assit nonchalamment par terre, au foyer de la vieille. Et celle-ci la regardait d'un regard de regret et de pitié, passant ses doigts noueux dans cette belle chevelure blonde! Elle *jouait*, immonde, avec l'ornement le plus rare ! elle tripotait ces cheveux de Bérénice. Ils étaient souples, soyeux, épais, purs de toute essence corruptrice ; c'étaient les beaux cheveux d'une fille oisive, qui se pare, orgueilleuse de la seule parure qui lui reste. Les boucles épaisses ruisselaient autour de ce cou frêle et blanc ; elles tombaient en flocons sur ce front poli. La vieille agitait de sa main fétide cette masse transparente, et le vent agité par ces beaux cheveux fit jaillir les cendres de la chaufferette sur la longue chevelure cendrée... — Autrefois, disait la vieille, on eût pris aux filets que voici deux princes du sang, trois maréchaux de France, un évêque, un fermier général... Pour une mèche de ces cheveux, M. Dorat eût fait un poëme... Ah! que les temps sont changés!

Une idée alors vint à la vieille :

— Veux-tu vendre ta chevelure? dit-elle à l'enfant.

Accroupie qu'elle était sur le pot de terre, le cerveau fasciné par la faim et par la vapeur du charbon... l'enfant n'entendit rien d'abord : ce mot : *vendre ses cheveux*, lui parut un rêve ; un de ces rêves de la faim et du froid qui font le sommeil du pauvre. Le rêve emplit le cerveau des plus chaudes vapeurs... le matin venu, on le regrette : la faim en rêve, et le froid en rêve : quelle joie! à côté de la réalité!

La vieille, avec le sang-froid d'un commis de boutique, prenant les beaux cheveux à leur racine, se mit à comparer leur longueur à la longueur de son bras. L'épaisse chevelure, accouplée à ces vieilles cordes tendues sous une peau jaunâtre, en prit un reflet plus doux : la vieille elle-même, frappée à son insu par ce contraste, resta le bras tendu, regardant tour à tour ce bras mort, et ces cheveux pleins de vie et de soleil, triple rayon ! En même temps une mèche grise et filandreuse sortant du bonnet crasseux de la vieille, on eût dit que cet horrible crin mettait le nez à la fenêtre, et regardait, envieux, la belle chevelure de l'enfant.

— Réponds-moi, vendons tes cheveux? dit la vieille. Ils sont longs d'une bonne aune, et je te rapporterai quinze francs, — que nous mangerons.

La jeune fille, jetant les cheveux de côté et d'autre, et les relevant sur son front avec sa main amaigrie, ouvrit ses yeux humides et se prit à sourire... Oui, dit-elle... et, sur l'autel de la faim, elle faisait le sacrifice de ses cheveux.

La vieille alors se baissa jusqu'au panier où dormait le matou. Elle dérangea le matou doucement, et fourragea dans ce hideux réceptacle de gueuseries, et de guenilles : vieilles écharpes, jadis roses, à présent tachées, dont la vieille se faisait des foulards pour sa tête, collerettes déplissées et trouées dont elle se fabriquait des mouchoirs de poche; vieux bas chinés, le mollet était en soie, et le pied était en laine; vieux bas à jour, le mollet était en laine et le pied était en soie. Elle s'accommodait de ces protervies... tant qu'il y a de la tige, il y a du talon !

D'une main violente, elle jetait ces loques hors de leur capharnaüm. Tout volait dans l'appartement; les vieux nœuds de ruban, le casaquin de basin, les garnitures effeuillées, les taches, les trous, les broderies filandreuses : l'horrible pêle-mêle d'un luxe avachi se trouvait dans cette corbeille; au fond de la corbeille une vieille paire de ciseaux à moucher la chandelle... Or, c'était cette paire de ciseaux que cherchait la vieille.

Quand elle eut retrouvé ses ciseaux, vieil instrument à faire ses vieux ongles, elle reprit dans sa main les cheveux de l'enfant, tout à la racine, à effleurer la peau, elle se mit à couper ou plutôt à scier cette vaste et flottante nappe aux reflets divins qu'une reine eût enviée. O malheur! la vieille sciait, les ciseaux gémissaient, la pauvre enfant accroupie se laissait faire! Pope a fait un long poëme avec *la boucle de cheveux enlevés;* M. Marmontel a traduit le poëme de M. Pope; qui donc parmi nos poëtes écrira quelque élégie en l'honneur de cette chevelure sous la main de l'infâme vieille! Peuple ignoble que nous sommes!... Après trois quarts d'heure de cet horrible travail, le sacrifice fut consommé.

Quand tout fut fini, la belle dépouille fut enfermée dans un vieux journal de théâtre, autre débris de l'opulence d'autrefois. La pauvre enfant tendit la main; elle reçut quatorze francs au lieu de quinze. Elle partit. Mais le froid était vif; le froid tombait d'aplomb sur ce front dépouillé de sa douce parure. O crime étrange! invention de l'enfer! tout à l'heure un simple bonnet suffisait à défendre, à protéger cette tête charmante... Hélas! plus de couronne et plus d'ornement, plus de boucles flottantes, plus rien. Il fallut que sur les quatorze francs, elle en prit quatre pour s'acheter de quoi couvrir son crâne dépouillé! Jamais froid plus intense et plus pénétrant. Ah! mes cheveux! mes cheveux! ma parure et mon orgueil!

Son argent dura vingt jours, vingt mortels jours. Elle avait perdu sa joie et son orgueil, quand, devant un fragment de glace brisée, elle regardait ses blonds cheveux lui sourire et l'entourer d'une auréole; quand elle se consolait de n'avoir pas de chapeau en songeant à sa chevelure. Eh! chaque soir, elle retrouvait encore un moment de bonheur. Tout cela était perdu !

Puis revint la faim pressante. Revint, plus rapide et silencieuse, la misère! Il fallut retourner chez la vieille en tenant son front dans ses deux mains, son pauvre front si nu et si dépouillé!

La vieille était assise, elle ravaudait; en ravaudant, elle murmurait une chanson bachique; elle avait soif; ce fut à peine si elle regarda l'enfant quand elle entra.

La vieille lui dit brusquement : — Tout ce que je puis faire, aujourd'hui, c'est de t'acheter cette dent qui est là, et qui ne te sert à rien pour ce que tu manges. En même temps, elle appuya son doigt funeste sur une dent blanche et perlée qui valait un royaume, à la place où elle était.

La dent qu'elle touchait, la vieille, c'est la première dent qui se montre au sourire, la première dent qui brille à travers la lèvre éclatante, la dent qui s'appuie au front de l'amant, la dent qui donne un accent à ce grand mot : *Je t'aime!* Elle est l'ornement, elle est la grâce, elle est la jeunesse, elle est le sourire, elle est la santé !

La vieille en revendant les cheveux de la pauvre fille avait trouvé le placement de ce trésor.

— Oui dà, ma fille! Et vous me remercierez de la préférence! Une dent de plus ou de moins, la belle affaire !

Il y en avait tant à vendre, et de plus belles! n'avait-elle pas déjà payé ses cheveux bien cher? L'enfant trop pauvre pour songer à être belle, hélas !

l'enfant dit oui. Du même pas, la vieille la mena chez un dentiste.

Dans la chaîne des êtres médicaux, le dentiste est comme le peintre et le sculpteur, un artiste de luxe. Il faut qu'on soit heureux et riche pour acheter un tableau, ou pour payer le dentiste. Depuis la révolution de juillet, le dentiste et le marchand de couleurs ont éprouvé bien des désastres. Aussi le dentiste de la vieille, en voyant une pratique, se mit tout bas à remercier le ciel : il prépare à la hâte ses instruments il étale hardiment sa trousse. Il visita la bouche de la jeune fille, mais, la trouvant si saine et si fraîche (toutes ses dents étaient alignées comme des perles, elles étaient de ce ton chaud et mat qui annonce la durée) ! il devint pâle ; assurément la jeune fille s'était trompée : il ne voyait aucun prétexte à instrumenter dans cette bouche incomparable... C'était encore une journée perdue pour lui !

— Je ne vois pas une seule dent à déranger, dit-il à la vieille en remettant son instrument dans son étui.

— Il faut, dit la vieille, arracher cette dent-là, j'en ai besoin.

— Je n'oserai jamais, dit le dentiste.

— Nous irons chez un autre, dit la vieille.

Il réfléchit qu'il était pauvre, et que les temps étaient bien durs !

— Si j'arrachais une des dents de la mâchoire inférieure, dit-il tout bas à la vieille, cela reviendrait au même, et cela ne se verrait pas.

Alors il procéda à l'opération.

Ce fut long. La dent tenait dans ses plus profondes

racines. Le dentiste était peu sûr de sa main qu'arrêtait le remords. L'enfant souffrit une horrible torture, enfin la dent céda, elle vint au bout de l'instrument avec un très-petit morceau de la gencive (c'était un habile dentiste). L'enfant se trouva mal. On lui fit boire un peu d'eau, on lui fit rincer sa bouche. La vieille lui donna dix-huit francs ; puis à ces dix-huit francs, elle en ajouta deux autres. Elle venait de réfléchir que les dents ne repoussent pas comme les cheveux. La vieille était juste à sa manière. Où se niche la conscience ?

La pauvre enfant rentra dans son grenier, avec vingt francs de plus et sa dent de moins.

Quand elle se revit dans la glace, et qu'elle vit sa bouche ainsi agrandie, un gouffre ouvert entre ses deux lèvres, quand elle entendit l'air de ses poumons siffler, quand elle vit la grimace hideuse remplacer le sourire, quand elle comprit que son hôtelier qu'elle payait, lui parlait avec moins de compassion, quand elle entendit dans son âme retentir ce mot funeste :
— Ah ! laide ! tu es laide ! elle se sentit plus pauvre et plus nue que jamais ; elle sanglotait, ses yeux n'avaient pas de larmes. Dans l'excès de sa douleur, elle portait ses mains à sa tête ; ô douleur ! trouvant son crâne dépouillé, ses deux mains reculaient épouvantées comme si elles eussent touché un fer chaud.

Elle vécut encore vingt jours de cet argent impie, ah ! vingt jours bien tristes et bien sombres, vingt jours sans que personne lui accordât un regard, une bonne parole. Elle avait perdu les seuls protecteurs que lui eût donnés la nature, son sourire et ses beaux cheveux; elle avait vendu les deux amis de sa jeunesse, ornements peu coûteux et charmants, que rien ne pouvait remplacer; elle avait porté ses mains sur elle-même, ah! plus à plaindre et plus malheureuse mille fois, par ce suicide en détail, que toutes les jeunes filles qui meurent en bloc et tout entières victimes d'un amour malheureux.

Et puis la fatale camarade qui ne s'était éloignée que de l'épaisseur d'un cheveu et de la largeur d'une dent, la misère revenait sur ses pas; et revenue elle déployait ses grandes ailes de chauve-souris autour de la malheureuse; allons! maintenant, comment vivre? Et de quoi? La misère en riait dans sa barbe, elle était curieuse de savoir ce que cette fillette allait devenir?

A la fin, chassée de son grenier, et n'emportant que le fragment de son miroir, comme on emporte un remords, la pauvre fille allait dans la rue, elle revint chez la vieille, qui mangeait sa soupe dans une porcelaine ébréchée, un potage odorant, tout garni de légumes et de morceaux de viande égarés dans la marmite. La pauvre enfant, voyant la vieille manger, se souvint qu'elle avait faim; mais la vieille n'y songeait pas, elle jetait la viande et le pain dans sa gueule horrible! Ah! que c'est bon! disait-elle au chat; elle laissa le fond de l'écuelle, et le chat se fit prier longtemps pour toucher au potage, la pauvre fille ne se serait pas tant fait prier.

Quand elle eut essuyé son menton avec son bras, son bras avec sa main, sa main à la poche de son jupon, la vieille dit à l'enfant :

— Je t'ai trouvé encore quelque chose, mon enfant : puisque tu as du courage, viens avec moi; je vais te mener chez un jeune homme qui te payera bien, viens! et surtout ne tremble pas.

— Ma mère, dit la jeune fille, je veux bien vous suivre, mais j'ai faim; donnez-moi un morceau du pain que je vois là, et je le mangerai en chemin. Disant cela, elle se jetait avidement sur le pain, mais la vieille arrêta sa main. — Cela te ferait mal, mon enfant, il est très-heureux, pour ce que nous allons faire, que tu sois encore à jeun.

Excellente femme ! va !

Elles sortirent.

La vieille, qui ne voulait pas être compromise, dit à la jeune fille de marcher à distance. La vieille avait des souliers neufs, achetés avec les cheveux de l'enfant; l'enfant était en pantoufles trouées : la vieille avait un châle sur les épaules, acheté avec la dent de l'enfant; l'enfant grelottait sous ses haillons ! Toujours la dupe et la coquine, toujours la victime et le tyran.

Elles arrivèrent à une maison de belle apparence; elles traversèrent une grande cour, montèrent un petit escalier à gauche : arrivée au second étage, la vieille sonna, un laquais vint ouvrir, les deux femmes furent introduites dans la maison.

L'appartement était de bonne apparence. En un coin de l'appartement, un grand jeune homme, une lancette à la main, s'appliquait à saigner méthodiquement une feuille de chou; il choisissait de préférence les veines les plus fugitives de l'innocent légume, et quand il était parvenu à faire sortir un peu de sang, c'est-à-dire un peu du suc blanchâtre de la feuille, il poussait un cri de joie. O Dupuytren, salut ! se disait-il

La vieille, attirant la pauvre fille près de lui.—Monsieur le docteur, dit-elle au jeune homme, voici la veine que vous m'aviez demandée. Voyez cela! il y en a à choisir, j'espère! Comme toutes ces veines se croisent sous cette peau argentée, et que ça va donc vous décarêmer de vos feuilles de chou.

Le docteur Henri, esculape de vingt ans, médecin depuis quinze jours, anatomiste de la veille, prit ce bras d'enfant avec un petit sourire de suffisance, et le regarda... *anatomiquement.*

Il regarda, non pas la pauvre fille pâle et si belle encore, non pas ce jeune sein qui battait si fort, non pas ce regard bleu de ciel qui tombait sur lui en suppliant, non pas même cette main tiède qu'il tenait dans sa main; de tout ce beau corps, il ne regardait qu'une veine! Une seule veine! et sans mot dire, impassible comme le médecin qui guérit, sur la veine de la pauvre fille qu'elle lui vendait sans savoir son prix, il fit son apprentissage de saigneur d'hommes, lui qui n'avait été que saigneur de choux.

Voilà donc où la science conduit ces Dupuytren en herbe. Ils n'ont plus de pitié, plus d'amour. Montrez-leur une femme, il faut qu'elle appartienne à la cour d'assises, pour que l'étudiant en droit s'en occupe; il faut qu'elle ait une veine à ouvrir, pour que l'étudiant en médecine la regarde. Et si vous vous étiez trompé de veine, Henri le docteur? Mais le docteur était sûr de son fait; il avait déjà saigné tant de feuilles de choux.

Je ne vous dirai pas ce qu'il donna à la pauvre fille pour sa veine, cela ferait peur à dire : un barbier du vieux siècle aurait eu honte de prendre si peu pour une saignée. Il est vrai encore qu'il vint peu de sang de la veine ouverte... Elle en avait si peu !

Henri, tout joyeux de sa première saignée, congédia les deux femmes, laissant précieusement le sang sur la lancette, afin de dire à ses sœurs : — Voyez comme je saigne... Ah ! fi des feuilles de choux.

La vieille mena la jeune au cabaret ; elle lui disait en chemin : — Tu vois bien à présent, ma fille, que j'ai eu raison de t'empêcher de manger, rien ne fait mal comme une saignée pendant la digestion ; mais à présent, viens boire avec moi. Elles allèrent boire, et si l'on eût dit à la vieille : — C'est du sang que tu bois, elle eût répondu : — Non, c'est du vin.

J'avais dessein, en commençant cette histoire, de vous raconter longuement les ventes partielles de cette pauvre fille, mais j'ai perdu tout courage, et d'ailleurs j'aurais honte pour nous tous. Sachez seulement cela, vous autres, elle a tout vendu de son corps, tout, excepté ce que les femmes vendaient autrefois, sa vertu... Il ne s'était trouvé personne pour l'acheter. L'innocence aujourd'hui n'est plus bonne à rien, le vice n'en veut plus. Notre pauvre fille, après avoir vendu sa veine à un étudiant, a vendu sa tête à un peintre ; elle a posé dans une scène de pestiférés tant elle était pâle ; puis on lui a mis du rouge, elle est devenue une camargo.

Et que n'a-t-elle pas vendu au plus bas prix possible? Elle a vendu sa gorge au mouleur, le plâtre appliqué a enlevé à jamais le duvet de la pêche. Elle a vendu son épaule et son pied à un statuaire, et les bosses de son crâne à un crânologue, et les heures de son sommeil à un faiseur de somnambulisme ; elle a vendu ses rêves à une cuisinière qui jouait à la loterie.

Un jour que l'on cherchait pour une féerie une fée (il s'agissait d'enrichir un théâtre du boulevard), la malheureuse accepta l'emploi d'une sylphide. Elle passait tour à tour du ciel à l'enfer, elle traversait l'espace et la flamme. Hélas! elle se brûla dans *l'Enfer*, elle tomba toute en flammes des hauteurs du *Paradis*. On la traîna mourante à l'hôpital. Elle mourut dans une horrible agonie... elle mourut pure et chaste, comme un enfant, laissant pour rien, aux rapins de l'amphithéâtre, les restes malheureux de ce beau corps de seize ans qu'elle avait vendu en détail!

ROSETTE

J'aime assez les romans, ils allégent la vie heureuse! Ils sont le rêve éveillé; — mais parlez-moi des petites histoires d'autrefois, des romans de quelques pages, et non pas de ces inventions sans paix ni trêve, qui exigent un mois de lecture. Il n'y a rien de plus triste; on s'y perd, on s'y vieillit. Que si, pour rajeunir son sujet, l'auteur se fraie un chemin sanglant à travers des meurtres impossibles, ou bien si, pour animer ses héros, il les conduit en mauvaise compagnie, à l'avant-dernière bouteille, au dernier couplet, voilà nos héros sous la table avec nos héroïnes. Quel dommage que nous ayons perdu le secret des petites histoires amusantes et joviales d'autrefois!

Autrefois c'était le bon temps pour les petites histoires; le roman en vingt volumes sales et mal imprimés, délassement des cuisinières, des crocheteurs et des marquises, eut fait reculer d'horreur les laquais et les femmes de nos duchesses. Un auteur qui se respectait faisait paraître son histoire à distance, en plusieurs parties séparées, quand l'histoire était trop longue. Il fallut dix ans pour la suite de *Gil Blas*.

Candide était la mesure excellente de ces petits contes. Madame de Pompadour, qui s'y connaissait, aimait les petits livres qu'on lit tout bas, dans le creux de la main, d'un coup d'œil, et qui se cachent sous le pli d'une dentelle quand arrive en bâillant quelque roi importun. Littérairement parlant, je pleure encore madame la marquise de Pompadour; elle a emporté dans sa tombe le secret du joli.

Le joli! Etait-elle assez jolie... Je ne sais quoi sans définition. Echos, parfums, rayons! un faux brillant et un feu follet... il arrive, il entre, il se pose, il rit dans la glace, il s'assied à table avec vous, il chante, il minaude, il écrit de petits billets, il aime à la rage les opéras et les belles danseuses, il s'occupe en minaudant de petite musique et de petits vers, de petites intrigues, de tout ce qui est mignon, vif, léger, frivole! Ah! vive le joli! C'est le joli qui a taillé les verres à facettes, inventé la poudre à poudrer, les mouches et les ballets; il a fixé les amours aux plafonds, il a jeté son fard à la joue; il enrubanait Voltaire à la marquise du Châtelet, le roi Stanislas à madame de Boufflers, Dorat à mademoiselle Fannier, Louis XV à la comtesse Du Barry. Pauvre petit monstre! il est parti avec M. Voisenon et M. Crébillon fils. Il est parti; on croyait que le beau allait venir à sa place, il n'est pas venu, et nous autres, nous sommes restés par terre, entre le beau et le joli, à peu près comme l'art dramatique entre les deux théâtres français.

Mais en attendant le beau par excellence, qui nous rendra le joli que nous avons perdu? La littérature de l'Empire en vivait avec l'art de M. Demoustiers, de Luce de Lancival, de M. Andrieux, de M. Jouy, de

M. Bouilly, et tant d'autres, messieurs, et tous les autres! Mais, que dit Montaigne? « L'archer qui outrepasse le but, faute comme celui qui ne l'atteint pas. » Ces illustres archers, partisans du joli, ont manqué le but, en l'outrepassant. A force de courir après le joli, ils sont tombés dans le trop joli : abîme immense dont la littérature de l'Empire ne se relèvera jamais.

Quoi qu'il en soit, je regrette le joli, comme les amateurs de boston ou de reversi regrettent le reversi et le boston. Des jeux plus modernes ont remplacé les jeux de leur enfance, et les jeux qu'on leur fait jouer, ils les jouent mal, ils les jouent en se rebiffant. Pauvres bonnes gens! leur histoire est l'histoire de nos faiseurs du moyen âge, ou de nos fabricants de terreurs révolutionnaires. Ils font du moyen âge ou de la terreur avec tant de peine et de périls! Le joli, c'était si tôt fait.

Je lisais, naguères, un joli conte intitulé *Rosette*. Il est gai, vif, amoureux, charmant, ce petit conte! on le dirait écrit avec la plume d'*Angola* ou des *Bijoux indiscrets*. Laissez-moi vous le redire, et, s'il vous plaît, nous laisserons parler notre heureux marquis (c'est un marquis!) toutes les fois qu'il voudra parler.

Bien entendu que c'est le héros de mon histoire qui parlera souvent en son propre et privé nom. Il n'y a pas de meilleure entrée en matière que celle de Gil Blas : *Je suis né de parents*, etc.

Vous voilà donc face à face avec ce joli petit maître écrivant à l'un des amis le talon rouge; et de tout ce qui doit s'ensuivre, joli ou beau, je me lave parfaitement les mains avec de la pâte d'amandes, de l'eau rose, dans une porcelaine de vieux Sèvres, une dentelle de Malines, pour essuie-main.

« Enfin, marquis, j'ai possédé la belle Rosette. » Je vous fais remarquer ce commencement classique en ce temps-là, et ce ton leste, et cette expression qui va droit au fait : *j'ai possédé!* Notre marquis commence positivement comme Desgrieux, comme Saint-Preux et tant d'autres ont commencé. Mais revenons à cette narration, qui déjà doit vous intéresser.

« Voici son portrait, marquis (le portrait de Rosette) : Elle a de l'esprit, du *jugement*, de l'imagination, des *talents;* extérieur *éveillé*, démarche légère, bouche petite, grands yeux, belles dents; *grâces sur tout le visage*. Rosette *entend au premier coup d'œil*, elle part à votre appel, et vous rend aussitôt votre déclaration. Voilà celle qui a fait mon bonheur. »

Ainsi était faite *Rosette* au siècle passé. Aujourd'hui Rosette est pâle, mélancolique et sur elle-même affaissée... un vrai saule pleureur! Rosette une précieuse, un saule pleureur. Elle *n'entend pas le coup d'œil*, et ce n'est qu'au bout de trois cents pages qu'elle *vous rend votre déclaration*, si encore elle n'est pas noyée ou pendue dans l'intervalle. Vive la Rosette d'autrefois!

« Voilà comme ce bonheur me vint, cher marquis. Il y a huit jours, en allant au Palais-Royal, je vis arriver le président de Mondonville : *il était pimpant à son ordinaire*, la tête haute et l'air content; *il s'applaudissait par distraction*, et se trouvait charmant par habitude. Il badinait avec une boîte d'un nouveau goût; dans cette boîte, empruntée à son *petit Dunkerque*, il prenait quelques légères prises de tabac, dont, *avec certaines minauderies*, il se barbouillait le visage. — Je suis à vous, me dit-il. Ainsi disant, il *court au méridien.* » Ce dernier trait du président Mondonville est le seul qui puisse s'appliquer aux présidents de cette époque : régler sa montre au méridien ou au canon du Palais-Royal est une occupation convenable à un magistrat; mais *l'air pimpant*, où est-il? Les *minauderies*, que sont-elles devenues? c'est à peine si nos magistrats de trente ans osent sourire. Oyons cependant le président de Mondonville, et son ami le marquis.

« Mon cher marquis, dit le conseiller, voulez-vous une prise d'Espagne? c'est un marchand arménien, là-bas, sous les arbres, qui me l'a vendu. Mais! vous voilà beau comme l'amour! on vous prendrait pour lui, si vous étiez aussi volage. Votre père est à la campagne, eh bien, divertissons-nous à la ville. Quel désert ce Paris! Il n'y a pas dix femmes! Aussi bien celles qui veulent se faire examiner ont des yeux à choisir. » Ainsi parle le grave conseiller à notre marquis.

« Touchez-là, ajoute le conseiller, je vous fais dîner avec trois jolies filles; nous serons cinq, *le plaisir sera le sixième*; il sera de la partie puisque vous en êtes. J'ai renvoyé mon équipage, et Laverdure doit me ramener un carrosse de louage... *en polisson.* »

Ainsi dit le président. Il est, comme vous voyez, un bon vivant, et prêt à tout; improvisant le plaisir comme Antony improvise un meurtre, et puis, comme on disait dans ce temps-là : *Il a du génie et de l'honneur, mais il tient furieusement au plaisir.* Il mène une belle vie! Au bal toute la nuit, à sept heures du matin au Palais; il n'est ni pédant en parties fines, ni dissipé à la chambre; charmant à une toilette, intègre sur les fleurs de lis; sa main joue avec les roses de Vénus, et tient toujours en équilibre la balance de Thémis. (Je crois, sans vanité, que j'attrape assez bien le style précieux.)

A la proposition du président : « Amusons-nous ! à demain les affaires sérieuses ! » le marquis dit *oui !* tout aussitôt, et voilà les deux amis qui sortent gravement du Palais-Royal. Ils traversent la place, entre Charybde et Scylla, garnies de vestales *parées comme des mystères;* ils passent devant le café de la *Régence*, veuf de la dame, ornement du comptoir, dont la fuite a tant excité la verve des chansonniers. Au coin de la rue, ils trouvent Laverdure sans livrée, et son carrosse sans armoiries. — Tout est prêt, dit Laverdure; mademoiselle Laurette et mademoiselle Argentine vous attendent; mademoiselle Rosette est indisposée, et vous fait ses excuses. » Quel malheur ! Rosette indisposée ! et voilà notre marquis tout pensif.

Cependant ils montent en carrosse; le marquis est muet, le président ne déparle pas !

« Voyez, dit-il, ce grand Flamand qui passe; il est au-dessus et au-dessous de nous, de toute la tête ! Voyez marcher, à pas comptés, le sage Damis; à le voir, on le dirait ingénieux et spirituel; sa physionomie est menteuse, oui dà ! cet homme est bon, tout au plus, à être son propre portrait. » En passant dans la rue Saint-Honoré, devant la boutique du bijoutier : « Je n'ose, dit-il, regarder la porte d'Hébert, il me vend toujours mille bagatelles malgré moi; combien de colifichets avons-nous échangé pour des lingots d'or ? » Ainsi, médisant, et se vantant..., de leur ruine, ils arrivent à la porte de Laurette et d'Argentine.

Bien que ces dames ne ressemblent guères à nos héroïnes de romans, dont chaque mouvement est une mélodie, elles sont cependant dignes d'intérêt et d'attention. Argentine et Laurette montent en carrosse, on lève les stores, et puis fouette cocher! jusqu'à la *Glacière*.

A la Glacière est située la petite maison du président; l'extérieur annonce une cabane... entrez! l'intérieur vous dédommage; au dehors c'est la forge de Vulcain, au dedans c'est le palais de Vénus.

Ces petites maisons-là sont d'invention diabolique... à la porte est assis le mystère, le goût les construit, l'élégance en meuble les cabinets. On ne rencontre en ces taudis charmants que le simple nécessaire, un nécessaire plus délicieux que tous les superflus. Fi de la sagesse et du sens commun, « la Glacière » est une fournaise, et le secret, qui fait sentinelle, ne laisse entrer que le plaisir...

Alors on dîne. Il n'est rien qui se compare au menu de ce dîner, fait par un cuisinier qui vient de Versailles. Imaginez toutes les recherches succulentes. Bon repas, aimable causerie et gaieté! Dans l'intervalle qui sépare la *bisque* du relevé de potage, on parle en riant de *Dardanus*. En ce temps-là, parmi les sujets sérieux de conversation, l'Opéra tenait la première place, et la cour n'avait que le second rang. Au beau milieu de la causerie, on présente aux convives deux entrées. La dispute est calmée, tout le monde est remis *dans son assiette et sur son assiette*.

En notre sotte année de 1832, les romanciers sont

prodigues de portraits, surtout de portraits de femmes. Ils vont vous faire, et très-facilement, vingt-cinq pages sur une brune, et quarante sur une blonde. Autrefois, ces belles images se faisaient en deux traits, d'un crayon net et vif! Déjà vous avez eu celui de Rosette, en trois mots; écoutez ceux de *Laurette* et d'*Argentine*. Ah! les belles figures qui vous suivent et vous provoquent! les doux rires! les lèvres vermeilles! Dites-moi, ami, si M. Henri Delatouche lui-même, a fait quelque chose de mieux?

Laurette est jeune encore, un peu moins qu'elle ne le pense; admirez cette grande fille, à l'œil noir, à la jambe grêle, une danseuse, et qui pourrait se faire un voile de ses épais cheveux noirs.

Argentine est une *maman*, la main blanche et potelée; un sourire excitant, l'œil fermé à demi, grand pied bien fait et nez retroussé; toutes deux belles personnes, et chantant le couplet à ravir!... On chantait beaucoup en ce temps-là.

Quant à l'ajustement de ces dames, le voici tel que je le sais : Argentine était en robe détroussée de moire citron; Laurette était parée; elle avait du rouge. Toutes les deux étaient ajustées par la *Duchapt*.

Tout à coup, à la fin du repas, le vin de Champagne éclatant de sa riante écume au bruit des bouchons, légère et riante, entre en riant la belle et vive Rosette, ô bonheur! la voilà! c'est elle! Après un salut de joie, elle fait le tour de la table et tend aux convives son front charmant. Est-elle assez jolie! assez piquante, et provocante avec un petit bruit des lèvres, un appel irrésistible? Ah! Rosette.

Rosette est sans paniers, *avec le plus beau linge du*

monde, une chaussure fine et le plus petit pied qui se puisse voir. Le dessert arrive ; on boit, on casse les bouteilles, et les verres, les assiettes, on jette un peu les meubles par les fenêtres ; ces dames s'amusent comme des marquises. C'était la mode au départ des officiers pour l'armée, on cassait les porcelaines, on ébréchait les miroirs ; on brisait le dernier verre où pétillait la santé de ces folles amours. Cela s'appelait : *faire carillon.*

Quand tout est bu, et tout brisé, on se promène à travers le jardin ; après la promenade, *on fait un médiateur.* Le président joue avec un bonheur sans égal ; Rosette est outrée, et répète à qui veut l'entendre, qu'elle est en péché mortel, parce qu'elle ne voit pas un as noir. Ces dames trichent tant qu'elles peuvent ; puis, la nuit venue, on monte en carrosse, et chacune et chacun rentre ou chez *elle* ou chez soi. Voilà, je l'espère, un petit roman bien préparé.

Moi, j'aime assez ce joli roman, et je continue ; il ne va pas plus loin que le *comme il faut* le plus strict, et qui que vous soyez, voire M. Paul de Kock, je vous mets au défi de me citer un conte humoristique, fantastique ou romantique, plus décent que celui-là.

Le lendemain de cette fête *carillonnée,* le marquis n'a rien de plus pressé que d'envoyer savoir des nouvelles de Rosette. A midi, étalé dans son carrosse, il se fait conduire au Luxembourg. Au sortir du jardin, il monte en grand mystère dans une chaise à porteurs, il arrive ainsi chez Rosette. Elle est à sa fenêtre, qui le regarde en souriant d'en haut. Il entre, ô dieux et déesses ! Rosette est coiffée en négligé ; elle est vêtue d'*un désespoir couleur de feu,* elle porte un corset de satin blanc, une robe brodée des Indes. Le second mot de Rosette est celui-ci : — « Dînez-vous avec moi, marquis ? »

Le marquis (le matin il a fait des armes chez Dumouchelle) accepte hardiment le dîner de Rosette ! Ah ! ce vieux siècle avait sur le nôtre un grand avantage, il était grand mangeur et grand buveur, et le reste !

Après le dîner, il faut bien que Rosette fasse un bout de toilette, et le marquis se souvient qu'il n'a pas encore salué son père ; c'est un devoir auquel même en l'honneur de Rosette, il ne voudrait pas manquer ; et le voilà qui se rend à son devoir.

Ici (c'est une moralité de cette histoire) on vous fait remarquer la toute-puissance paternelle très à propos à cette époque. Les héros des livres et des histoires de ces temps ont toujours leurs parents, présents à leur pensée. Ils s'inclinent donc tremblants et respectueux, devant l'autorité paternelle. Héloïse est renversée à terre, par un coup de poing de son père. Desgrieux est à genoux devant son père, implorant vainement sa pitié ; Faublas est emprisonné par son père ; et que dites-vous du comte de Mirabeau expiant ses amours dans le donjon de Vincennes ? L'autorité paternelle est partout dans ces livres ; — vous ne me citerez pas un roman moderne, à trois ans de date, où le héros parle de son père ou de sa mère ; le seul Antony, par la très-bonne raison qu'Antony est un bâtard. Ne soyez donc pas si fiers, romans modernes, de votre moralité. Je reviens à mon marquis.

Le marquis va chez son père. Il fait sa cour. Il lui raconte une foule d'anecdotes, il l'amuse. A peine s'il se donne le temps d'envoyer *à Rosette* une navette d'or, et de lui demander à souper pour le soir.

Rosette, qui aime à faire des nœuds, accepte la navette d'or en échange du souper. Neuf heures sonnées le marquis donne le bonsoir à son père en lui baisant la main, puis il se fait conduire en voiture, derrière l'hôtel de Soubise ; derrière l'hôtel, il prend un fiacre qui fait quelques difficultés pour marcher. Ce fiacre est marqué au n° 71 et à la lettre X.

Il y avait alors en France une espèce de jeu fort répandu, qui rendait souvent un fiacre assez dangereux pour celui qui avait besoin de l'incognito. Des oisifs, arrêtés à la porte des cafés, jouaient à pair ou non? sur le chiffre des premiers fiacres qui passaient. Cet accident, si commun, arriva justement au fiacre du marquis.

Le marquis arrive, entre chez Rosette, où il a fait porter sa robe de chambre de taffetas. La robe de Rosette de taffetas bleu, *flottait au souffle des zéphirs*.

Pendant que Rosette en mille grâces se montre, joue avec son chat, boit des liqueurs à petites gorgées, et se livre à toutes les folâtreries de sa jeunesse, hélas! un grand danger la menace! Il y va de sa liberté, de sa vie! Le bruit était, au Marais, d'une méchante affaire arrivée à un jeune homme de famille, dans une maison de jeu, et, ce même jour, le père du marquis apprenant que son fils, qui s'est retiré de si bonne heure, a pris, comme on dit, la clef des champs, s'inquiète et s'alarme. Où donc est mon fils, le marquis? Un ami de la maison, nouvelliste de profession, lui apprend qu'on a vu passer, devant tel café, un fiacre au n° 71 — X, dans lequel était le marquis. Sur-le-champ le père appelle un commissaire de police. Le commissaire qui sait son monde et qu'il a affaire à un homme de la cour, arrive sur-le-champ. On cherche le fiacre 71 ; on le trouve, on le saisit, on l'interroge et le pauvre diable se croit perdu. Après bien des questions, le cocher sait enfin ce qu'on lui demande. Il monte sur son siége et il conduit, droit chez Rosette, le commissaire et le père irrité.

Alors Rosette, à ce bruit du guet entrant chez elle, envahissant ses chambres dorées, la pauvre enfant, sans défense et sans appui, tremble et demande à ces tristes envahisseurs ce qu'on veut d'elle? Le père du marquis lui répond que sa destination est marquée sur un ordre qu'on lui fait voir. La douleur accable Rosette; elle se roule aux pieds de son bourreau, à demi nue... elle attendrirait des rochers, mais le vieux duc est inflexible. Rosette, au désespoir, demande, hélas ! mais en vain, du secours à son ami le marquis ; le marquis n'obéit qu'à son père. Ils se soumettent tous les deux aux plus grands pouvoirs de cette époque : l'amoureux à son père, l'infortunée Rosette à la lettre de cachet.

Je vous prie, une fois pour toutes, vous qui faites des romans, de regretter ce moyen terrible, expéditif, la lettre *du petit cachet du Roi,* comme on disait alors ; la perte des lettres de cachet nous a ruinés, nous autres romanciers. Le peuple, entrant à la Bastille, a chassé *la folle du logis,* de son logis le plus commode. Savez-vous, je vous prie, dans les tragédies grecques, un dieu, quel qu'il soit, qui intervienne, et plus à propos, que le lieutenant criminel dans les romans du dix-huitième siècle? Manon Lescaut, ce grand chef-d'œuvre où commence (il en faut bien convenir) la

Virginie de Bernardin de Saint-Pierre et l'Atala de M. de Châteaubriand, Manon Lescaut, protégée et défendue par la liberté des lois modernes, Manon Lescaut avec un avocat dévoué qui l'arrache à ces violences de la force, y perdrait ce qui la rend si touchante, à savoir le martyre ! Eh ! le bon La Fontaine, à cette suppression de *l'absolu*, perdrait ses plus beaux vers :

> Elle s'en va peupler l'Amérique d'amour.

Voilà donc Rosette en prison, parce qu'elle a donné à souper à un beau jeune homme. Ah! pauvre Manon! pauvre Rosette! pauvres jolies et tendres femmes hors la loi, qui obéissiez si facilement, si simplement au commissaire! allez rejoindre à son couvent, la maîtresse de Mirabeau!

A la Bastille ordinairement se passe la deuxième et dernière partie des romans du joli siècle. Le boudoir est l'antichambre de la Bastille. Au premier chapitre, le héros ou l'héroïne sont occupés uniquement à se faire mettre en prison. Je ne ferai donc aucun changement à la marche ordinaire, et, bien plus, fidèle à l'usage, nous allons employer toutes nos ressources à tirer Rosette de cette malheureuse position.

Le marquis, soumis à son père, est rentré à l'hôtel tout pensif; ne pouvant se servir de la force, il emploiera la ruse à sauver sa chère maîtresse. Dans toutes les grandes maisons de ce temps-là, il y avait un *directeur* en titre, un abbé, maître de la maison, qui servait d'intermédiaire entre le fils et le père, quand ce dernier était irrité. Assez souvent, cet abbé s'appelle Ledoux; il est gourmand, dormeur, entêté, vaniteux, accessible à la pitié ; pour peu qu'on le flatte, on est sûr de lui. Le premier soin du marquis, est de faire appeler M. Ledoux. Il fait entrer M. Ledoux dans sa bibliothèque, il lui montre en détail ses livres défendus; dans la chambre à coucher, il lui fait admirer ses miniatures et ses gravures ; il en a pour plus de 200 louis ; puis il lui fait accepter plusieurs pots de confitures, dont M. Ledoux est très-friand. A la fin, quand il voit que l'abbé est tout disposé à le servir, il lui parle de ses amours et de Rosette. Il la présente au sensible abbé telle qu'elle était, cette nuit-là, bondissante, échevelée, agenouillée et les mains jointes ! Et voilà M. Ledoux qui s'en va, promettant de s'intéresser à Rosette, et s'y intéressant déjà du fond de son faible cœur.

Hélas! hélas! pendant ce temps, que fait Rosette? la pauvre fille est enfermée à Sainte-Pélagie, *par ordre du roi et pour son bien;* Sainte-Pélagie, un port de salut où les bons exemples ne lui manqueront pas. A peine arrivée, toutes les religieuses viennent contempler la belle Rosette. On plaint Rosette ; elle pleure, elle est encore à demi nue, en plein chagrin, ses beaux yeux baignés de larmes, la coiffure chiffonnée... Elle est si triste ! Un beau jour, Laverdure, le valet de chambre, cherche Rosette, il apprend en quel lieu funeste elle est enfermée, et, sous les habits d'une femme, il entre au couvent, il voit la jeune captive.... Il lui donne un louis de la part du marquis, et s'en revient porteur de bonnes nouvelles. Digne Laverdure! aujourd'hui le confident est encore un moyen qui nous manque. Ni laquais, ni soubrette, ah! comment nouer son drame? Comment remplir, sans le secours de ces acteurs secondaires, les intervalles que laissent entre ses diverses parties la comédie la mieux faite? Autrefois, le laquais était un personnage indispensable; il appartenait au drame, à l'action. Aujourd'hui, c'est à peine si, dans un roman, l'on se permet un commissionnaire qui porte une lettre d'un quartier à l'autre : nous dansons sur un fil d'archal sans balancier, et les deux pieds dans un panier.

Dans la lettre de Rosette à son marquis, il y a nécessairement une phrase ainsi conçue : — « Faut-il que je sois malheureuse, pour avoir adoré un homme qui mérite, hélas! toutes mes adorations?... Adieu. Je vais pleurer mon malheur. Je vous aimerai éternellement! Rosette. » Que si ce ton de passion subite vous étonne en cette aimable fillette si réservée et si polie avec son marquis, c'était un des avantages de la persécution et des cachots appliqués à l'amour. Ils ennoblissaient la passion la plus vulgaire; ils faisaient d'une malheureuse fille, un héros, un martyr; ils la mettaient, tout d'un coup, au niveau de son amant, quel qu'il fût, ils lui donnaient le droit de lui parler de son amour, et d'un amour *éternel*, encore! Telle qui n'eût pas osé regarder son amant en face..... une fois en prison, lui parlait d'égale à égal. J'imagine, encore une fois, que ces pauvres filles ont beaucoup perdu en considération, en amour, en bonheur même, à la suppression des lettres de cachet.

Quand le marquis a découvert le couvent... la prison de Rosette, il invite un matin l'abbé Ledoux à prendre avec lui le chocolat; pour plaire à M. l'abbé, le jeune marquis lui lira, s'il le faut, *les Nouvelles ecclésias-*

tiques, pleines d'injures contre les évêques constitutionnaires. Le déjeuner fini, le marquis conduit l'abbé chez M. le président Mondonville. Montés en voiture, M. l'abbé prie instamment M. le marquis de ne pas aller à toutes brides dans la rue, ajoutant que les lois ecclésiastiques lui ordonnent à lui, l'abbé, d'aller au pas. Le marquis enrage et cependant il se résigne à ne pas brûler le pavé, pendant que plusieurs seigneurs traînés par de mauvais chevaux, *se font un honneur infini par leur course rapide*. En passant devant l'Opéra, M. Ledoux fait le signe de la croix ; un ecclésiastique ne manquait jamais à cette formalité ; c'était le bon temps de l'Opéra. A la fin, ils arrivent chez le président Mondonville. Le président les reçoit d'un air grave, après avoir forcé M. Ledoux de se rafraîchir, il demande à ces messieurs en quoi il peut leur être utile ? Alors le chevalier parle de Rosette, il se plaint de la lettre de cachet, il atteste M. Ledoux, en témoignage de ses bonnes intentions ; il a beau dire, à ce discours pathétique, le président reste impassible. — « Oh ! oh ! le cas est grave et je n'y peux rien : Dieu et ma conscience me défendent de me mêler de cette affaire ; ne m'en parlez plus, mon cher marquis. — Il est vrai, ajoute-t-il négligemment, que cette fille-là pense bien *sur les affaires du temps ;* et même elle a eu des *convulsions !* »

A ce mot, *fille qui pense bien*, et *convulsions*, l'abbé prête une oreille attentive. A ses yeux, Rosette a pris tout à coup l'autorité d'une quasi-sainte. A l'heure où nous voilà, les controverses religieuses tenaient la place des controverses politiques. Chaque faction avait ses saints et ses martyrs. L'église était divisée en deux camps. L'abbé Ledoux, en sa qualité de convulsionnaire, s'intéresse à Rosette, janséniste et du parti anticonstitutionnaire... et tout va bien !

Lorsqu'il s'agit du soulagement de leurs frères, tous les gens *du parti* sont très-ardents. M. l'abbé Ledoux, qui veut protéger religieusement Rosette, s'en va chez une de ses pénitentes, une dame de la *sous-ferme*, dévote de cinquante ans, *qui a eu l'orgueil* d'abandonner le rouge et les mouches, et s'est mise sous la direction de notre abbé. Cette dame a suivi très-assidûment les sermons du père Regnault, qui a choisi, tout exprès, une petite église à l'extrémité de la ville, afin *d'y faire foule*. C'est à cette inspirée que s'adresse l'abbé Ledoux pour délivrer Rosette. Il plaide, il persuade ; aussitôt la troupe entière des bigots et bigotes, se met en campagne. M. Ledoux obtient, par ses amis, ordre de M. le lieutenant de police à la supérieure d'ouvrir à M. l'abbé la cellule de Rosette. Le soir, le marquis impatient d'apprendre enfin des nouvelles certaines de la pauvre fille, *va faire un médiateur* chez mademoiselle de l'Écluze, la femme soi-disant d'un officier qui donne à jouer, pour l'amusement des autres, et pour son profit personnel. Mademoiselle de l'Écluze tient une de ces maisons décentes *où il ne se passe rien*, mais la maison est commode, on y voit aisément de jolies femmes, sans scandale, et sans avoir la réputation de les chercher. Le marquis imagine alors de se déguiser et d'aller voir Rosette ; mademoiselle de l'Écluze, dont le frère est abbé, lui prête un des habits de son frère, soutane, manteau long, rabat et le reste de l'ajustement ; la perruque était modeste et arrangée « comme par les mains de la régularité », la calotte était très-luisante et brillait avec affectation ; enfin, tout l'extérieur du marquis était uni, recherché et convenable à la représentation d'un directeur, « jeune à la vérité, mais qui n'en est que plus chéri des bonnes âmes. »

Dans cet équipage, notre ami monte en chaise, et il se rend à Sainte-Pélagie. A Sainte-Pélagie, on le reçoit comme un docteur en Sorbonne ; toutes les portes lui sont ouvertes : il voit Rosette, il parle à Rosette, il la console ; il entre aussi dans la chambre de la supérieure, qui veut se confesser à lui ; quelle chambre ô ciel ! cette chambre monastique ! Tous les récits et les descriptions de monastères et d'abbayes dans la *Reine de Navarre*, le dix-huitième siècle les a encore, il est vrai, enjolivés. Le marquis trouva l'abbesse à sa toilette ; les dévotes en ont une moins brillante que les coquettes du monde, mais plus choisie et mieux composée. Les odeurs les plus nouvelles répandaient un parfum suave et léger dans cette chambre où respirait la sensualité d'une dévote.

Que cette supérieure en eût remontré, même à Rosette. Elle avait pour cellule un boudoir ! pour lit, un sopha. Son linge de nuit, garni d'une dentelle d'Angleterre, était travaillé avec goût ; sa robe de perse blanche, son jupon de satin violet, ses bas fins ainsi que sa chaussure ; enfin tout son déshabillé accompagnait à merveille sa taille et sa figure ; ses yeux étaient tendres, et sa bouche était rose. En ce beau lieu, sanctifié par les saintes extases, l'aimable abbesse avait réuni la prière et la volupté, la méditation et le plaisir.

Bon ! ce pastiche enfin me lasse ; plus de copie et

de *plagiat* (c'est le mot), s'il vous plaît, je vous raconterai tout simplement la fin de l'histoire de Rosette. Rosette a fini par être une honnête femme et c'était, j'imagine, une bonne fin dont Rosette était digne. Elle était intelligente autant que jolie. Après avoir suivi la loi commune et permis au marquis de se ruiner avec elle et pour elle, elle l'avait aimé toute une heure. Alliance heureuse entre les belles et les seigneurs; les fils des dieux et les filles de la pauvreté!... deux mondes bien différents, et qui pourtant se reconnaissaient et se comprenaient d'un coup d'œil.

Ils faisaient ensemble une alliance de quelques années... elle durait, tant qu'il y avait richesse d'une part, et de l'autre jeunesse et beauté; après quoi, si la dernière bougie était éteinte, et la dernière bouteille de Champagne était vidée : adieu Glycère, adieu Rosette! Ce pacte de plaisir et d'amour se rompait à l'amiable, et chacun des deux mondes rentrait dans ses limites naturelles : le jeune seigneur redorait son écusson et prenait en justice, à la cour, la place de son père; la jolie fille dépouillait ses habits de princesse et, laissant sous le seuil de son hôtel d'emprunt, les grâces folâtres de sa jeunesse, elle redevenait une simple bourgeoise, se mariait à quelque honnête commis aux gabelles, à quelque honnête procureur au Châtelet; puis tout rentrait dans l'ordre accoutumé; si bien que deux ans plus tard, à voir le grand seigneur à la cour, ou le magistrat sur son siége, on n'eût pas dit que c'était le beau Clitandre; et, dix ans après, à voir la femme de l'officier aux gabelles, réservée et sage, économe et janséniste effrénée, élevant sa fille dans la plus austère vertu, vous n'auriez jamais dit que c'était la Cidalise, aux yeux charmants que vous aviez connue en falbalas et sans mouchoir, l'âme, l'esprit, le cœur, la tête et la gorge au vent.

Donc Rosette, après bien des larmes et bien des intrigues, et des transports de haine et d'amour, quittait la fatale prison; elle est rendue enfin, grâce à l'abbé, à ses fêtes, à son luxe, à tout ce qui faisait sa vie... à Paris (L'ai-je assez dit?) La voilà qui se marie! elle trouve un mari fidèle, honnête et bon, travailleur, un héros, qui est entré un des cent mille premiers à la Bastille. Notre marquis, de son côté, pour obéir à son père, s'est marié, après avoir doté Rosette; il a épousé une jeune et belle fille, une Normande, une blonde presque anglaise, mademoiselle de Lurzai, qui lui apportait vingt bonnes mille livres de rente, en fonds de terre! Le père du marquis, heureux de voir son fils devenu plus grave, l'a grondé beaucoup moins depuis le jour de son mariage; cependant, il le grondait encore la veille de sa mort.

Voilà toute ma jolie histoire! Hélas! qui nous rendra ces temps heureux des belles histoires! ces petits boudoirs pleins de lumière et d'ombre, ces vastes salons tout dorés, ces soupers de la nuit, ces conversations du matin, ces abbesses coquettes, ces abbés charmants, ces conseillers petits-maîtres, ces jolies femmes abandonnées, rieuses, si patientes dans le chagrin? Qui nous rendra la Bastille, Saint-Lazare et M. le lieutenant criminel? Qui nous rendra les contes de Voisenon!

D'ailleurs, si vous êtes d'une morale austère à ce point que vous ne puissiez pardonner à la folle jeunesse ses heures d'emportement et de plaisir, j'ai un second dénouement à mon histoire, et vous pardonnerez à Rosette sa légèreté, au marquis son amour. Cette société corrompue a payé, vous le savez, la part de sa corruption; ces jolis petits romans ont été suivis d'une terrible histoire; c'était un singulier successeur à Voisenon, M. de Robespierre!

Un matin notre marquis, au plus fort de sa sagesse, honoré pour son courage et pour sa bonté, fut amené devant le tribunal révolutionnaire! innocent... il fut condamné... il fut exécuté le même jour.

Le même jour, Rosette, estimable bourgeoise de la ville de Paris, excellente mère, estimée de ses voisins, l'honneur de son mari, comme elle avait sauvé son curé proscrit, fut amenée devant le tribunal révolutionnaire, et condamnée à mort.

Ils moururent tous les deux, le même jour; et, traînés sur la même charrette, dans un dernier sourire. Il y avait dans ce sourire, une estime, une pitié, un tendre et doux souvenir.—Expiation! expiation de leur bonheur, de leurs amours!

Pauvre Rosette et pauvre marquis! Je ne suis pas sanguinaire, et pourtant, si vous me dites, ils sont morts innocents, je vous dirai : ils ne sont morts innocents ni l'un ni l'autre. Ce supplice injuste expiait les scandales de leur jeunesse; ils avaient abusé, lui de sa fortune et de sa noblesse, elle de sa jeunesse et de sa beauté; ils ont poussé de toutes leurs forces à la décomposition de cette société dont la chute les a entraînés; ils sont coupables, les ruines amoncelées par eux, retombent sur leur tête, et voilà tout.

Ainsi, jeunes gens de notre époque, je me rétracte; faites vos romans comme vous l'entendrez. Vos romans sont insipides, c'est bon signe pour la société dont vous êtes les historiens ; vos héros sont plats et fades, tant mieux pour eux, tant mieux pour vous, c'est que nous sommes moins pervertis ; vos femmes sont sans intérêt, c'est leur gloire ! Elles sont sans intérêt, donc elles sont sans vices et sans passions. Vous-mêmes vous écrivez mal, au fait vous n'avez rien à dire : ah ! tant mieux encore, nous serons plus vite délivrés de vous !

J'ai acheté sur les quais poudreux, à travers les vieux meubles et les vieux livres, le portrait de Rosette, au pastel, par un élève de Latour. Elle est armée à la légère, un teint de brune, éclairé d'un rayon d'avril ; deux beaux yeux, pleins de langueurs ; le plus joli nez du monde, indiquant cent mille choses, et tourné du côté de la friandise ; une grâce, un enjouement, une jeunesse élégante et badine, la rose au corset, la perle aux dents, la neige au sein.

IPHIGÉNIE

La présente histoire me fut racontée... il y a six mois par l'ami posthume d'Hoffmann, celui-là même qui le premier est allé chercher Hoffmann dans son cabaret, qui lui a donné un habit à la française, et, le prenant par la main, chancelant encore qu'il était, l'aimable ivrogne! hardiment l'a conduit au milieu de nous, avec ces admirables histoires d'artiste et de buveur. Il en est résulté pour Adolphe une ironie agréable et féconde en drames, en causeries, en chansons de toute espèce. C'est là un des grands fruits de sa longue société avec Hoffmann : il n'est pas moins Allemand que Français, il est amoureux passionné et conteur dans les deux langues. Il est jeune; il rit toujours, même quand il est en colère ; il n'est sérieux que par boutade.

Il m'a donc raconté cette histoire, l'autre jour à l'Opéra sous le regard de mademoiselle Taglioni, la sylphide; une histoire assez simple en apparence, mais dont les détails pourraient être charmants si j'avais vécu avec Hoffmann. Il me l'a donnée, vous dis-je, comme on donne cinq centimes à un pauvre, et sans attendre qu'il vous réponde : Merci !

Le héros de notre histoire s'en allait par une belle et calme journée d'automne, à travers les forêts toutes parisiennes qui entourent la grande cité; élégantes forêts habillées, parées, fêtées, les cheveux élégamment noués au sommet de la tête, le pied posé sur des tapis de mousse, le sourire à la bouche et l'éventail à la main. Une forêt parisienne, est un véritable salon de dandies et de bas-bleus; c'est un salon constitutionnel, pêle-mêle, où tous les rangs sont confondus; tous les âges s'y heurtent, toutes les générations s'y poussent. Le chêne à tête blanche et chauve, un Montmorency de la forêt, est dépassé par le fastueux peuplier, parvenu de la veille, le Rotschild du carrefour. Le vieux hêtre, incorrigible et goguenard, voit pousser dans un frisson, le bouleau, le tremble, pendant que l'élégante charmille appuie en frissonnant sa frêle épaule au sapin raboteux. La forêt, c'est le monde en grand : le buisson stérile étouffe le chèvrefeuille odorant; le buis, taillé en pyramide, est semblable au jeune homme échappé de son collége. Le saule pleureur représente, à s'y méprendre, un poëte élégiaque. Ah! dans le monde et dans la forêt tant de palpitations, de gaieté, d'horreurs, de menaces, de prières, de voix confuses, tant de mystères... il ne s'agit que de savoir s'y connaître un peu.

Mais Adolphe parcourait ces blondes allées sans songer à regarder ce monde fantastique, déjà échevelé sous les mains de l'automne. Le matin même, il avait été surpris par un de ces tendres souvenirs que donne assez souvent le jeune homme à ses amours d'autrefois. Il s'était levé content et fier de se trouver encore au fond de l'âme une lueur de passion: il s'était mis en route avec sa passion, au galop, tantôt lui donnant de l'éperon dans le flanc, tantôt la laissant marcher à son aise, jouant avec elle à la façon d'un habile écuyer.

Mais aussi, le moyen, mon cher Adolphe, et chevauchant comme tu faisais à travers les domaines de ton imagination, de s'arrêter à regarder les arbres, les buissons, les charmilles, les saules, pleureurs ou non pleureurs, du grand chemin?

Il allait donc, tantôt haut, tantôt bas, au pas, à la course, et trouvant que rien n'est beau comme ce second printemps de l'amour, que rien n'est doux et plaisant comme d'aller dire à une femme une seconde fois : *Je t'aime!* Alors, on est délivré des chances formidables d'un premier aveu. On a toute la nouveauté de la passion, sans avoir aucun de ses dangers. On est comme Christophe Colomb à son second voyage au monde qu'il a découvert : à présent il sait ce qui convient à ce nouveau monde, il sait comment les rendre heureux, ces hommes qu'il a trouvés sous le ciel et sous la voûte nue. O bonheur! notre amoureux la reverra toute nouvelle, son amoureuse! Il sait comment il prendra cette main délicate et blanche, à peine autrefois il osait la toucher. Il sait comment parler à cette femme dont le premier regard le rendit confus et muet; il sait comment on l'apaise sans l'irriter, comment on la fait pleurer, sans lui causer de grandes peines, comment on l'épouvante d'un seul mot; sous quel jour elle est belle, et quelle fleur elle préfère; quel accent de voix et quel silence lui vont au cœur? Il sait tout cela, il confond le passé, le présent, l'avenir; ses amours d'autrefois tendent la main à ses amours présentes, et se plaçant au milieu d'elles, comme un frère au milieu de ses deux sœurs, elles l'entraînent çà et là, pleurantes, échevelées, rieuses : il n'a plus qu'à se laisser conduire. Elle commande, obéissons.

Vraiment, les amours qu'on se fait, à soi tout seul, sont les vrais amours : les femmes que l'on voit dans son cœur, sont les femmes véritables. L'histoire du sculpteur antique n'est pas une fable ; chacun de nous a dans son âme le bloc de marbre d'où Galatée peut sortir. Il s'agit de trouver Galatée et quand elle est trouvée enfin, avec quelle joie on s'en empare ! avec quels transports on la fait sienne ! Comme on se plaît à la parer, à l'animer, à la voir, à l'entourer de parfums, de silence et d'amour ! Il arrive aussi que lorsqu'elle est parfaite, la Galatée, alors des ailes lui poussent, elle s'en va du côté de l'idéal ! Adieu donc, ô ma Galatée ! adieu mon cygne aux ailes d'argent, qui chantais, chaque matin, pour la dernière fois.

Adolphe courait donc après la Galatée de ses beaux jours, le marbre de Paros qu'il avait animé de son souffle, et sous son cœur de dix-sept ans. — Elle avait fui bien loin, la cruelle ; elle l'avait abandonné longtemps au milieu des affaires, des plaisirs, des honneurs de tout le monde. Enfin, sur un blanc rayon de soleil, elle lui était apparue plus jeune et plus souriante ; il l'avait aperçue à travers le prisme d'automne ; et maintenant il courait après elle et la suivait au parfum de sa robe, à sa démarche de déesse !

Ainsi la suivant toujours, il arriva jusqu'à la maison qu'elle habite, il frappait à la porte, et la porte s'ouvrit ; il la vit, non pas telle qu'elle était devenue ; il la vit épanouie, accorte et bienveillante. Pendant qu'il était devenu un homme, elle était devenue une femme ; d'enfant qu'elle était, elle était parvenue à l'*adolescence*, et bientôt — mariée ; — elle était mère d'un enfant blond, comme elle était blonde autrefois; à tout prendre, elle était si peu changée, qu'elle reconnut Adolphe au premier coup d'œil.

— D'où viens-tu ? lui dit-il, je t'ai attendu bien longtemps ! — Sois le bien venu, la journée est si belle ! Il la dévorait des regards et de l'âme, et ne put dire que ce mot : *Galatée !*

— Oh ! dit-elle, je ne suis plus Galatée, un morceau de marbre sans souvenirs ; je suis une femme qui se souvient et qui t'aime ! Galatée est descendue de son piédestal ! Disant ces mots, ses beaux yeux se couvrirent d'un nuage, et ses longs cils, croisés, projetaient une ombre légère, sur son regard de feu.

— Et n'as-tu jamais regretté ton piédestal, ma bonne Claire ? disait Adolphe (il lui donnait alors son nom de mortelle), la voyant descendue de la poésie où il l'avait vue placée.

— Je l'ai regretté souvent, très-souvent, ce piédestal sur lequel tu t'agenouillais à mes pieds ; que de fois tu l'avais baigné de tes larmes ; tu l'avais brûlé de tes baisers ! C'est de mon piédestal que m'est venue la vie ; le feu de tes lèvres a passé de mes pieds à mon cœur, et tu me demandes si je pleure ? Mais, n'y pensons plus. En même temps, elle versait une larme de regret.

— Vous avez raison, madame, lui dit Adolphe, de regretter ce beau piédestal ; à présent que nous sommes de niveau, vous et moi, comment pourrai-je vous adorer, Galatée ? à présent que vous êtes descendue à ma hauteur, comment pourrai-je m'agenouiller devant vous ?

— Tais-toi ! tais-toi ! fit-elle, et sortons d'ici. Puisque nous sommes de niveau, marchons ensemble ; et si je suis ton égale, au moins, donne-moi ton bras, ton bras gauche ! Et ils sortaient ensemble, quand la petite fille les suivit :

— Maman, dit-elle, je vais avec toi ?

Adolphe se tenait sur le seuil de la porte, quand il vit cet enfant qui venait. Il baissa la tête en soupirant, Clara le comprit, elle dit à l'enfant : — Prends ton cerf-volant, ma fille ! L'enfant prit son cerf-volant ; Adolphe reprit le bras de Clara, ils entrèrent dans le jardin.

L'enfant chercha un peu de vent là-haut ; Adolphe et Clara cherchèrent un banc de mousse, un piédestal champêtre.

Et peu à peu, elle devint si tendre, elle trouva tant de souvenirs à ses ordres, elle parla avec tant de douces paroles, qu'elle reprit toute sa hauteur ; il fut à genoux devant elle, il retrouva sa Galatée comme elle était, quand il l'anima, par un souffle.

Ne désespérez jamais des femmes : elles ont beau descendre de la hauteur où la passion les place, elles auront beau devenir comtesses ou mères de famille ; elles sauront toujours, au besoin, se poser au-dessus de l'homme qu'elles aiment et trouver un piédestal, quel qu'il soit, bloc de marbre ou banc de gazon.

Mais, cette fois, Clara était trop au niveau du monde, pour que le monde la laissât libre et tranquille sur ce piédestal fragile. La passion est entourée de mille exigences ; une fois déplacée, elle est en lutte perpétuelle avec le monde. Aussitôt que la jeune fille oubliant l'amour se jette dans l'ambition, il faut que l'ambition soit la plus forte, et voilà ce qui arriva encore ce jour-là. Clara fut surprise sur son piédestal par le monde pour lequel elle l'avait abandonné. Le monde est comme ces amants jaloux qui surveillent la conduite des nouveaux convertis, sauf à leur faire subir le dernier supplice, s'ils sont renégats. Le monde accourut dans les jardins de Clara, et croyait y trouver Clara : il y trouva Galatée... Il est si jaloux, si cruel et si curieux, le monde !

Surprise ainsi, Galatée rougit un peu, comme rougit l'apostat au pied de l'autel. Adolphe, la voyant honteuse de sa passion, retomba tout entier dans la vie réelle. — Il redevint un *cavalier accompli*.

— Madame la comtesse est montée sur ce banc, dit-il aux curieux, parce que le vent dérangeait ses cheveux ; notez bien qu'elle avait ses cheveux en bandeau sur son front, et que le vent eût glissé sur ses cheveux lisses et polis, sans en déranger un seul.

Les curieux se contentèrent des explications d'Adolphe, homme du monde ; il suffisait d'ailleurs, que Galatée redevînt comtesse au premier ordre ; et qu'elle retombât du banc de gazon où elle s'était placée un instant, pour s'asseoir sur la causeuse de son salon.

Ils en étaient là, tous s'observant du fond de l'âme, quand l'enfant revint, son cerf-volant à la main : le cerf-volant avait les ailes basses, l'air triste, humilié.

— Mon cerf-volant ne veut pas voler ! ma mère, dit l'enfant : il n'y a pas le moindre zéphire au jardin.

Pour le coup, la dame eut honte et rougit : surprise dans sa passion, elle avait été peu déconcertée, surprise dans son excuse, elle se sentit prête à défaillir.

Adolphe aussi, il se croyait quitte avec les officieux qui veulent tout savoir ; mais cet enfant et ce cerf-volant avaient dérangé toute son excuse : si le vent n'avait pas soulevé ce frêle morceau de carton et ses deux ailes, comment pourrait-il déranger cette épaisse chevelure ?

Adolphe avait menti ; la dame avait menti ! Ils n'étaient plus que des maladroits. Ce n'était pas *le vent* qui avait dérangé ces beaux cheveux.

Adolphe se leva, et partit désespéré d'avoir perdu Galatée, laissant la femme du monde aux prises avec le monde, et levant la main au ciel, pour voir d'où le vent venait.

En revenant cette fois avec lui-même, il comprit combien c'était un rêve fâcheux que le rêve des anciennes amours ; comment l'idéal n'a qu'une heure, comment le piédestal du marbre le plus dur, une fois brisé, ne peut jamais se reconstruire ; et combien c'est chose futile un amour qu'un cerf-volant peut déranger.

Pauvre homme ! il s'abandonna à ce futile désespoir, tant qu'il put aller ! Comment ne s'est-il pas souvenu du siége de Troie, et de l'enfant d'Agamemnon menacé par Calchas, pour un peu moins de vent, qu'il n'en fallait au cerf-volant de votre enfant, imprudente et belle Clara !

13.

STRAFFORD SUR L'AVON

Quand vous avez parcouru la grande route et que vous avez jeté un regard de mépris sur les maisons de campagne des boutiquiers de Londres, deux pieds de jardin ensevelis sous la poussière, vous tournez à gauche, et laissant de côté ces grands haldebras de carrosses à deux étages où cinquante martyrs de vos aïeux pourraient tenir, vous arrivez à une petite rivière, cachée dans les herbes, dont les eaux vertes et profondes reflètent de grands bœufs, et le pâtre mollement assis sous un saule, comme le berger de Virgile; avec cette différence : il siffle un air d'ouverture de Covent-Garden, ou dévore un épais bifteck en contemplant amoureusement ses bœufs.

Ce doux petit village au bord de l'eau, ce sentier de vieux hêtres, et ce long parc tout rempli de chênes séculaires, levez votre chapeau et saluez! C'est Strafford; cette petite rivière, c'est l'Avon! Lève-toi, village; coule, rivière; flots légers, maisons blanches, et ce grand parc, nous te saluons de l'âme et du cœur, heureuse patrie du grand Shakespeare ! Demandez aux garçons bouchers du pays, ils relèvent fièrement la tête, ils disent fièrement : — Will, notre compagnon, le bon Will ! voici sa chaumière, milord !

Temple et chaumière ! commencement de tant de pitié et de terreur ! plus d'un seigneur eût acheté la maison de Shakespeare pour la placer dans son parc, vis-à-vis le tombeau de sa chienne favorite; mais le village n'a pas voulu la vendre; on aurait eu meilleur marché du Parthénon et des temples de la Grèce. Pour un franc Anglais, Sophocle, Eschyle, Euripide, ne viennent qu'après Shakespeare. S'il vous plaît, frappez avec respect, une bonne femme vous ouvrira : vous verrez une humble porte dont les battants ont été changés bien souvent; un seuil de pierre ! Ici, le sol s'est affaissé sous les pieds des fanatiques *du roi Lear* et *d'Otello*, comme autrefois le pied de Jupiter Olympien sous les voûtes de Saint-Pierre de Rome. Adoration ! adoration !

La pauvre cabane ! Avez-vous entendu ces contes français où des ogres dévorent des petits enfants, et redressent leur double narine en disant : *Je sens la chair fraîche ?* Vous prendriez la cabane où naquit William, pour l'antre de l'ogre. Les murs sont encore assez rougis pour qu'on s'assure qu'ils ont été teints de sang; c'est un noir si foncé ! Au sommet des murs, surgissent de vieux crocs de fer, qui semblent attendre des quartiers de victimes ! Voilà bien le lieu où le jeune homme, une hache à la main, prenait l'attitude et la voix des sacrificateurs au temps d'Homère ! A dix-huit ans, il était superbe, et semblable *à ces hommes qui sont faits pour marcher devant un roi !* Il tenait le couteau à la façon d'un grand prêtre, et la baguette avec le geste de la fée ! Il a mis le ciel dans l'enfer, il attachait les grillons à des chars, il accoupla Falstaff au prince Henri, il a hurlé où l'on prie, prié où l'on hurle; il a fait entrer Antoine chez des constables, et la belle Égyptienne chez des religieuses : joyeux et terrible, homme et dieu, toujours homme, même quand il est dieu, et cependant plutôt un dieu qu'un homme. — Or çà, montrez-moi la chambre à coucher, ma bonne femme; que je voie en détail toute la maison de William !

— Mon Dieu, milord, l'escalier tombe en ruines, c'est à peine si le pied d'une sauterelle oserait le franchir. Voyez, milord, ces longues toiles d'araignées, cette poussière qui s'envole, ce plafond qui se penche, et ces brèches inégales; il y a ruine ici, milord : c'est plus noir que la cabane de l'apothicaire dans *Roméo et Juliette*. Il n'est pas douteux cependant que le grand homme ait dormi dans cette pièce; on y voyait encore, il y a près de dix ans, un grand W entrelacé dans un cœur avec un B; toutes les miladys inscrivaient ce chiffre sur leur album; les murs sont chargés de vers en toutes les langues : c'est une honte d'avoir sali ces murailles. On n'y monte plus; il faudrait être aussi hardi que Richard ! pour grimper cet escalier vermoulu. Et la pauvre vieille poussait un profond soupir de regrets.

Justement le jour était à son déclin, un vent d'automne gémissait dans les arbres jaunissants; la rivière s'annonçait au loin par un solennel murmure. Je m'assis sur le bloc de chêne qui avait servi à Shakespeare, je prêtai l'oreille au bruit qui se faisait au dehors; j'écoutais le calme qui se faisait dans l'étage supérieur... soudain ! par vision sans doute ! je vis à travers les crevasses du plafond (non ! ce n'était pas une erreur), je vis une pâle et fugitive clarté. J'entendis des pas d'hommes. — Voilà le sabbat qui commence ! Alors la vieille gardienne de céans, prit la fuite et me laissa seul.

Ce fut d'abord comme une vapeur fétidique... un nuage... et bientôt une étrange lueur ! l'incertaine clarté des siècles d'autrefois. Bientôt j'entrevis le vieux Londres du temps de la reine Élisabeth. Il était quatre heures, les bourgeois se rendaient aux combats d'ours ; c'étaient de riches marchands en longs chapeaux, en habits de gros draps, la panse ronde et la face rougeaude ; ils se pressaient, ils se hâtaient, ils criaient : Les *ours!* les *ours!* Les *taureaux!* les *taureaux!* Au même instant arrivait de sa province, un jeune homme, un amoureux... il était pauvre et persécuté ; le jeune homme tenait les chevaux à la porte du théâtre, en disant : Voilà qui va bien ! Puis il faisait un sonnet d'amour ; il lisait les vers d'Ovide et les récits de Plutarque. On lui parlait des deux roses si sanglantes toutes deux, la rose et la blanche ; alors il s'animait comme une sibylle : en avant la joyeuse Angleterre ! en avant la vieille Angleterre ! en avant les joies du cabaret, les inquiétudes du combat ! rien que des noms de notre histoire. Que de pleurs ! de cris ! de fureurs ! Salut au More ! applaudissez le More ! applaudissez le Vénitien, matelots ; le More est un navigateur, comme vous il a été le maître de la mer. A ces grands spectacles, les *ours* disparaissent, les bouledogues sont vaincus ! les bourgeois s'en vont ; la reine Élisabeth arrive au théâtre en toute splendeur.

— Vive la reine !... Holà ! voici le lord Leycester,

la noble jarretière est à sa jambe. Protégez le poëte, milord; dites un mot pour lui *à la vestale assise au trône d'Occident*. Milord, il existe une pétition contre *Henri III et les Joyeuses Commères;* les bouchers de Londres réclament, ils disent qu'on leur fait tort.

Et la reine aux yeux bleus tranquillise le grand poëte, et les annales des trois royaumes se déroulent aux yeux du peuple anglais; la féerie est encore de l'histoire. Posez-vous sur le cœur de nos vierges, esprit du gentil Ariel! que le malin Puck assiste à nos rêves, et nous réveille au milieu d'un songe d'été! Shakespeare a tout fait, il a fait mourir Brutus; il fait triompher la mère de Coriolan; il a crevé les yeux du jeune roi Arthur. *Ne crève pas mes pauvres yeux, Hubert!* Constance, Desdémone, Juliette, Octavie! O les touchantes douleurs!

Et je voyais tous ces héros, toutes ces femmes; j'entendais tout ce fracas poétique; c'était une mêlée immense, un bruit de gloire et de guerre, et des soupirs d'amour, des cris de rage, des regrets paternels. Qui donc a mieux écrit l'histoire que Shakespeare, — historien? Il marche, on le suit; il parle, on l'écoute. Obéissez au maître des temps passés, ombres muettes, fantômes, restez dans vos habits de fête, restez dans vos nobles attitudes. Seulement à côté d'Elisabeth, à sa droite, je voudrais voir ce parpaillot de Henri IV le Béarnais, allié d'Élisabeth, regardant, spectateur intéressé, l'histoire animée de nos guerres civiles. Il y devait passer sa vie, et puis mourir au milieu de ses triomphes, par la raison qu'un fer sacré ne pardonne pas.

Je suis Anglais, j'ai vu bien des choses! J'ai vu la

bataille de Waterloo, et la victoire tomber dans nos rangs, comme si son aile eût été fatiguée, et qu'elle eût refusé de la porter plus loin. Mais jamais je n'ai imaginé quelque chose de plus beau que cette vision littéraire, au milieu de cette cabane où naquit l'auteur de la *Tempête* et de *Macbeth*. Notez bien que je n'étais pas endormi, que mes yeux étaient ouverts; que dans une tranquille contemplation, j'entendais le bruit du vent et les murmures de l'Avon.

Un léger nuage en se détachant du ciel vint m'enlever à cette féerie. La lune qui se faisait jour à travers ces toits en débris, cessa d'éclairer les mansardes. Plus rien de la décoration qui, tout à l'heure, ajoutait sa vraisemblance à tous ces drames... et je ne vis plus que la porte qui venait de s'ouvrir! Sur le seuil se tenait la vieille femme et son voisin, un esprit fort de l'ancien *covenant*, qui, les jours de vision, lui servait d'aide et d'appui.

— Depuis l'automne passé, me dit la vieille, j'ai remarqué cette lumière subite, et pourtant tous les volets sont fermés. Quand la chambre d'en haut s'éclaire, on entend des bruits de voix, des pas d'hommes, le dernier mugissement des taureaux qu'on abat, les palpitations des jeunes chevreaux qu'on égorge. C'est le vieux boucher qui revient, il trouve son fils à rêver et le bat comme plâtre. Moi qui vous parle, j'ai vu passer là-haut le chevreuil abattu par le jeune William, dans le grand parc tout rempli de vieux chênes. Ce chevreuil lui fit perdre l'état de son père, et lui valut tant de misère! Tout cela est bien triste, en vérité!

La vieille femme ayant parlé et déclamé tout à son

aise, je quittai à regret cette chaumière; il y avait à la porte un arbre déjà vieux, tout jauni par les automnes, jaune et rouge comme des feuilles de laurier frappées de la foudre. — C'est un rejeton de l'arbre de Shakespeare! me dit la vieille; on dit que l'ancien mûrier était gros comme sir John Falstaff; on en voit des morceaux dans tous les châteaux du Yorskire et du Northumberland; et voici mon voisin qui en a encore tout plein sa maison.

— A votre service, milord, me dit le voisin.

En même temps, il tira de sa poche un assez honnête fragment de buis, ciselé avec art, et qui avait à peu près la forme d'un galoubet champêtre, vieil emblème de la poésie classique, naïvement appliqué à la poésie de Shakespeare, au Jupiter de l'Olympe moderne, que personne jusqu'à présent n'a pu atteindre en Angleterre, excepté Byron et peut-être, à mille pas, l'enfantin sir Walter Scott!

REVERIE

Il était midi, le soleil frappait de toute la force de ses rayons les vitraux de la mansarde; tout était calme et silence autour de la fillette, et, rêveuse, elle recommença pour la millième fois, peut-être, un de ces rêves tout éveillés que le bon La Fontaine a chantés... « Il n'est rien de plus doux! »

D'abord, elle retranchait à chacune de ses semaines deux grandes journées de travail; dans ces deux jours dont elle embellissait sa vie, elle s'entourait de tous les plaisirs de son âge : elle se donnait libéralement tous les trois mois, une robe neuve avec une ceinture flottante et quelque beau cachemire Ternaux : ainsi parée, elle allait à Meudon par le bateau à vapeur, et ne revenait que bien tard, sans avoir peur, à son retour, de trouver son portier couché, et frappe, et frappe!... Il est sourd.

Bientôt, la robe neuve tous les trois mois, la ceinture flottante, le bateau à vapeur, Meudon et son ombrage frais, et ces deux longues journées sans travail, n'étaient plus d'assez grands biens pour cette ardente ambition. Il lui fallait une robe de soie à l'immense garniture, un chapeau de paille d'Italie orné de fleurs, un long voile; il fallait même un beau collier de corail qui fît ressortir la blancheur de ce cou d'ivoire; et déjà grande dame, elle prenait la résolution de ne plus faire de robes que pour elle, et de ne plus broder qu'à son usage, ces voiles qui voilent si peu.

Cependant ce cinquième étage aux sommets de la haute maison était dur à monter; cette porte étroite, dont les ais mal joints donnaient passage à tous les vents, semblait solliciter les amants et les voleurs! fi de la mansarde et de la chanson : *Dans un grenier qu'on est bien à vingt ans!* Adieu donc la paisible retraite, adieu à ces murailles nues, ornées de ces bonnes estampes de Charlet, adieu ce bon morceau de glace de Venise artistement ciselé sur tous les bords, adieu ces volumes incomplets d'un roman inachevé, adieu toute la richesse de la cellule : allons, c'en est fait, ma grande dame déménage; la voici trois étages plus bas, porte à porte avec l'épouse du boulanger!

Cette fois nous avons deux belles chambres, de beaux meubles en noyer, une large glace, et quelque vaste armoire où se cache le manteau fourré pour l'hiver. Cette fois nous voilà maîtresse de nous-même, et chaque matin nous sommes : *la bien chaussée et la bien coiffée...* A la fin, Dieu soit loué! l'aiguille et le dé son compère ont cessé de nous tourmenter nuit et jour... nous pouvons, dans la journée, nous arrêter à loisir devant les riches magasins de la rue Vivienne, contempler de toute notre âme ces élégants tissus, ces parures charmantes, ces bijoux étincelants; et le soir, sans ménager l'huile à la lampe avare, étendue entre deux draps blanchis de la veille, nous lirons jusqu'à minuit, les romans d'Auguste Lafontaine, ou les histoires sans fin de Paul de Kock, si admirablement entremêlées de soldats, de rapins et d'aventures délicieuses dans les cabarets ou chez les restaurateurs.

Mais le lendemain, les yeux appesantis par cette longue lecture, la jeune fille s'aperçoit qu'elle ne peut plus s'habiller seule, et qu'il lui faut absolument une intelligente soubrette, alerte et légère, honnête, fidèle et discrète : elle choisira donc une jeune villageoise, elle lui donnera ses robes à demi fanées..., elle se fera un plaisir de l'élever, de lui montrer les usages du grand monde; pour peu que vous l'interrogiez, elle vous dira à l'avance les moindres qualités, les moindres défauts de sa suivante, jusqu'au malheureux événement qui la force à la renvoyer.

Cette servante une fois chassée, madame a compris qu'un domestique ferait mieux son affaire. Un homme est plus fort et plus facile à conduire. D'ailleurs, c'est une économie : il frotte le salon, il monte la pendule, il sert à table, une serviette sous le bras; il accompagne sa maîtresse dans les rues à deux pas de distance; on sait son nom... Comtois ! Nous lui ferons une livrée jaune avec des bas blancs... Un beau soir il se fera brûler la cervelle pour sauver sa jeune maîtresse, au moment où elle allait être enlevée par un grand seigneur de la cour.

En effet, depuis qu'elle habite la rue de Rivoli et le premier étage d'un grand hôtel; depuis qu'elle a un suisse à sa porte, une glace dans son alcôve, depuis que, le matin, madame se tient en peignoir brodé vis-à-vis une large psyché, madame fait des passions étonnantes. Tantôt c'est un vieux seigneur allemand que notre indifférence renvoie au fond de ses terres; tantôt un jeune colonel français qui, désespéré, va se faire roi en Amérique; un autre jour, lord Wellington lui-même se prosterne aux pieds de la cruelle... elle sourit... mais toutes ces démonstrations la touchent peu, elle a vraiment d'autres projets en tête, et la voilà qui s'esquive de son hôtel par une porte dérobée, et laissant dans son antichambre la foule de ses adorateurs, elle va tout simplement, débuter au Théâtre-Français.

Vous concevez bien qu'elle est trop modeste en commençant, pour lutter avec mademoiselle Mars. D'ailleurs, ses yeux vifs, son nez retroussé, sa bouche où tout mord, où tout chante, l'ensemble animé et joyeux de sa personne lui dit assez qu'elle est faite pour les rôles de soubrettes. La voilà donc étudiant ses rôles, créant ses costumes, se mettant l'esprit à la torture à bien se présenter, à bien dire. — A la fin, le jour de ses débuts arrive : on se tue à la porte; c'est à peine si elle peut entrer, elle que tout Paris veut admirer; dieux et déesses! sitôt qu'elle paraît, dès qu'elle parle, à son geste, un tonnerre d'applaudissements si forts que M. Michelot est obligé de venir prier le public de ne pas tant applaudir, parce qu'il briserait les banquettes.

Ainsi, la voilà devenue en un clin d'œil, la première actrice de Paris. Toute la littérature l'entoure. Elle protége, elle corrige, elle loue, elle blâme, elle donne à dîner; Casimir Delavigne la consulte et lui offre même de l'épouser, ce qu'elle refuse assez durement. Bientôt elle veut que la province jouisse de ses talents; et, par un arc de triomphe, elle entre à Bruxelles, à Pontoise, à Saint-Pétersbourg, où elle daigne enfin épouser, par convenance, un des bâtards de l'empereur, qui la fait duchesse et lui donne une belle place à la cour.

De Saint-Pétersbourg, j'ignore si ma princesse n'eut pas poussé sa pointe au vieux sérail... Un coup d'aiguille acheva trop tôt ce roman à peine commencé. Oh! là, là! Tout effrayée du peu d'ouvrage qu'elle avait fait, la pauvrette se remet à sa tâche, sans avoir pensé un instant aux seuls liens qui fussent à sa portée, au bonheur d'aimer et d'être aimée.

Je vous dirai même que la friponne, en jetant un coup d'œil sur son miroir, se prit à sourire. Ah! le beau château (disait-elle), que je me bâtissais dans les Espagnes de la Chaussée-d'Antin.

LA VENTE A L'ENCAN

Vous avez cru que tout était fini pour la maison de Charles X; vous avez appris que le roi déchu avait pris son parti en philosophe chrétien, qu'il s'était arrangé de nouvelles Tuileries dans l'humide château d'Holy-Rood; qu'il avait rebâti à son usage une salle du trône, une salle des maréchaux (innocentes consolations d'un trône perdu!). On vous a dit les courses aventureuses de la duchesse de Berry à travers les comtés anglais, et son séjour chez l'ambassadeur de Naples. Eh bien, voilà qu'une nouvelle ruine commence pour cette famille infortunée!... elle reparaît sur le théâtre de malheurs où elle a été tenue pendant trois jours, à Paris, au milieu des terreurs de l'Europe. Allons! courage! au n° 21 de la rue de Cléry, vous verrez ce nouveau désastre. Pour ma part, il me semble que cette seconde humiliation vaut bien la première, que cet outrage est le pire de tous.

Je conçois en effet le siége des Tuileries, glaces brisées, meubles saccagés. — Le portrait du roi, par Gérard, effacé des galeries du Louvre; je comprends l'invasion des appartements de madame la duchesse de Berry par ce peuple ivre à la fois de vin et de fureur... ce que j'ai peine à concevoir, ce sont les ventes à l'encan, et les plus vulgaires dépouilles de ces augustes fugitifs, flottant au gré des vents, en attendant un acheteur.

Hélas ! c'était là un signe de malheur qui manquait aux races abolies ! Bajazet, dans sa cage, servant de marche-pied à son vainqueur, n'aurait pas compris le degré d'humiliation attaché à la vente de ces dépouilles d'un intérieur de femme et de princesse, exposées soudain au grand jour.

Par exemple, avez-vous jamais réfléchi, en passant devant la boutique d'une revendeuse, à tout ce qu'il y avait de hideux en cet amas de guenilles étalées au hasard ? Arrêtez-vous, par pitié, devant cette horrible porte et regardez ! Quel immonde entassement ! Des nippes de femmes, des habits d'hommes, de vieilles chaussures, de vieux chapeaux ! Les meubles les plus sales de la vie matérielle se touchent, se heurtent, se confondent horriblement. Une boutique de fripier est un chaos dans lequel tous les rangs sont confondus, comme les cadavres humains au cimetière. L'habit du marquis est étalé avec sa livrée ; la robe de gaze de la duchesse au bal des Tuileries se balance avec la bure de la grisette : tous ces haillons entassés vous ont ce lamentable aspect de loques réunies par la misère, par la mort, par la honte, par le jeu, par tous les vices et tous les maux des grandes villes. Il est impossible de ne pas frémir quand on songe que, dans cet antre de la misère, la prostitution et le jeu viendront racheter leurs habits, au premier changement de fortune. Dans ce capharnaüm de la fange et du trou, un homme est heureux de se sentir un habit, fait pour lui, fût-ce le plus pauvre habit de manœuvre ! Qu'il méprise, en même temps, ces dorures flétries, ces soieries fanées, ces livrées huileuses, et tous ceux qui viennent se dépouiller là, et tous ceux qui viennent s'habiller là ! Ajoutez qu'au milieu de ces lambeaux impurs, et si vous regardez tout au fond de la boutique, vous découvrez d'ordinaire une vieille femme, hideuse comme sa marchandise, accroupie sur son pot de terre plein de cendres, qui attend dans la plus parfaite immobilité une victime ou une dupe, horrible commerçante sur le front de laquelle on lit en caractères de fer, ce mot funeste : *usure!*

Eh bien, la maison du roi Charles X a passé par cette épreuve ; elle a traité d'égale à égale avec la revendeuse, elle est revenue, en souliers éculés, de la frontière, pour traverser la boutique du fripier. Le Roi parti (c'était là une suite de cette fatalité qui fait un malheur de tout, pour les rois qu'elle veut perdre), on a trouvé chez lui... un roi de France ! non pas des armures de fer, non pas des casques ou des épées de chevalier, non pas des chevaux de guerre ou autres meubles royaux qui font reconnaître un roi, même dans l'exil ; mais des fusils pour la chasse aux perdreaux, des chiens courants, des chevaux pour le sanglier, des œufs de perdrix, des faisans, de jeunes chevreuils, des lapins à foison, et, dans l'intérieur du palais... seize cents pots de confitures, et des pralines par boisseaux !

Quel qu'il soit, riche ou pauvre, entouré de chefs-d'œuvre... ou de haillons, Ulysse ou le pauvre Irus, ne me parlez pas, pour l'absent, des ventes faites hors de son domicile ; ce sont des ventes mensongères, sans aucun sens ; elles dénaturent l'exil ou le malheur dont les dépouilles sont tristement dispersées. Chaque meuble, pris à sa place, a sa grâce et sa valeur, son charme. Mais si vous déplacez les meubles de ma chambre à coucher, si vous brisez l'aimable ensemble qui les parait, si vous les montrez sur une scène inaccoutumée, alors, adieu la bonne opinion que mes voisins avaient de mon bien-être, adieu la valeur *du pauvre rien*, qui faisait tout le bien de Codrus ! Princes et bourgeois, nous sommes soumis les uns et les autres à cette loi de la symétrie qui fait le respect de notre intérieur; nous l'avons bien vu dans la vaste salle de la rue de Cléry.

On exposait le mobilier d'une princesse, ornement d'un trône à peine écroulé, et pourtant, qui n'eût pas été prévenu que cette princesse *exécutée*... par le commissaire-priseur, était encore, dieu merci ! du monde des vivants, eût juré que cette vente était une vente après décès et que la morte avait été, de son vivant, une comédienne ! Voilà ce que j'appelle presser à fond le décès d'une monarchie ; ceci n'est pas une fiction, allez rue de Cléry, je vous le répète, vous verrez la vente.

En entrant dans la salle obscure, où suinte une odeur de moisi, les regards sont d'abord frappés d'un grand nombre de vieux manteaux attachés contre la muraille. Manteaux fanés, perdus, décousus; à celui-ci manque une partie de broderie ; à celui-là le galon d'or a été enlevé ; à d'autres, la broderie regarde la queue traînante, et, la voyant couverte de boue : Ah ! (se dit-on) *cette femme allait donc à pied dans la boue?*

Voici des manteaux de cour ! Voici de belles robes

d'or et de brocard ; les unes en velours à fleurs, les autres en dentelles ; mais dans quel état ! une comédienne en aurait honte ! quel effort il a fallu pour se décider à cet étalage ! Malheureuse princesse ! élégante autrefois, entourée, au degré suprême, de grâce et de fraîcheur ! Avancez ! et choisissez parmi les costumes de divers pays, un persan, par exemple, robe à fleurs de satin blanc, caleçon brodé, tunique de velours nacarat, turban, ceinture et voile d'or... c'est un triste habit, dont la dernière femme du dey détrôné, ne voudrait pas. A côté de la sultane, arrive, en boitant, Marie-Stuart, Marie-Stuart en velours, en coiffe tombante, toute noire, comme une reine qui marche à la mort ; bientôt, par un caprice de femme et de princesse, la robe de la reine a fait place au costume de la Cauchoise ; *id est :* le bonnet argenté aux longues dentelles, le bas de soie, la robe courte, la boucle d'argent au soulier... tout à coup, voilà une Cauchoise qui s'enfuit à l'aspect de la vive Italienne, au costume brodé de soie. O changement ! déguisements ! masque infini de la fin d'une monarchie !

Holà ! Je me fatigue à tout dire : à côté de ces manteaux, ces robes, ces chaussures de la vie réelle, vous trouverez un vrai carnaval de Venise : un jupon d'Auvergnate qui sent son patois et la porteuse d'eau, deux costumes bretons, l'un bleu, l'autre rouge et complets tous les deux, la coiffe de drap en écarlate, le manteau en bure noire, doublé en rouge, jusqu'à ce que tous ces costumes divers fassent place au costume national. Alors la Française, l'Auvergnate, l'Écossaise, la Cauchoise, s'évanouissent devant la fille de Naples ; ceinture, rubans, tablier, voile...

Au large! Zulietta! Parcours le golfe au bruit des mélodies nationales, monte en gondole, et que l'onde amoureuse te balance au chant des gondoliers, qui répètent en chœur les stances de la *Jérusalem*.

Ajoutez à ces toilettes bizarres, faites pour des jours de folie, de fausses parures, des bijoux en cuivre doré, des pierres factices, des diamants faux, tout le luxe honteux qu'une grande comédienne ne se permet pas de porter sur son théâtre, et vous comprendrez quelle est cette élégie, à rencontrer ce faux luxe, ces parures viles, ces déguisements déformés; toutes choses auxquels l'aimable princesse, absente à jamais, donnait tant de prix, bonnes désormais, à parer les dames de la halle au prochain mardi gras.

Pourtant, tout ceci fut parures de princesse, tout ceci fut enchantement de cour. Il n'y a pas un an que tout Paris célébrait ces merveilles, ces bals héroïques. On voyait la vieille France se trémousser à ces bals! Rappelez-vous ces quadrilles du temps de François II, dans lesquels le jeune duc de Chartres portait l'habit d'un roi, et le duc de Bordeaux la livrée d'un page (le présage s'est accompli; hélas! vous savez avec quelle rapidité!), et de tout cela restent des masques, des mensonges, lambeaux de toutes couleurs, robes fanées; ruines, débris, néant, poussière, vanités des vanités!

On voit aussi dans cette ruine une suite de tableaux, la plupart fort médiocres. A coup sûr la propriétaire de ces toiles protégeait, aimait les beaux-arts; on comprend quelle noble pitié elle portait à cette misère de l'artiste, et que les beaux-arts en abusaient cruellement, comme ils font d'ordinaire, avec leurs protecteurs.

Ceci est une manière de comprendre et d'expliquer une révolution. La révolution, c'est aussi bien le trône renversé que les hardes royales vendues à l'encan ; la révolution a porté rue de Cléry ces cachemires numérotés, étendus sur des planches. La foule arrive : elle les touche, elle les flaire, elle en considère le tissu, elle dit : « Celui-ci est beau ! celui-là est médiocre ! » Elle les achète en marchandant, une fois payés, elle porte ces tissus précieux qui couvraient les épaules d'une princesse dans ses jardins royaux, au Louvre, aux Tuileries, au *théâtre de Madame*. Autrefois c'eût été un insigne honneur de toucher seulement ces manteaux en dentelle, ces taies d'oreiller si artistement brodées, ces barbes dentelées, ces petites dentelles aux bonnets du soir. Aujourd'hui, pour fort peu d'argent, la dernière bourgeoise est appelée à passer ses gros bras rouges dans ce manchon de zibeline ; sa fille aînée peut mettre sous son épais menton ce point d'Alençon, le lendemain de ses couches... son mari va dormir ce soir, en bonnet de coton, sur cet oreiller d'Angleterre. Avez-vous jamais vu une révolution plus complète, une profanation moins équivoque ?

Ainsi, dans ce malheureux étalage de madame la duchesse de Berry, on retrouve, comme en tous les étalages de ce genre, un peu de la femme, un peu de la comédienne, un peu de la princesse. En cette vente, il y a luxe, indigence, éclat, misère ; comme dans toutes les ventes, il y a le spéculateur avide, le marchand par métier, la femme pauvre et coquette à bon marché; il y a aussi l'homme oisif qui court après une émotion comme on court après la fortune; le vindicatif qui se venge des grandeurs de la terre en contemplant toutes ces misères. Arrive enfin, grâce au ciel! l'homme sentimental, tourné du beau côté des choses humaines, qui respecte le malheur, chose sacrée, aimant mieux s'attrister que se mettre en colère! — Surtout, il a pitié des femmes que les révolutions renversent, comme il a pitié des fleurs que l'ouragan détruit.

Un pareil homme, inspiré d'en haut, cherchera de préférence les spectacles tristes mais corrects; il a horreur de toutes les profanations de la rue de Cléry. Par exemple, il ne comprendra pas que l'on ait exposé aux injures d'un encan, la garde-robe de l'exilée; il maudira l'avarice des femmes de chambre qui ont exhumé ces tristes dépouilles; il voudrait couvrir de son manteau ces voiles troués, ces robes tachées, ces souliers déformés, ces bijoux faux, ces travestissements de folie et tous ces mystères d'intérieur; il a horreur de ces pauvres restes. Cet homme intelligent ne comprendrait même pas la vente des riches habits du dernier roi d'Angleterre! A plus forte raison s'il s'indigne que l'on ait mis à l'encan les pauvres guenilles de madame la duchesse de Berry!

Mon homme, à moi, est fait de telle sorte que, dans cet amas, digne au plus d'un garde-meuble, il se livre à mille recherches pour découvrir un honnête souvenir... Le voilà donc en quête au milieu de ces meubles épars; voici de vieilles chaises, de vieux fauteuils, un tabouret; voici je ne sais combien de meubles divers, mais aucun de ces meubles n'est as-

sorti avec son voisin, tout se confond dans cet abîme :
un chevalet d'artiste est à côté d'un instrument de
cuisine; un flacon de toilette sous un soufflet en bois
d'acajou; un jeu d'échecs est placé sur la jardinière;
il y a des bibliothèques dont les vitres sont cassées;
un métier à broder au pied d'un secrétaire. Désordre
et confusion ! Tous ces meubles sont mal faits et endommagés ! Que de petits riens inutiles ! Que de luxe
sans goût et sans grâces ! Non ! non ! ce ne sont point
là les meubles d'une jeune femme et d'une princesse !

Pour l'honnête homme, il est triste de ne pas
rattacher une honnête idée, à un honnête achat.
Quand il achète un meuble, ce n'est pas une valeur
qu'il achète, c'est une idée triste ou gaie : il est
mieux qu'un antiquaire; l'antiquaire n'a foi que dans
le temps; le sentimental a foi au malheur : de grâce,
ne l'abusez pas !

Ces meubles sont trop vieux, trop mal faits, trop
grands, trop gros, trop lourds, trop mesquins, pour
que j'y retrouve une infortune royale. Jusqu'à présent,
il n'y a d'affaires en cette salle, que pour la marchande
de chiffons, les marchands de galons et les revendeuses
à la toilette. Passez votre chemin, digne Yorick, allez
lire une oraison funèbre... et pleurez tout bas.

A moins, toutefois, que notre homme ne s'arrête,
une larme à l'œil, devant un piano d'enfant, devant
une petite selle avec sa housse d'argent, bonne tout
au plus à être placée sur le dos d'un gros dogue; devant une harpe de petite fille; la harpe est de Nadermann; les cordes en sont détendues et brisées,
comme celles des harpes suspendues aux saules de
l'Euphrate : *Illic flevimus...*

Voilà tout ce qui frappe Yorick : peut-être il serait content des deux porte-lampes et d'un écran que *madame la duchesse a brodés de sa main*, nous dit le catalogue. Otez cette annonce... il n'y a plus rien qui te convienne, bon Yorick, plus rien qui te donne à penser!

J'ai oublié, dans ma nomenclature d'amateurs, de mentionner l'amateur caustique, l'homme au gros rire; il se moque de tout ce qu'il voit, il comprend très-bien qu'on vende tout ce qui peut se vendre, il se dit, avant d'entrer rue de Cléry : *Tout cela se vendra cependant!*

Pour ma part, je n'aime pas ces hommes de moquerie; je hais leur rire de parvenu et leur politique de portier. Je les vois d'ici ricanant devant le jeu de loto-dauphin, devant le confessionnal portatif, ou la lanterne magique représentant l'entrée de Charles X à Paris. Cette lanterne peut servir à faire l'histoire de la Restauration. Il fait nuit : Voyez, messieurs et mesdames, ce roi, ces chevaux, ces courtisans, ce drapeau blanc qui flotte... Un grand souffle éteint la lampe et tout s'évanouit!... Plus rien que le fantôme et la nuit! Cette lanterne... se vendra cher.

On fera bien de la vendre avec le confessionnal et le loto-dauphin; il n'y a que ces trois meubles qui aient un sens positif dans cette exposition.

J'oubliais un album d'Eugène Lamy. Cet album représente les travestissements de l'an passé; on y retrouve, en présence même des vêtements qui ont servi à la duchesse, à la reine de ces fêtes, tout ce que la cour d'alors avait de jeune et d'éclatant : messieurs de Juigné, de Nailly, d'Orglande, de Ménars, de Charrette, de Pastoret, de Richelieu, mesdames de Podenas, de Larochejacquelin, de Béarn, de Caylus et miss Stuart. Vous voyez toute la fête dans cet album; elle vous paraît cent fois plus brillante qu'elle l'était, vue dans la rue de Cléry. A la fin, l'album échappe à vos mains.

Il retombe sur les mêmes tables où la folâtre jeunesse se rafraîchissait après le bal; ces tables sont encore couvertes de serviettes; elles sont tendues : on dirait que le souper sera servi, tout à l'heure. Hélas! l'intendant est absent, les pages sont dispersés, le maître d'hôtel est en retraite; toute la table est dans un désordre funeste, vous la prendriez pour la table des festins du sire de Ravenswood. Les verres sont confondus, les bouteilles en cristal n'ont pas de bouchons, les plateaux sont couverts de poussière; les surtouts sont revêtus de fleurs fanées. On voit encore les temples en carton, dépouillés de leurs sucreries, les formes des gâteaux veuves de leurs accessoires; il n'y a plus que deux fourchettes en argent et deux couteaux *en os*. Est-ce donc avec cela que Marie Stuart a donné à souper à son royal époux? Eloignez-vous, tristes vestiges de ces banquets!

A tout prendre, cette vente est un spectacle désolant; tout y est misère et mensonge, un luxe ahuri; vieux restes fanés, désordre étrange, pauvreté déguisée. Plus d'une mère de famille, l'honneur de son époux et de ses enfants, mourrait désespérée si elle avait, au lit de mort, la pensée que le public va la juger sur un mobilier pareil. Que voulez-vous? il fallait qu'il en fût ainsi, d'une révolution faite avec ordre. Le désordre révolutionnaire n'a troublé que la tête des rois; ici, l'ordre légal fait plus que les tuer. Elle montre à nu leur intérieur, et l'on rit de pitié... voilà donc ce que nous adorions?

Cette vente impitoyable a commencé un mardi; elle a duré plus de huit jours : on a vendu d'abord les vins, puis les meubles; on a terminé par les ustensiles de cuisine; ces ustensiles appartiennent tous à cette cuisine sucrée, que l'on appelle l'office, et qui n'est ici qu'un contre-sens de plus.

Dans tous ces petits faits de l'histoire contemporaine, qu'il ne faut pas négliger quand on ne peut atteindre à l'histoire générale, il est surtout un homme que je cherche et qui me manque. Cet homme, c'est Bossuet; Bossuet, à peine sorti de l'oraison funèbre de Henriette d'Angleterre. Que dirait ce grand pontife des grandeurs éteintes, s'il voyait comment, de nos jours, les monarchies finissent, comment nous avons parodié Cromwell, que la dérision a remplacé la hache, et par quelle indignité une revendeuse à la toilette fait l'office du bourreau! J'imagine que Bossuet en mourrait de peur, ou qu'il en deviendrait fou! Oui, grand homme, et voici les aventures de nos jours; le petit-fils de Condé disparaît de ses vastes jardins, et la race de votre Royal ami finit avec moins de bruit que les jets d'eau que vous aimiez, et qui se sont tus depuis longtemps.

En même temps le dernier fils de saint Louis est chassé hors du royaume, et ses *confitures* sont vendues dans ses cours, comme autrefois, dans la Bible, on vendait les femmes et les enfants des ennemis vaincus.

Des valets mettent en vente publique les oripeaux

des princesses, et c'est à peine s'il se trouve des acheteurs.

Ajoutons que nous verrons bientôt sur la place publique, à l'encan, comme un omnibus de réforme, les dernières voitures faites pour le dernier sacre du dernier roi de France qui ait songé à aller à Reims, demander une inviolabilité qu'il n'a pu trouver dans les lois!

Écoutez! cette voiture dorée, parfumée, brodée, peinte, sculptée, couverte de fleurs, bénite, et dont chaque clou était un chef-d'œuvre; ce trône sur quatre roues... il sera vendu à la criée! un charlatan l'achètera pour y vendre, au milieu des places, ses élexirs et ses opiats.

Qu'on me pardonne ces idées mêlées, ces images vulgaires, ces rapprochements inattendus; je sais que la rhétorique en murmure, que la logique s'en inquiète, et que l'art est mécontent; mais les faits sont là expliquant, excusant toute chose en un sujet pareil, le sublime et l'absurde, la bouffonnerie et l'élégie, la justice et la colère, le discours de M. de Chateaubriand, et ce chapitre même. Hélas! Il n'a pas été fait sans pitié, sans respect et sans larmes, pour des malheurs si cuels et si complets!

RAMBOUILLET

Vous voulez que je revienne sur les petits faits de cette grande histoire de Juillet. Jusqu'à présent cette histoire est écrite comme elle est faite! En masse... et avec la plus grande confusion. Il faudra bien du temps encore avant de mettre un peu d'ordre en ces événements qui se pressent et s'entassent, poussés par la fureur populaire. Moi qui vous parle, j'ai bien vu ces fameux *trois jours :* j'ai assisté à l'incendie du corps-de-garde en planches, sur la place de la Bourse, premières et fatales lueurs de cet incendie immense, épouvante de l'Europe. J'ai vu le peuple des trois jours demander des armes à la porte des théâtres, endosser la cuirasse de carton, saisir la lance des héros du moyen âge, aller se battre, héros sublimes et burlesques à la fois, contre des faits qu'ils ne comprenaient pas. Toute la ville a été branlante pendant trois jours; le peuple en avant, au feu, brûlé par le soleil ; les habiles se tenaient sur les derniers rangs, incertains de leur contenance, un pied sur leurs serments de la veille, un autre pied sur leurs serments du lendemain. Colosse ! un tremblement de terre les doit renverser comme celui de Rhodes, à l'écart gigantesque. Dans ce moment de confusion, tout est poudre, et fumée, et soleil, à Paris. On ne parle pas, on bourdonne! on ne pense pas, on rêve; on se regarde, on se touche, on se rit au nez, on s'admire les uns les autres, on s'épouvante. — Est-ce bien toi? est-ce bien moi? est-ce bien nous tous? est-ce bien Paris? Ce terrible et tremblant Paris de juillet 1830, quand il s'est vu sans roi, a été jeté dans un moment de telle stupeur qu'il ne l'avouera pas dans l'histoire!... Il faut bien en convenir, nous avons eu peur, sauf à nous démentir plus tard.

Cette foule parisienne! Au fond, elle est bonne, bien faite et bienfaisante; elle a saccagé le monde politique avec un grand sang-froid que rien n'égale. Après les trois jours, et quand il n'y avait d'autre roi que M. de La Fayette, ce monarque si bien fait pour la transition, que la royauté de France garde pour remplir tous ses entr'actes; quand le peuple encore étonné de l'hôtel de ville et des Tuileries, où il était entré, demandait à prendre une heure de repos, il lui vint dans l'idée, avant de voir le nouveau roi qui s'apprêtait quelque part, de revoir ce vieux roi qu'il venait de chasser, ce roi chassé si brusquement, et reçu avec tant d'enthousiasme; ce Français *de plus* de 1814, qui n'était qu'un roi de moins en 1830, le roi de la conquête d'Alger, le roi du sacre, le roi chanté à son avénement, par Victor Hugo, par Lamartine!... Il partait malheureux, innocent, bien à plaindre; il partait... Paris le voulut revoir encore avant son départ; Paris a voulu savoir comment était faite une royauté qu'on chasse. O ville insatiable de pareils spectacles, Paris! Elle a vu tomber Bonaparte; après cette immense chute elle a été furieuse encore de voir la chute de Charles X ! Le peuple comprenait cela confusément : c'était la dernière chute des temps passés ; relevés une heure, hélas ! pour s'écrouler à tout jamais.

Donnez-vous la main, Fontainebleau et Rambouillet ! Ne soyez pas jalouses l'une de l'autre, royales forêts, traversées dans des appareils si divers ! A Fontainebleau, quand l'empereur dit adieu à son aigle, la France assiste aux derniers adieux de la force. A Rambouillet, quand Charles X exilé, bien moins taillé pour le drame que Napoléon, s'en allait loin du château des Tuileries, c'était l'antique royauté de France qui s'avouait vaincue à jamais. La jeune royauté de Napoléon et la vieille royauté de Louis XIV, défaites, l'une à Fontainebleau, l'autre à Rambouillet, quel espoir reste à la France ? Grande question autour de laquelle, malheureux que nous sommes, nous nous agitons, sans que ce cruel problème ait fait un pas.

Le peuple donc, après ces trois jours, remit sa veste et son chapeau ; ceux du moins qui avaient un chapeau. Puis il s'écrie : « A Rambouillet ! à Rambouillet ! » comme en 1790 il criait : « *A Versailles ! à Versailles !* » Donc il s'en fut à Rambouillet, ce bon peuple, sans colère, et presque en riant, comme à une fête ; il allait voir le roi Charles X. S'il garda ses armes pour ce voyage, c'était d'abord que les armes lui allaient bien ; il n'était pas fâché, chemin faisant, dans la forêt royale, de tirer une perdrix de Sa Majesté, ou de *courre* le cerf, et de rapporter une pièce de gibier à sa femme, afin de dire qu'il avait gagné quelque chose à la révolution.

15

En vérité, il faisait bien, ce digne peuple, de se donner une fois le plaisir de la chasse au long-courre. Plaisir de roi qui lui était bien dû. Trois jours après son passage dans la forêt de Rambouillet, on lui reprenait *sa* forêt, on tuait sans lui tout *son* gibier, on vendait jusqu'aux œufs de *ses* faisans, on le traitait comme si on eut voulu le détrousser de ces plaisirs de souverain.

Le peuple est le dernier roi qui ait chassé dans les forêts de Rambouillet.

Que vous dire? Il y mit si peu de hâte, et tant il fit l'école buissonnière; il a si mal tiré sur les bêtes de la forêt, ce peuple qui tirait si bien sur les Suisses; il a si peu profité de sa victoire, ce peuple dont on a si cruellement exploité la colère, qu'il est arrivé trop tard à Rambouillet! il n'a pas vu même ce qu'il voulait voir; le roi Charles X était parti.

Cela est malheureux, vraiment; on ne sait pas ce que cette entrevue aurait pu faire, si cette entrevue avait eu lieu. Peut-être à l'aspect de son roi vaincu, à l'aspect de ces femmes tremblantes, et qu'il avait tant aimées, à l'aspect du tout jeune enfant qui lui aurait tendu les bras comme un frère à son frère, le vainqueur eût été touché de compassion : il eût relevé le vieillard, et repoussant de la main les stupides ministres, ils se seraient dit, le roi et le peuple : De quoi s'agit-il? Et ils se seraient bien vite entendus l'un l'autre, n'en doutez pas! ils auraient refait l'alliance brisée, car c'était leur avantage à tous deux. Bonté divine! la paix ne serait pas sortie de la France, et l'émeute n'aurait pas relevé la tête, hydre renaissante toujours; la contagion révolutionnaire eût respecté les peuples épars autour de nous, la triste Vendée n'eût pas rêvé la guerre civile, les débris infortunés de Varsovie, la ville héroïque, ne seraient pas retombés sur nos têtes, nous apportant la peste, comme le gant des combats que nous jette le Russe. O bonheur! nous serions rentrés dans la paix et le calme, nous autres, que la fièvre avait dévorés pendant ces trois fameux jours.

Mais la fatalité des Stuarts pesait sur cette auguste maison de Bourbon; le dernier regard du peuple de Paris, n'a pas été pour la royauté de la France. Elle est partie une heure trop tôt; elle a perdu malheureusement l'appel du peuple en courroux, au peuple calmé : voilà pourtant à quoi tiennent les dynasties! Il y eut un roi de l'Orient fait roi par son cheval : quelques chevaux de poste, ont décidé peut-être, du sort de Sa Majesté le roi Charles X.

A Rambouillet, le peuple de Paris fut bien surpris d'y trouver assez de canons pour foudroyer toute la ville, assez de troupes d'élite pour la mettre en état de siége; il comprit alors toute l'étendue de sa victoire! Modeste en son triomphe, il a tendu la main aux soldats, il est monté sur les canons pour se grandir quelque peu, afin de voir se prolonger dans les ténèbres ce douloureux exil d'un si bon roi.

Cependant, la royale famille allait au pas dans ce royaume, son domaine pendant tant de siècles; les populations se mettaient en haie sur son passage, et, bouche béante, elles la regardaient passer. Que le voyage dut paraître long aux nobles exilés! Un garde-du-corps, fidèle, intelligent et brave, galant homme et bon écrivain, M. Théodore Anne, a raconté d'une façon touchante, les premiers pas de cet exil sans fin... Ce récit contient toute une âme. Après de longues heures, ces exilés, accablés de fatigue, couverts de poussière, suivis par quelques serviteurs, qui ne pleuraient pas (si grande était la douleur de ces braves gens!), ils atteignirent le vaisseau de Cherbourg : la mère et l'enfant se retournèrent encore une fois, pour regarder la France, le vieillard leva son chapeau pour saluer la patrie, et puis ce fut une autre voix que la sienne qui dit aux matelots : *Partons!*

Il y a dans la vaste mer un sillon que Bossuet a retrouvé avec ses yeux d'aigle, et qui s'est renouvelé, bien souvent depuis Bossuet : sillon fatal ! Il a conduit Marie-Stuart, la reine d'Écosse et de France, à sa sanglante sœur Élisabeth ; il a livré à son oncle, Richard III, le jeune Arthur Plantagenet, il a ramené d'Angleterre en France, Henriette, fille de Henri IV et femme de Stuart. Bonaparte a creusé bien profondément ce sillon de la mer ! Le même sillon qui nous ramena la famille de Louis XIV, la ramène aujourd'hui en exil. Autrefois, ce sillon était à peine une ride sur l'Océan *étonné ;* aujourd'hui, c'est un large sentier incessamment ouvert aux royautés vagabondes ! L'empereur dom Pedro l'a prolongé, à deux reprises, du Portugal au Brésil !

Quand il eut tout vu à Rambouillet, le peuple de Paris se remit en route pour ses foyers, qu'il ne quitte guère. C'était une éclatante nuit d'été, radieuse sous les constellations du ciel ! Il fallut traverser de nouveau la forêt éclairée par la lune ; on chantait, on *disait des farces ;* l'esprit parisien débordait de toutes parts. Celui-ci s'asseyait au pied des arbres pour rêver, cet autre, étendu sur le gazon, dormait! Chacun allait comme il pouvait, à pied, à cheval, en voiture, sur des canons. *La Nuit d'Été* de Shakespeare n'a rien qui soit comparable à cette étrange nuit de féerie et de cauchemar!

Un peuple qui revient d'une révolution et qui se promène dans les bois au clair de la lune, mettant sur son chapeau les vers luisants du chemin, en attendant une cocarde. Hélas! d'autre part, un pauvre vieux roi qui s'en va, pensant à la France, à son peuple! Et le peuple oublieux déjà des absents!

Ils ne furent de retour qu'à onze heures du matin, inquiets d'être grondés par leurs femmes, ces vainqueurs! J'ai vu passer toute cette armée voyageuse; elle était encore humide de la rosée du matin; elle avait coupé des branches vertes dans la forêt, qu'elle portait au bout de ses fusils; elle passa devant le Palais-Royal parce que c'était son chemin. Nous étions là, rue Saint-Honoré, plusieurs, attentifs au réveil de la royauté nouvelle. Les habitants du Palais-Royal entendant les voyageurs de Rambouillet, se mirent à leur balcon pour les voir passer; le peuple salua et passa son chemin. Quand arrivèrent plusieurs voitures de Charles X, où s'étalaient les vainqueurs, faute de voitures de place, les habitants du Palais-Royal, par un mouvement généreux, se retirèrent de leur balcon. Ces armoiries royales allaient bien cependant aux panneaux des voitures populaires, mais les hôtes du palais ne purent s'empêcher, voyant ces voitures ainsi remplies, de se rappeler le nom du maître! Hélas! qui donc eût pensé, en présence des carrosses de Charles X, et quand il s'agissait d'une couronne pour le maître du Palais-Royal, que madame la duchesse de Berri interdite du feu, de l'eau et du sel en France, serait aussi interdite du droit d'aumône, et par un temps de peste encore... une aumône, présentée par M. de Chateaubriand !

Je finirai par une anecdote horrible et vraie :

Il existe un homme à Paris, qui vit seul dans la foule et dans la fange. Il porte un fouillis de haillons pour tous vêtements ; don Juan, mêlé de Diogène. Il vivait au jour le jour, ne parlant à personne et s'occupant peu des affaires, fumant sa pipe, quand il avait du tabac, prenant l'air et le soleil, au soleil. Le 28 juillet, au plus fort de la bataille, cet homme hors de son grenier, se rend à sa promenade favorite ; il est arrêté par une barricade : derrière cette barricade, et protégé par ce rempart, un petit émeutier très-maladroit chargeait et déchargeait son fusil, sur un peloton de Suisses, auquel il ne faisait aucun mal. Mon *héros* s'arrête un instant à regarder le petit homme ; impatient de sa maladresse, il lui arrache le fusil des mains, il le charge, et, presque sans viser, il tire : un des Suisses tombe roide mort ; puis, rendant l'arme à ce maladroit : « Voilà, lui dit-il, comme on se sert d'un fusil, reprenez le vôtre, je vous le rends, *car ce n'est pas mon opinion.* »

Cette histoire est la tienne, ô peuple de Paris ! Voyant tant de maladroits tirer depuis dix ans aux jambes de la monarchie, impatienté de leur maladresse, il leur a arraché l'arme des mains. Lui aussi il a voulu prouver qu'il savait se servir de ses armes, il a visé juste... Hélas ! à la fin du compte, il s'est trouvé que, à lui aussi peut-être, *ce n'était pas son opinion.*

LA SOIRÉE POÉTIQUE

Nous avions été pendant cinq actes, haletants sous les angoisses de la première représentation ; pendant cinq actes muets, attentifs, nous avions lutté contre le silence et contre le bruit, contre les boutades infinies du parterre; nous avions vu notre pauvre ami balotté par toutes ces âmes assemblées, sans pouvoir lui porter secours, sinon par nos vœux à voix basse. Ainsi traînés à la remorque à la suite de son beau drame, nous n'avons retrouvé un peu d'haleine et de calme qu'à la dernière scène. Alors, seulement, le parterre était vaincu; le drame était sorti triomphant de ses langes et s'était fait homme. Ah! ce fut pour nous une grande joie, suivie d'un grand affaissement moral, comme toutes les joies extraordinaires de ce monde. Quand tout fut fini, on rappela notre ami; l'acteur jeta son nom au public, et nous sortîmes triomphants.

Nous autres, cependant, les amis du poëte, les amis de son enfance poétique, à l'heure où son drame allait au collége et faisait des vers latins, il nous eût déplu d'assommer ce poëte de nos louanges; nous laissâmes la foule se précipiter au-devant de son triomphe, et bien sûrs de le retrouver heureux, nous fûmes l'attendre en certain entre-sol tiède et coi, où nous avons l'habitude de nous blottir quand nous voulons être heureux entre nous, et tout seuls.

Ce qui avait été prévu arriva : notre ami, chargé des éloges du dehors, nous revint repu de gloire. Il entra, aussi bon enfant que s'il n'eût pas fait un chef-d'œuvre, et nous autres, bons enfants comme lui, n'eûmes rien de plus pressé que de lui demander comment il se portait.

Et, sur mon âme! en vrai physiologiste, je ne trouvai rien de changé dans sa personne; sa voix n'était guère plus émue et son pouls ne battait pas plus fort; son cœur, qui touche à l'hypertrophie (il en est mort), était gonflé comme à l'ordinaire.

— C'est bien cela, Frédéric, lui dis-je, c'est bien ainsi que l'on doit revenir d'une bataille : tu es bien digne, ami, d'avoir lutté avec ce rude jouteur qu'on appelle un parterre, et de lui avoir dévoré l'orteil. Veux-tu prendre une tasse de thé?

Comme Fanny lui versait du thé, avec son mélancolique sourire anglais, on frappa légèrement à la porte; vous savez, un coup léger, dont la vibration se fait sentir dans le cœur; il n'y a que la main d'une femme qui frappe ainsi : plus le coup est léger, plus la porte est vite ouverte. La porte s'ouvrit à deux battants, et nous vîmes entrer à la suite l'une de l'autre : Florence, Amélie, Eugénie, les trois cousines, nos bien-aimées, qui venaient partager le grand triomphe, ou plutôt qui venaient demander leur part à nos louanges. Ce drame applaudi, ce sont elles qui l'ont fait, il est né sous le feu de leurs regards, il a grandi aux battements de leur cœur, il a fait ses premiers pas entre leurs mains jumelles, il a souri à leurs sourires, il a pleuré à leurs larmes, comme faisait le petit Astyanax.

Soyez aussi les bienvenues, nos trois amies! et maintenant que nous sommes là réunis tous les sept, vieillards de vingt-quatre à vingt-cinq ans...

Une larme roulait encore dans les yeux d'Eugénie:

— Oh! dit-elle, quel bonheur de pleurer! Que je hais le drame en loge découverte, à la clarté du gaz, sous les regards de la foule, en public, le drame pour tout le monde, et que cela est fatigant et douloureux, d'arriver à des émotions pareilles en robe serrée et les cheveux bouclés! Non, non, je n'ai pas reconnu notre drame; *ami* Frédéric, j'ai trop mal pleuré pour le reconnaître; j'ai trop pleuré en dedans pour m'y plaire; j'ai trop contenu mon émotion pour m'être amusée. Et maintenant, ne causons pas, si vous voulez, pleurons! Or, la pauvre enfant, blonde et triste, eut volontiers sangloté jusqu'au lendemain.

Mais elle est trop nerveuse et trop frêle pour que nous lui permettions de s'abandonner à ses subites douleurs. Cette âme a besoin d'être étayée de mille manières, si nous ne voulons pas qu'elle succombe en proie à l'assaut de ses passions.

Prosper, qui la connaît et qui l'aime, ne lui permit pas d'essuyer une seconde larme; il lui arracha son mouchoir. — Je m'étonne, Eugénie, lui dit-il, que toi qui es née un si grand poëte et si grand artiste, tu te sois amusée à pleurer ainsi, à un conte en prose, à un drame en langue vulgaire; ne vois-tu pas qu'au lieu de pleurer, tu devrais adresser à M. Frédéric de sévères paroles, pour n'avoir pas écrit sa tragédie en vers?

La dissertation littéraire une fois entamée, Eugénie, qui n'avait plus de mouchoir, essuya sa dernière larme avec sa main; Frédéric baisa la main humide d'Eugénie, et nous voilà tous, parlant pour ou contre le drame en vers, et nous jetant dans toutes les définitions sur la vérité dramatique, une mode qui nous est venue quand nous n'avions plus de drame nulle part.

Chacun de nous parla et parla très-bien de cette hypothèse : à force de bien parler, personne à la fin ne s'entendit plus ; heureusement qu'après mille divagations charmantes, Eugénie, par mille détours, nous ramena au point de départ.

— Oui, dit-elle, Prosper a raison; avec un si beau sujet d'amour, c'est un meurtre de n'avoir point parlé en vers ; le vers est le langage de la passion, la voix de l'amour qui souffre et de l'amour heureux; le vers, c'est le bien dire et le vrai dire ; la poésie est la langue des dieux, et la langue des femmes depuis qu'il n'y a plus de dieux : n'est-il pas vrai que tu es de mon avis, Florence? A ces mots, Eugénie regardait Victor, Victor baissa les yeux.

Il faut vous dire que nous vivions dans une amitié si parfaite, et que nous nous comprenions si bien et si vite, que chacun de nous avait deviné, et cela depuis longtemps, les tendresses réciproques de Florence et de Victor, qu'ils croyaient si bien cachées dans les plus profonds et les plus chastes replis de leur cœur. L'histoire de Frédéric et d'Eugénie s'était manifestée, il y a six mois, dans le drame de Frédéric.

Émilie, était parmi nous, assistant avec un intérêt égal à nos luttes obstinées autour des petits mystères de l'esprit et du cœur. Quant à Fanny, elle n'avait pour nous tous qu'un sourire, une âme, une vie; elle était notre frère, notre ami, notre sœur, notre enfant, elle était... Fanny.

Je vis tout de suite, et d'un coup d'œil, comment d'un drame en prose fait pour la foule, applaudi par la foule, nous pourrions passer à quelque drame en vers, fait pour nous, par nous, applaudi, admiré par nous seuls.

— Je suis de l'avis de Prosper, et du vôtre, Émilie! le drame doit-être écrit en vers; avec cette différence: il y a le drame de la foule, et le drame de quelques-uns. Parlez, s'il vous plaît, parlez à la foule en prose; parlez-lui le premier langage venu, non pas le plus simple, mais le plus facile à entendre. Le drame intime, le drame du cœur, le drame personnel, appelle inévitablement la forme poétique : et, puisque nous sommes réunis, je suis sûr, vous, Amélie, et vous, Florence, que si vous vouliez, vous avez en réserve, en un coin de votre mémoire, plus d'un bel acte de tragédie écrite en vers, et dans lequel vous jouez le beau rôle! Or ça, voulez-vous que nous essayions de le construire, ce drame enfoui dans vos souvenirs? Vous êtes là quatre, jeunes et belles; faisons un drame en quatre actes; choisissez-le, et toi, Florence, commence, si tu veux commencer, avec la permission de Victor.

Florence regarda Victor ! Il fut consentant à sa poésie ; alors, d'un ton de voix si doux, qu'à peine on l'entendait, elle parla en stances égales, comme fait un enfant qui s'essaie à marcher :

Je t'aime ! encor ce mot, tu ne peux t'en défendre,
Car ce n'est pas d'espoir que je te viens parler ;
Mais je souffre : à tes pieds, laisse-moi donc répandre
　　Des larmes pour me consoler.

Je t'aime, tu le sais, et, lorsque dans ton âme
Cet amour dévorant arrive malgré toi,
Tu mets à le nier ta vanité de femme ;
　　Je te dirai pourquoi :

D'apprendre un peu ton cœur, moi, j'ai fait mon étude ;
Chaque mot que j'entends, le geste que je vois,
Se gravent dans mon âme, et, dans ma solitude,
　　J'observe ton geste et ta voix.

Ce n'est pas quand la danse, entre nous passagère,
Sème avec un regard ou l'espoir ou les pleurs,
Lorsqu'avec tes deux sœurs la musique légère
　　Vous balance comme des fleurs ;

Ce n'est pas quand ta main, sur les touches dociles,
Réduit toute mon âme au soin de t'écouter ;
Comme si j'entendais dans leurs accords faciles
　　Mon bonheur que tu vas chanter.

Il est d'autres séjours que l'âme entière habite,
De secrets mouvements que l'on n'a pas voulus,
Des regards qu'on n'a pas détournés assez vite
    Et qu'un regard a déjà lus !

O la saine raison sous de vives paroles,
O le regard plaintif près d'un rire moqueur,
Ta douce voix émue avec des chants frivoles
    Dit si bien ton âme à mon cœur.

Ta belle âme est un feu, mais ton esprit le glace.
L'harmonieux aveu d'un amour inventé
Te touche ; et tu souris d'un pauvre amour sans grâce,
    Aussi nu que la vérité.

Or celui-là sera ton maître et ton idole,
Qui chantera le mieux son amour éclatant ;
Et moi, qui donnerais ma vie à ta parole,
    Tu me diras : Va-t'en.

Hélas ! je ne suis rien qu'un malheureux qui t'aime,
Créé pour faire un nombre arrêté par le sort ;
Ignoré dans ma vie, et qui ne sais pas même
    Si quelqu'un apprendra ma mort.

Quand elle eût fini, la pauvre enfant ! elle fut cacher sa tête dans le sein de Victor : il y eut alors un moment de silence charmant ; jamais les premières scènes de l'*Iphigénie* de Racine ne nous avait remués comme ces simples vers, exposition touchante d'un amour qui commence.

Un instant après, je repris la parole : — Ceci est bon pour le premier acte, Florence, il nous faut un nœud à l'action qui s'engage! Alors que l'un de nous, s'il l'ose, ajoute une élégie à ces vers tout remplis de promesses...

— Ce sera moi, dit Émilie, aussi bien, je souffre et je suis en peine de ces vers que j'ai reçus ce matin!

A ces mots la sensitive, jetant de côté ses longs cheveux noirs, nous récita ces vers d'un ton inspiré :

Que je me suis trompé cette première fois
Où je vis son regard, où j'entendis sa voix !
Je me dis : Dans mon âme, où tant d'amour respire,
Sa voix et son regard n'auront aucun empire.
Non ! ce n'est pas ainsi que mes jeunes amours
Ont rêvé l'être aimé qui doit avoir mes jours !
Je ne sais où je pris cette folle assurance :
Mais de ses traits légers la fragile apparence,
Son timide regard, mais qui ne cache rien,
Son frivole enjoûment, le piquant entretien,
Sa voix, dont la fraîcheur à tant de calme unie,
Ignore de l'amour la plaintive harmonie,
Tout rassura mon cœur, qui ne put concevoir
Avec tant de faiblesse un absolu pouvoir.
Dans son corps frêle et doux qu'un seul regard embrasse,
L'enfance à sa jeunesse a conservé sa grâce.
Je crus mon âme forte à côté d'un enfant,

Et, sans me soupçonner, je vins la voir souvent!
Mais un jour que soudain je la trouvai légère
D'oublier dans sa main une main étrangère,
Que je voulus m'en plaindre et ne pus m'exprimer,
En me sentant souffrir, je me sentis l'aimer.

Et quand elle eut fini : — Oui, reprit-elle, voilà ce qu'il m'a écrit lui-même ce matin, l'ingrat, pour qui je souffre! Oh! vous aviez raison de le dire, c'est un acte bien cruel que ce second acte de l'amour!

Arthur, qui n'avait rien dit : — Consolez-vous, ma belle Émilie, en nous chantant : « Chagrins d'un jour! » Le drame que vous jouez est encore peu compliqué, et le dénoûment est si loin! Je suis plus malheureux que vous, mon troisième acte approche; il y a tant de tragédies qui n'ont que trois actes et qui sont complètes! Ayant ainsi parlé, il se leva, et, s'appuyant sur le fauteuil d'Amélie, penché sur elle, il récita les vers suivants, d'une voix triste et douce. en homme qui n'a plus d'espoir.

Eh bien, oui, je suivrai tes ordres absolus,
Ami, je l'oublirai; mais ne m'en parle plus,
N'en dis rien : quand ta voix la dénigre et l'outrage,
Je ne l'aime pas moins et souffre davantage.
Je sais tous ses défauts dont tu me vas parler.
Quand ta froide raison croit me les révéler,
Tu ne dis que les torts dont mon amour l'accuse :
Je sais tout; mais je l'aime, et voilà son excuse.

Est-ce à toi, que l'amour a brûlé si souvent,
A demander pourquoi, par quel art décevant
Ses traits, sa voix, son nom font frémir tout mon être?
Pour avoir, insensé! voulu la méconnaître,
Combien amèrement j'ai subi son pouvoir!
Non, tu ne conçois pas, tu ne peux concevoir
De ses jeunes attraits l'irrésistible empire;
C'est un air enivrant qu'autour d'elle on respire!
Rappelle-toi le soir, quand le jour meurt dans l'air,
Cet horizon d'automne où vibre un pâle éclair,
Dans l'ombre transparente où dorment les prairies,
L'astre lointain flottant sous des formes chéries,
L'eau tiède des ruisseaux s'exhalant dans les airs,
Les oiseaux dans les bois emportant leurs concerts,
Et la brise du soir de son aile sonore
Agitant les parfums que la nuit fait éclore...
De même qu'à cette heure, il semble que parfois
De l'ange qui nous garde on entende la voix,
Et que, tout plein du charme où notre âme s'enivre,
Sans concevoir sa joie on soit heureux de vivre,
De même quand ses yeux, sur mes yeux arrêtés,
Versent jusqu'à mon cœur leurs vivantes clartés,
D'un vol doux et brûlant, sur mon âme affaissée
Je sens flotter son âme et planer sa pensée.

— Cela devient triste, dit Eugénie, vous êtes trop poëtes et trop dramatiques, ce soir : mes maîtres, si vous m'en croyez, là s'arrêtera notre drame, le drame commencé de nos amours de vingt ans. Moi qui vous parle, n'ai-je pas dit mon cinquième acte déjà deux fois? Il est vrai que je suis unie à un poëte, messieurs, à un poëte tragique ! voulez-vous sauter à pieds joints le quatrième acte, et passer au cinquième ? *Allons-y gaiement*, disait Talma.

A ces mots, Frédéric se leva :

— Je te le défends, dit-il, Eugénie ; je vous en prie, Eugénie, rendez-moi mon cinquième acte.

Mais elle, d'un ton sévère :

— Puisque vous avez osé l'écrire, il faut l'entendre, nous sommes ici le public assemblé, et nous jouerons notre cinquième acte, malgré l'auteur. Croyez-vous donc que ce soir, il y a trois heures, si l'envie nous en avait pris, vous auriez eu le droit d'arracher votre tragédie inachevée aux mains du souffleur ? Une fois lancée, il faut que la tragédie aille à son but ; le parterre seul a le droit de l'arrêter ; nous sommes ici le parterre, écoutez donc mon cinquième acte.

Alors elle nous lut d'abord d'un ton grave, et bientôt d'un accent pénétré le morceau suivant, véritable cinquième acte d'un roman qui n'était pas près de finir.

Jeune, j'ai quelquefois rêvé que la fortune,
Dans son vol, par un autre ardemment épié,
Dédaignait le puissant dont le cri l'importune,
Et sur mon seuil désert venait poser le pié.

Alors, c'était le luxe où le riche se noie :
Des fêtes dans les nuits, des fêtes dans les jours,
Les chevaux, les banquets, et les salons de soie,
Et sur un lit doré les plaisirs sans amours.

La haine, dont le bras me frappe sans relâche,
En des moments amers m'a fait rêver aussi
Que de mes ennemis je tenais le plus lâche
Étendu sous mes pieds, criant : Grâce et merci !

C'est un sombre plaisir, à cette heure funeste,
De voir couler des pleurs pour ceux qu'on a versés,
Et d'appuyer sa main sur le cœur qu'on déteste,
Pour y sentir la peur qui bat à coups pressés.

Plus souvent, écoutant la douce fantaisie
Qui sème mes longs jours d'harmonieux travaux,
Je rêve que je vois la belle poésie,
Plus belle, me sourire entre tous mes rivaux ;

Et la gloire se lève à ma forte parole,
Les hommes devant moi courbent alors leur front,
Et sur le mien où brille une sainte auréole,
Pour ne plus l'oublier, ils apprennent mon nom !

Tous ces biens sont rêvés, où je ne veux plus croire,
Pour qui j'eus tant de vœux, d'espoir et de regrets ;
La richesse aux mains d'or, la vengeance et la gloire,
O mes chères amours, je vous les donnerais.

Je les donnerais tous pour un mot de ta bouche,
Qui, tout bas, pour moi seul doucement prononcé,
Me dirait : « Je te crois, et ta douleur me touche,
Tu m'aimes ; tu dois bien souffrir, pauvre insensé ! »

Ou bien, si tu craignais que ton regard de flamme
Ne dévorât ma vie et mon âme à son feu ;
Et si, tremblante encor en ta pudeur de femme,
D'un mot ou d'un regard tu redoutes l'aveu,

Reste muette, et cache une larme essuyée,
Détourne ton beau front et tes beaux yeux de moi ;
Mais que du moins ta main sur la mienne appuyée
La presse doucement, et dise : « Je te croi. »

Et si, des pleurs brillant sur ta vue obscurcie,
Un jour tu me disais, en me tendant la main :
« Ami, je suis contente, et je te remercie. »
Ce jour serait ma vie, et ce mot mon destin !

Voilà toute notre soirée, ainsi nous avons pris notre revanche avec le parterre en nous passant du parterre, en nous passionnant sans lui, en versant de douces larmes, sans avoir besoin de ses clameurs.

Chacun de nous joua son rôle en ce drame intime, et moi qui n'étais que l'auditoire, avais-je rien de mieux à faire qu'à retenir ces vers pleins de jeunesse et d'amour ?

LA RUE DES TOURNELLES

———

On était à la fin du souper. La simple maison de la rue des Tournelles réunissait ce jour-là, tout ce qu'il y avait, à Paris, de grands seigneurs sans préjugés, de petits abbés sans dévotion, de gens de lettres sans envie. En effet, c'était dans cette aimable retraite que se construisait en silence cette exquise politesse qui a fait autant la gloire du dix-septième siècle, que la perfection de ses orateurs et de ses poëtes. Sous le brillant roi Louis XIV, au milieu de l'admiration universelle, une femme qui n'était que jeune et jolie entreprit d'avoir une cour au delà de cette cour, et parvint à être un pouvoir indépendant de ce pouvoir, si jaloux de tous ses droits. Et notez bien que l'entreprise de mademoiselle de l'Enclos était d'autant plus incroyable, que cette jeune femme avait à combattre à la fois les habitudes et les correctes exigences d'une époque soumise à l'opinion publique, le plus grand et le plus sage tyran de ce beau siècle.

C'était plus encore contre l'opinion, contre la cour qui la repoussait, que mademoiselle de l'Enclos s'était révoltée. Jamais, dans sa première jeunesse, elle n'avait voulu comprendre qu'une femme put être déshonorée par les mêmes actions dont les hommes font toute leur gloire ; et du jour où elle fut sa maîtresse, elle se promit bien (Dieu merci, elle a tenu ses promesses!) de ne jamais se soumettre au joug des traditions, non plus qu'à cette vertu sans récompense que les hommes ont appelée fidélité. Une fois donc que mademoiselle de l'Enclos eut renoncé à la bonne renommée, elle se jeta à corps perdu dans toutes les vertus qui font un galant homme. A ce compte, elle fut tout sa vie amie aussi fidèle et dévouée que maîtresse inconstante et légère ; au demeurant pleine de grâces et d'attraits, pleine d'esprit et d'indépendance, et surtout attentive à n'obéir qu'à son amour, à éviter toutes les influences étrangères à sa passion du moment. Même il arriva plus d'une fois, que la dame, en frémissant de son courage, éloignait un grand seigneur qui lui plaisait, pour prendre un malotru, uniquement parce que le grand seigneur était uissant et riche, et que son rival, n'avait rien.

Aussi bien, fière de son indépendance et de sa probité, Ninon réussit vite à se faire respecter des hommes qui l'entouraient, et ce respect faisant sa force, il arriva bientôt qu'elle se mit à la tête de toute la littérature frondeuse et de toute la philosophie sceptique de son temps. Le chef-d'œuvre de tous les siècles, *Tartuffe*, il fut admiré, pour la première fois, dans le salon de mademoiselle de l'Enclos. Ninon le vit naître et grandir sous ses yeux ; elle l'encouragea de ses regards, comme elle encouragea les premiers vers de Voltaire enfant; et même on rapporte, et c'est Molière qui le raconte, que Ninon, à la première lecture de *Tartuffe*, fut indignée à ce point, qu'elle traça de verve un autre portrait de l'hypocrisie religieuse.

« Il y avait, dit Molière (Molière lui-même!), en ce portrait, une si grande quantité de traits fins et railleurs, d'indignation moqueuse et spirituelle, que si ma pièce n'eût pas été faite, je ne l'aurais jamais entreprise, tant je me serais cru incapable de rien mettre sur le théâtre, d'aussi parfait que ce Tartuffe de mademoiselle de l'Enclos! »

Et non-seulement Molière, mais tout ce qu'il y avait de gens d'esprit dans ce siècle avec lui : La Fontaine, Chapelle, Racine et Despréaux, le vieux Corneille, le grand Condé, et quelques femmes d'un grand nom, moins timorées que les autres... Ne les citons pas, par respect pour leurs petites filles, qui pourraient me lire, et qui se trouveraient maladroitement compromises.

Quand la reine Christine vint à Paris, elle voulut voir mademoiselle de l'Enclos, comme une des plus singulières merveilles de ce temps si fécond en merveilles. La reine déchue trouva cette autre reine, en tête-à-tête, je vous laisse à penser avec qui?... avec le bon, le froid, le méthodique, le savant Huyghens; ce brave homme, en l'honneur de sa passion, tira de sa cervelle un quatrain presque aussi ridicule, mais plus excusable que le fameux distique de Mallebranche sur le *Beau Temps*.

Toutes ces admirations de personnages si divers et de caractères si opposés, et cette unanimité d'éloges donnés à la singulière existence de cette fille galante et philosophe, en ont fait un remarquable personnage, qui n'avait jamais eu de modèle, et qui n'eut ensuite, à mon sens, que d'insipides copies, dont, cent ans plus tard, madame de Tencin fut encore la moins mauvaise. Il est vrai, qu'avant Ninon, la France avait possédé Marion Delorme; mais Marion Delorme, maîtresse un instant du premier ministre, était (par la misère)! son *espion*, autant que sa maîtresse; au contraire, mademoiselle de l'Enclos, l'honnête homme, est rayé du double emploi. Ninon, par elle-même et toute seule, s'était faite ce qu'elle était, l'amie dévouée et souvent utile de toutes les disgrâces, la protectrice éclairée de tous les talents naissants. Elle était la seule femme, à cette époque, osant bâiller tout haut, en pleine académie, ce qui lui valut une verte semonce du secrétaire perpétuel. Ceci dit, vous concevrez très-bien que mademoiselle de l'Enclos ne saurait se comparer à pas une de ses devancières. Elle ne fut ni Phryné, ni Laïs, ni rien qui ressemblât à ces courtisanes avares et charmantes, dont l'ancienne Grèce a conservé le souvenir. Ninon ne ressemblait guère à la belle Aspasie; à côté d'Aspasie on pouvait toujours voir Périclès; à côté de Ninon c'est à peine si l'on entrevoit Saint-Evremont, l'abbé de Lattaignant ou l'abbé de Lafare, et autres grands hommes, ou petits abbés, de même poids.

Il y aurait bien encore une analogie à saisir entre le salon de mademoiselle de l'Enclos et le salon plus que littéraire de l'hôtel de Rambouillet; mais l'analogie est chose fade, et, s'il vous plaît, sans tant disserter, nous entrerons dans notre histoire.

On était donc, je l'ai déjà dit, à la fin du repas, au milieu de quelque intéressante conversation, comme il s'en établit toujours entre gens d'esprit et de gaieté qui ne songent qu'au moment présent, lorsqu'on vit entrer dans la salle une belle personne qui n'était nullement attendue. Sortir de son siége, sauter au cou de la nouvelle arrivée, s'extasier, se récrier, se lever de table, entraîner toute l'assemblée à sa suite dans le salon, tout cela fut l'effet d'un instant pour mademoiselle de l'Enclos. A la vivacité de ses empressements, il était facile de voir qu'il s'agissait pour Ninon, d'une amie, entre toutes, qu'elle n'avait pas vue depuis longtemps. Et de fait, ce n'était rien moins que mademoiselle d'Aubigné, la veuve de Scarron, qui venait, à une heure indue pour elle, visiter Ninon dans sa demeure, au moment où sa cour était la plus nombreuse, bien assurée qu'elle était de ne trouver en ce logis de la bienséance que des amis qu'elle avait reçus autrefois à ses dîners de la rue d'Enfer : aussi sa visite fut-elle un grave sujet de mille saillies.

« On la disait dévote ! s'écria Chapelle en la revoyant ; mais j'ai toujours soutenu, que c'était une affreuse calomnie ! — C'etait une véritable calomnie ! » répétèrent tous les convives. Alors, sans qu'on pût remarquer l'embarras de la nouvelle arrivée, les plaisirs de la soirée reprirent leur cours. On lut d'assez bons vers et de la prose assez médiocre; on fit une musique innocente sur un clavecin peu sonore. On devisa de Bossuet, de Fénelon, de madame Guyon et de Pascal ; on ne dit pas un mot du roi, du ministre, et de rien qui sentît la Bastille : à dix heures frappantes, les visiteurs prirent congé des deux belles amies. Mais, dans la foule, on ne put s'empêcher de sourire en voyant le marquis de la Châtre, en poussant un long soupir, baiser les belles mains de Ninon, chez qui madame Scarron passait la nuit.

C'était une coutume de ce temps-là de partager son propre lit avec ses amis, et de ne pas souffrir qu'ils en eussent d'autre, toutes les fois qu'on les recevait sous son toit. C'est ainsi qu'autrefois, dans l'Orient, une des conditions de l'hospitalité consistait à porter le premier, à ses lèvres, la coupe offerte à son hôte. Que cette habitude soit venue par suite de cruelles défiances, elle est restée une trace ingénieuse et touchante de l'hospitalité antique. De même on pourrait croire que la coutume dont je parle, cette communauté dans le repos, était peut-être, au dix-septième siècle, un résultat des horribles trahisons de la Ligue ou de la Fronde. L'histoire constate le fait, sans l'expliquer; elle a pris soin de nous apprendre que c'était, à cette époque, un témoignage d'amitié. D'ailleurs, mademoiselle de l'Enclos et son amie étaient depuis longtemps habituées à partager le même lit. Quoi d'étrange? cette intimité de la nuit, favorisée par un calme parfait, et par la lueur incertaine et vacillante du *mortier* brûlant de l'âtre devait exciter grandement les confidences et les aveux, que deux femmes jeunes et belles ont à se faire, toutes les fois qu'elles sont restées longtemps sans se voir.

Ninon, mieux que toute autre, connaissait l'effet puissant de ce clair obscur, et combien il favorise de naïfs épanchements. Sans contredit, il était visible que son amie, venant ainsi seule, à cette heure, au milieu de son salon... une prude! avait quelques révélations importantes à lui faire, et bien des conseils à lui demander. Pourtant, à l'embarras de madame Scarron, mademoiselle de Lenclos comprenait que son secret ne lui échapperait pas sans peine... elle fit semblant de n'en supposer aucun! Elle se contenta de combler son amie de prévenances, de tendres reproches, de bons conseils, et la belle affligée, à ces douces paroles, retrouva toute sa confiance... Il y avait longtemps que mademoiselle de l'Enclos ignorait le destin d'une femme qu'elle aimait tendrement. Elle ne savait donc rien, de bien précis sur la vie de son amie.

On lui avait dit seulement qu'après la mort de Paul Scarron, son mari, sa veuve avait obtenu de la reine-mère, et du roi, plus tard, une pension de mille écus avec bien de la peine, et après bien des prières; qu'ensuite, obéissante aux amours de madame de Montespan, elle s'était vouée à l'éducation du jeune duc du Maine, un des enfants de Louis XIV : plusieurs bruits avaient même circulé sur la faveur à laquelle la gouvernante était arrivée auprès du père de son élève; mais il y avait dans ces bruits tant d'incohérence et d'invraisemblance, que mademoiselle de l'Enclos ne savait auquel entendre; aussi mourait-elle d'envie d'être informée, une fois, à coup sûr.

Mais quoi! la dame avait trop d'esprit pour procéder par la méthode interrogative, la plus sotte des méthodes, depuis qu'il y a des secrets sous le soleil; Ninon savait trop bien la majesté d'un secret dans lequel une femme est compromise, pour ne pas apporter dans cet éclaircissement tout ce qu'elle pouvait avoir d'indifférence et de froideur apparentes.

Elle parla donc très-peu à son amie ; après le premier *bonsoir!* elle parut tout occupée des minutieux apprêts de sa toilette de nuit. Ce fut avec la même lenteur qu'elle se délivra de ses longues dentelles, de ses paniers, du peu de rouge qu'elle mettait alors pour obéir à la mode ; peut-être même cette charmante femme oublia le secret qu'elle allait découvrir, en voyant sa taille encore si svelte et si bien prise dégagée des larges et ridicules machines qui en défiguraient les contours. En effet, pour une femme à cette époque, il y avait le soir une heure bien précieuse de simplicité et de grâce, pendant laquelle elle pouvait se féliciter à loisir de la blancheur de sa peau, de la souplesse de sa taille, de ses noirs et longs cheveux, en un mot, de toutes les beautés sans fard, qu'elle était obligée de déguiser pendant le jour.

De son côté, madame Scarron, sérieuse et méthodique, défaisait avec lenteur les modestes atours de la journée. On l'appelait la *dame aux beaux jupons!* Il eut fallu dire la belle honteuse. Il y avait dans son action quelque chose de la pudeur d'une jeune fille dans le dortoir de son couvent ; et pour un œil exercé, il était visible, à la solennité de madame Scarron, de s'apercevoir qu'elle avait été l'épouse d'un homme *vieux* et impotent. A la fin pourtant les deux amies furent prêtes à se mettre au lit ; Ninon s'y jeta la première, vive et légère comme toujours ; son amie avec tant de circonspection et de timidité craintive, qu'on eût dit que le bon Scarron était ressuscité. En même temps, se souvenant de ses longues prières du soir, la belle veuve se mit à les répéter tout bas, pendant que Ninon criait tout haut la seule prière qu'elle eût su de sa vie : « Mon Dieu! faites de moi, la femme que vous voudrez, pourvu que je sois toujours un honnête homme. »

Il n'y avait pas une heure que les deux belles amies étaient couchées, feignant toutes les deux de dormir profondément, et ne dormant l'une ni l'autre, lorsque enfin la conversation commença à peu près comme un conte des *Mille et une Nuits*.

— Dormez-vous donc si profondément, ma chère Ninon, et ne voulez-vous pas m'adresser une parole de toute la nuit? murmura madame Scarron, avec un son de voix timide, comme si en effet elle eût craint de trahir le sommeil de son amie.

— Je dors, répondit Ninon avec un de ces jolis bâillements qu'elle avait mis à la mode; je dors, ma belle amie; entre nous il me semble que la nuit n'est faite que pour cela.

— C'est qu'en vérité, ma chère, la chambre est si rempli de parfums, et ces figures de Mignard son si belles, ce lit est si moelleux, que cette atmosphère diabolique m'empêche absolument de fermer l'œil; j'aimerais mieux causer ne pouvant pas dormir.

— Voici, ma chère d'Aubigné, un véritable propos de janséniste. Eh! dites-moi donc, pourquoi la vie est faite, s'il faut la passer sur un grabat? Puisque Mignard fait de jolies peintures, pourquoi mademoiselle de l'Enclos n'en parerait-elle pas sa chambre? Et s'il plaît au cygne de se dépouiller tous les ans de son duvet, pourquoi irais-je coucher sur la paille, comme cette pauvre duchesse de la Vallière qui est morte à la suite de ses austérités de carmélite?

— Pauvre et malheureuse femme! Quel est le moment de sa vie, ma chère Ninon, que vous lui envieriez, si vous aviez à le choisir?

— Moi, envier madame de la Vallière! s'écria Ninon; ah! ma chère, vous me connaissez bien mal! Pourtant, ajouta-t-elle après un moment de réflexion, ce dut être un beau moment quand elle vit ce roi jeune, amoureux, charmant qui tremblait en lui disant : *Je vous aime, aimez-moi !*

— Oui, certes, ce dut être un beau moment, reprit madame la belle veuve, et figurez-vous ce grand roi mettant aux pieds de sa maîtresse tout ce qu'il avait de gloire et de pouvoir? Voyez-vous, d'ici, madame de la Vallière présidant aux conseils d'État, reine à Versailles, protégeant les lettres et les arts, et jetant partout la douce et salutaire influence de ses grâces et de sa beauté.

— Et vous-même, ajoutait mademoiselle de l'Enclos, voyez donc, à votre tour, cette infortunée après que cet amour s'est envolé! tout l'abandonne!

«Elle appelle... on ne lui répond pas! Elle pleure... on ne voit pas ses larmes! Elle prie... et sa prière est repoussée! Ah! vraiment le digne sujet de notre envie! Elle avait tout donné à ce prince ingrat; elle lui avait sacrifié la vertu et l'honneur d'une demoiselle; elle s'était mise à ne vivre que pour lui, par lui, et tout d'un coup.... Pauvre femme! Hélas! Je la vois encore prenant le voile. La chapelle était tendue en noir. M. de Condom venait de prononcer un de ces lugubres discours qui brillent du feu sombre de l'enfer. Les beaux cheveux de la *sœur de la Miséricorde* tombèrent impitoyablement sous le fatal ciseau, et de tant de grâces, de beautés, il ne fut plus parlé qu'une fois, pour nous dire que tout cela était mort, couché sur la cendre, et dans toutes les austérités d'une vie de pénitence et de repentir.

— Heureusement, ajouta madame de Maintenon, que le roi n'est plus tel qu'il était alors, volage, inconstant, volontaire, uniquement occupé de plaisirs et de fêtes; c'est aujourd'hui un homme austère, et qui sera fidèle à qui prendra le soin de l'occuper, de lui plaire et de l'intéresser.

— Ce n'est plus le même homme, ah! oui! j'en conviens, reprit Ninon; mais si son cœur est toujours le cœur d'un égoïste, je ne vois pas en quoi le roi aurait gagné à perdre les grâces de la jeunesse. Il est moins jeune et moins beau, très-ennuyé, très-ennuyeux. Certes, nous comprenons l'heureux amant de madame de la Vallière, entouré de poésie et d'admiration; mais, entre nous, ma chère, j'envie un peu moins les amours de madame de Montespan.

— Madame de Montespan! reprit la belle janséniste; je vous assure, ma bonne amie, que madame de Montespan est plutôt le fléau que l'amour de Louis XIV; c'est une femme si emportée, si volontaire et si violente... Le roi en a peur.

— Eh! par mon saint patron, que voulez-vous donc que fasse madame de Montespan des dernières heures d'amour de ce roi, déjà plongé dans les horreurs de l'âge mûr? N'est-ce déjà pas bien assez qu'elle lui permette de l'aimer, faudra-t-il encore lui chanter chaque matin un cantique d'actions de grâces! Non, non, ma chère, il n'en doit pas être ainsi. Louis est un grand roi, j'en conviens; mais, nous autres femmes, n'avons-nous pas aussi notre royauté? Dès que nous sommes aimées, ceux qui nous aiment, sont égaux devant nous. En vérité, je ne vous comprends pas de blâmer, comme vous faites, cette belle et superbe madame de Montespan, la seule des maîtresses du roi qui ait compris et défendu sa propre dignité. Pour moi qui vous parle, si le roi m'aimait, ce serait tant pis pour lui, je ne me conduirais pas autrement que madame de Montespan.

— Pourtant, je vous dirai entre nous, ma chère, que le roi ne veut plus d'elle, et que cette haute faveur où vous la voyez, n'est que le commencement d'une interminable disgrâce.

— Une disgrâce, ah oui! la disgrâce sera toute pour le roi : que voulez-vous que madame de Montespan y perde? Elle changera ce maître ennuyé et lassé de tout, contre un amant beau, jeune et tendre, amoureux! Pardieu! perdre un roi qui s'ennuie, et gagner un amoureux qui nous enchante, je ferais ce marché là tous les jours!... Mais, si madame de Montespan s'en va, quelle est la malheureuse qui la remplace?

Il y avait dans ce mot : *La malheureuse!* un accent si pitoyable, que madame Scarron revit soudain toutes ses injustices! madame de Montespan, qu'elle supplantait aujourd'hui, avait commencé sa fortune, elle l'avait tirée de la misère, elle l'avait présentée au roi, l'avait défendue contre les répugnances de Sa Majesté, lui avait confié l'éducation de ses enfants, et tant d'autres souvenirs que le remords attire, en si grand nombre, en un cœur coupable d'une méchante action!

A la fin, reprenant la parole, et les yeux baissés :

— Cette malheureuse, c'est moi, ma chère, et voilà le secret qui me pesait sur le cœur.

— Ah! malheureuse, est-ce bien possible? Est-ce vrai? Vous-même! Un établissement si dangereux! Quoi donc, entourée à ce point de considération et de respect, renoncer à votre gloire! Perdre ainsi le goût du combat au milieu de la journée, et pour qui? pour un maître sans pitié... Mademoiselle de la Vallière et mademoiselle de Fontanges! madame de Montespan! En vérité, je croyais mademoiselle d'Aubigné plus dédaigneuse et plus fière que cela!

— Mademoiselle d'Aubigné, reprit madame Scarron, ne sera la maîtresse de personne; elle sera, si elle y consent, l'épouse du roi!

— S'il vous épouse, reprit mademoiselle de l'Enclos sans paraître étonnée, hélas! vous voilà encore une fois à la merci d'un mari qui ne vaudra pas ce beau mariage, et plaise au ciel que Votre Majesté ne regrette un jour le bonhomme Scarron.

— Scarron! voilà un nom que le roi ne veut déjà plus entendre, on m'appelle à Versailles, madame de Maintenon.

— A la bonne heure, madame; mais il n'est pas moins vrai que vos années les plus heureuses se sont passées chez Paul Scarron. C'était un pauvre diable, il est vrai, mais jovial, amoureux, ne songeant qu'à plaire, et à faire des contes. Quoi donc! parce qu'on veut le dépouiller de son nom dans votre personne, ne vous souvient-il plus que c'est pourtant lui qui vous a mise au monde? Ah! pauvre couronnée, si vous faites cette insigne folie, plus d'une fois dans le *Salon de la Reine,* aurez-vous le vif regret de cette longue salle tapissée de livres où notre ami Scarron nous donnait de si mauvais, mais de si gais soupers, suppléant souvent au rôti qui manquait, par une de ces bonnes histoires que sa belle épouse racontait si bien.

— De grâce, assez de souvenirs, disait madame Scarron les mains jointes! laissons le passé, contemplons l'avenir. Le roi, Versailles, la royauté... y songez-vous?

— Eh! c'est justement parce que j'y songe que je vous trouve malheureuse. N'avez-vous donc pas vu Versailles, depuis que le roi n'y donne plus de fêtes? Versailles est le lieu du monde le plus triste. Ils vieillissent! Ils tournent à la dévotion. Dans cette ville si belle et si froide, dans ces palais superbes, où la solitude et le silence ont établi leurs tabernacles, l'ennui a choisi son séjour. A peine ces allées, si bien tenues, sont-elles traversées par quelques antiques courtisans, ou quelques femmes sur le retour. C'en est fait! le grand règne du roi est passé. Le peuple entier commence à se trouver pauvre; il déteste les dragonnades de Louvois; il s'inquiète; il a hué naguère un long prologue d'opéra, où le roi était métamorphosé en soleil. Quant au roi lui-même, je ne vois en lui que ce qu'il est réellement, un pauvre sire timoré et tremblant pour l'avenir; un corps vieilli, un cœur blasé par le souvenir perpétuel de sa majesté toute puissante. Hélas! de bonne foi, Versailles est un désert, le roi est un fantôme! On vieillit si vite et si cruellement sur ces hauteurs! Pensez-y, ô digne fille de ces vaillants d'Aubigné, coureurs d'aventures! Par grâce, par pitié pour vos aïeux, n'allez pas vous mêler, de gaieté de cœur, à toutes les vieillesses de notre siècle ; il a passé avec une effrayante rapidité. Ce grand siècle, affaire d'un instant : un grand bruit tout d'un coup suivi d'un morne silence. Turenne est dans la retraite, le grand Condé soupe chez lui, ou se promène à Chantilly ; Despréaux, jadis si méchant, fait une épître à son jardinier ; le bon La Fontaine s'amuse à des cantiques et vient d'écrire une satire ; Racine, depuis la chute de sa *Phèdre* et le succès de Pradon, s'est retiré dans sa tente : il n'y a plus qu'un nommé La Bruyère, que je ne connais pas, que personne ne connaît, dont le livre occupe encore la ville et la cour. Nous sommes des arbrisseaux grandis dans une serre chaude ; restons à notre place, et n'allons pas, à nos derniers jours, nous mêler aux vieilles intrigues de ce satrape d'Asie à l'heure où nous avons sauvé du grand déluge notre esprit, notre beauté, l'amitié, l'amour, les plaisirs de la poésie et les bons mots. O reine de beauté! si vous voulez régner, c'est si facile! D'un seul mot, le vrai monde est à vos pieds.

Et madame Scarron semblant peu convaincue. — Écoutez-moi, s'écriait mademoiselle de l'Enclos en se levant sur son séant, écoutez un aveu que je ne ferais pas à vous-même, s'il ne s'agissait de vous sauver. J'étais la fille d'un pauvre musicien, et j'avais à peine quinze ans, une matinée d'hiver, mon père et moi nous vîmes entrer dans notre humble demeure le favori, l'émissaire, le confesseur du terrible cardinal de Richelieu. Le Père Joseph venait me chercher de la part de son Éminence, et mon père en tremblant m'ordonna de le suivre.... Je le suivis sans crainte... Au fait, le cardinal était si vieux, j'étais si jeune, que n'eût été ma répugnance de donner la main à cet affreux capucin, je me serais fait de cette visite une partie de plaisir. A la fin, nous arrivâmes au Palais-Cardinal. Je traversai une haie de gardes et de mousquetaires, et tout à coup, dans une vaste salle, et vis-à-vis une large table où il *travaillait*, j'aperçus Richelieu, et je me trouvai tête à tête avec ce *maître!* Épargnez-moi la douleur de raconter le sang-froid d'un homme, immolant à son plaisir d'un instant une innocente créature qu'il ne devait plus revoir. Pourtant cet homme était bien une façon de Louis XIV; mais, de cet instant, me voyant si misérablement flétrie, je jurai de ne pas appartenir à un époux, je jurai une haine immortelle aux misérables qui vont, cherchant au sein des plus honnêtes familles de quoi amuser leurs dernières années de débauche; et jamais, sans un serrement de cœur, je n'ai vu tant de malheureuses qui, séduites par je ne sais quel aspect de grandeur ou de fortune, ont été perdre leur vie en un misérable esclavage!... Elles pouvaient être heureuses et libres... en disant : *non!*

Tel fut le récit de mademoiselle de Lenclos. Il y avait dans son discours une émotion vraie et douloureuse à ce point que madame Scarron, touchée de tant d'amitié, se prit à pleurer.

Bientôt, fatiguées de tant de secousses, elles s'endormirent; et le matin elles se séparèrent ayant dormi et pleuré ensemble, pour la dernière fois. Vous savez ce que devint l'illustre veuve, et comment, pendant quinze ans, elle fut, après le père Lachaise, la personne que le roi aima le mieux ; vous savez ce que fit Ninon de l'Enclos, le jour de son soixante-dixième anniversaire, avec le jeune et frais abbé de Châteauneuf....

C'est à vous à nous dire quelle fut la plus heureuse et la plus sage de ces deux femmes... Celle-ci, abandonnée à toutes les passions de la vie ; celle-là, résignée et patiente aux sommets fabuleux des plus fabuleuses grandeurs !

LA VILLE DE SAINT-ÉTIENNE

— 1828 —

Si l'on vous disait sérieusement : il existe à cent lieues de la Chaussée-d'Antin une ville de forgerons et de charbonniers presqu'aussi riche que la ville de Paris, entourée (et voilà fête) de bruit, de fumée et d'une poussière éternelle, une ville étrange, hors du monde et de tous les mondes connus, qui n'entend parler que de loin en loin, de nos plaisirs de chaque jour, de Rossini et de mademoiselle Mars. La cité des renoncements, qui ne ferait aucune différence entre M. Albert et mademoiselle Taglioni ! Elle en est restée à M. Delille pour la poésie, à Lachaussée pour le drame, à M. de la Harpe pour la critique. Elle a foi dans les poëmes de Baour-Lormian, dans les bergères de Ducray-Duminil; elle se passe, et volontiers, de bibliothèque et de spectacle; à peine on y trouverait, par hasard, un bon tableau ; ville immense, dont huit gendarmes font toute la force armée, et qui n'a pour se distraire ni les assises, ni la cour d'un préfet, ni académie à églantine d'argent, ni société d'harmonie, en un mot, rien de ce qui fait le charme et le délassement d'une honnête et paisible aggrégation d'honnêtes bourgeois ; mais en revanche elle a du fer, du charbon, de la soie et des fusils, des bêches, des faux, des couteaux ; la lave ardente qui tombe à grands flots dans la fournaise, et de l'or comme en un conte des *Mille et une Nuits.*

Si quelque voyageur encore ému de ce drame étrange, et le visage couvert de cette suie huileuse, qui remplace ici les parfums de l'été et les fleurs du tilleul aux derniers jours de l'automne, venait vous dire : « En fait de bien-être, d'activité d'industrie, d'économie sévère et de passions comprimées, vous n'avez rien lu de pareil dans les lois de Lycurgue ; » s'il ajoute en s'inclinant, « que dans ces lieux, à demi sauvages, le couvre-feu se sonne à huit heures du soir, au moment où le frais commence, et que le travail arrive à quatre heures du matin, au moment où le sommeil est charmant ; » alors, sans doute, ô mortel aimé des dieux...

Vous regarderiez si votre habit est encore assez neuf, et, prenant congé de vos livres, de vos plaisirs, de vos fêtes de chaque soir, vous monteriez en diligence, à moins que vous ne préfériez l'isolement de la chaise de poste et le pavé brûlé... et brûlant.

Pour bien faire, il faut arriver à Saint-Etienne un beau soir, aux rayons couchants du soleil, quand l'astre éblouissant jette un dernier éclat sur le dôme d'épaisse fumée, éternel *couvre-chef* de l'antre où le Cyclope accomplit sa tâche à grand bruit. Saint-Étienne est englouti dans une vallée profonde et triste; autant que Rome elle est la ville aux sept collines. Au fond de ses montagnes sans verdure et sans ombrage, et s'étendant, çà et là au hasard, elle s'inquiète assez peu d'obéir aux lois de la symétrie, aux exigences du paysage, à la chanson du psalmiste : « Je suis noire et je suis belle ! » *Nigra sum sed formosa!* La ville est un chaos. L'entrée est une caverne; il faut entrer par la rue de Lyon, comme on tomberait dans un précipice. Allons, courage, et parcourez cette rue étroite et bruyante, encombrée d'un peuple en guenilles, au visage noir, aux dents blanches : entrez par cette horrible rue, à sept heures du soir, et vous aurez perdu en dix minutes tout ce que le souvenir de nos villes de France peut avoir d'élégance. Un voyageur qui a traversé Nevers, la ville où mourut Vertvert, qui a contemplé ces rues proprettes, ces jolies maisons en terre vernie, et s'est arrêté sous ces fenêtres complaisantes, où se montre en négligé du matin quelque dame curieuse : oh ! dit-il, le désagréable contraste : entrer à Saint-Étienne, le soir, par la rue de Lyon.

A cette heure, en effet, cinq cents forges bruyantes sont en mouvement, non pas une forge parisienne avec son petit feu, son soufflet de salon et son enclume portative, mais un immense fourneau, un brasier brûlant comme pour les armes d'Achille; un soufflet qui fatigue un homme, une enclume à tuer Polyphème, et, pour chaque enclume, trois grands forgerons, autant de femmes échevelées, travaillant le fer comme une simple dentelle. Ajoutez un tas de petits forgerons, abrités par le toit de chaume qui s'avance dans la rue, l'éclat de la flamme, l'âcre odeur du soufre en fusion, le bruit du fer, l'étincelle qui vole et la scie au cri dur, les chars qui se heurtent, l'aboiement des chiens, les chansons des hommes, les jurements des femmes; une avalanche à tout briser de bruits, de cris, de hurlements, de clameurs ! Vous marchez une heure au milieu de ce fracas terrible. Simples villes de l'Orient, où donc êtes-vous ! fraîches fontaines, palmiers, natte hospitalière de la nuit, et vos contes sans fin, quand le voyageur enchanté s'endort, écoutant le deuxième kalender ?

Vous arriverez enfin dans une place isolée et noire, coupée en deux par un corps de garde, où la sentinelle est endormie. Ici viennent mourir les lueurs de la flamme et le bruit de l'enclume. A Saint-Étienne il n'y a pas de profession de hasard comme à Paris; pas de ces vagabonds officieux, toujours prêts à vous servir; à huit heures du soir, vous auriez peine à trouver quelqu'un sur la place pour vous indiquer l'auberge assez semblable aux hôtelleries de la cité, du temps de la Ligue.

On entre en traversant la cuisine, on passe devant le tourne-broche chargé de viandes; on traverse une petite cour pleine de fumier, on monte un escalier de bois; on se jette sur un lit à fleurs gothiques, et l'on dort, si l'on peut... A minuit va commencer le commerce de la ville. A cette heure fatale, consacrée encore en telle ville de l'Allemagne aux apparitions et aux fantômes, vous entendez tout à coup, un grand bruit de chariots roulant avec un bruit de tonnerre. On se croirait aux environs de l'Opéra, quand le père Nourrit donnait la réplique à madame Branchu.

Voilà l'heure où la ville de houille envoie à tout l'univers le produit de son travail : les ballots sont préparés, les fourgons sont chargés, la nuit est épaisse, holà! tout s'ébranle. On adresse à Paris les brillantes soieries ; les petits couteaux et les socs de charrue à l'Amérique ; l'Angleterre réclame l'acier travaillé, qu'elle nous renvoie avec son poinçon ; l'Allemagne achète des fleurets, qu'elle nous revendra, plus tard sous ce titre : *sollingen*. Une ville surprise par l'assaut est moins active et moins agitée avec plus de bruits et de soubresauts ; seulement personne dans les rues, que des charretiers ; aux fenêtres, personne ! Tout est mystère en ces envois : c'est à qui cachera le mieux le nombre de ses commissions, l'adresse de ses commettants, l'importance de ses marchandises ; on s'épie, on se surveille, la rivalité retient son souffle, en grande terreur de se trahir.

Un peu plus tard, au grand jour, tous ces marchands qui ont exploité des millions dans la nuit, qui se sont cachés l'un de l'autre avec autant de soin que s'ils eussent commis une mauvaise action, se saluent comme de francs amis, se plaignant entre eux de la dureté des temps, de la rareté de l'or, de leurs magasins qui regorgent de marchandises. Honnête mensonge ! et pas un de ces grands négociants n'y est trompé.

Et le lendemain au réveil, si vous avez pu dormir, après avoir fait cette longue et minutieuse toilette du matin à laquelle tout bon Parisien ne renonce jamais, je vous avertis que vous venez de vous rendre ridicule dans toute la ville, si le présent jour n'est pas un dimanche. Vous sortez, vous visitez la ville... Ah! l'assemblage étrange!... des ruines et des palais, un hôtel, massif comme un hôtel vénitien qui serait sans grâce, à côté d'une échoppe; une maison basse en pierres de taille, et six étages qui menacent ruine! O misère! ô fortune!... Imaginez là rue Saint-Jacques avec son peuple équivoque et pauvre, traversant subitement la rue Royale et sa somptueuse élégance!

Tout est confondu dans la ville aux sept collines; luxe, indigence, hasard. Là surtout, le hasard est un grand dieu. Là surtout, vous regrettez le Paris libre et cette vie aux mille aspects si divers, qui se répand de toutes parts. La moindre action de ce peuple noir et grand, ami des choses bien faites, s'opère sous l'empire de l'ordre. On agit, à Saint-Étienne, comme en vaste caserne, à la baguette du tambour-major : une armée en bataille, n'a pas plus de précision.

Hier, vous êtes entré dans la ville au bruit méthodique de trente mille marteaux, retombant en cadence sur quinze mille enclumes; vous vous êtes endormi au bruit de douze cents chariots, expédiant des ballots à tous les grands chemins du monde connu, et voici, ce matin, que vous retrouvez le même ordre, et la même précision. Portez... fardeaux! fabriquez, armés! montez, fusils! aiguisez, baïonnettes!... et feu partout!

Voici le matin, le bruyant matin! une armée de jeunes filles rondes, ramassées, rebondies, au teint animé, aux larges mains, aux jambes solides, va se rendre à l'ouvrage au pas accéléré d'un bataillon. Ce sont les ouvrières de la ville; à peine au monde, chose rare pour de pauvres filles! les filles de Saint-Étienne ont un métier certain; elles font des rubans, elles font des lacets, elles travaillent la soie; à leurs mains vaillantes, sont confiés ces fils plus précieux que l'or, dont les tissus sont destinés à des reines. A Saint-Étienne, véritable république pour l'orgueil, il n'y a pas une servante, et pas une grisette... il y a *l'ouvrière!*

La grisette parisienne, jeune et vive, accorte, est inconnue en ces domaines du travail sérieux. Déjà pour une certaine partie de citoyens, la fille attachée à la soie est une artisanne du second ordre; il y a dans la ville, tel vieux Stéphanois qui coudoiera avec mépris l'*ourdisseuse* la plus fraîche et la plus jolie; un pareil homme, au fils qui doit hériter de son enclume, recommande quelque grande ouvrière, habile à tracer une lime, habile à manier le fer, qui va se pencher, hardiment, sous une meule d'usine, et vous aiguisera trois cent haches en un jour, sauf à se briser le crâne sous l'énorme meule qui l'entraîne, et la jette au gouffre silencieux.

O la ville étrange! Le poëte, pour se faire pardonner ses cyclopes, leur a donné la poésie : qui de nous n'a souvent chanté cette idylle de Théocrite, quand le farouche pasteur, assis sur le bord de la mer, prend son chalumeau, et propose à la folâtre et blanche Galatée de crever son œil unique? A Saint-Étienne, cyclope sans flûte et sans Galatée, antique refuge de forgerons aux mœurs rudes et sauvages, plus d'une fois on a tenté d'adoucir les mœurs de cette immense usine en lui donnant un travail plus facile et plus doux. Vains efforts! on n'a fait que ravir à la cité sans repos le peu de verdure qu'elle avait conservé.

Quand j'étais un jeune écolier stéphanois, rêvant aux paysages de Virgile, en plein jardin de racines grecques, récitant aux rochers :

Stephan : couronne; Étienne en vient!

il n'y avait dans la ville que deux endroits où l'écolier pût lire à son aise *les passions du jeune Werther*, ou bâtir son premier roman d'amour : c'était Valbenoite et Monteau. Valbenoite était alors un vallon solitaire, avec de grands arbres, un grand jardin de trente perches, dans lequel j'ai vu le premier paon de ma vie, comme une merveille inconnue à la civilisation que j'habitais. J'entends encore les oiseaux de Valbenoite et le bruit du moulin, je vois encore les linges de la blanchisserie de Jeanneton, étendus triomphants au soleil. Splendeurs d'un arpent oublié par la houille, et négligé par l'enclume! Hélas! je n'avais pas vingt ans que l'*oasis* avait disparu. Ils ont abattu la forêt de six arbres, pour y établir des machines à lacets; du simple et paisible moulin, ils ont fait une usine; il n'y a pas jusqu'à Jeanneton, ma bonne nourrice, qui ne soit devenue une riche dame, en cédant à l'industrie une cabane que mon père lui avait donnée! Et le beau paon? Le pauvre oiseau, malgré son brillant plumage, a été sacrifié, ainsi que le jardin, à des produits chimiques. Le moyen à présent d'aller à Valbenoite lire son Werther! Quant à Monteau, adieu les prairies et les collines qui nous abritaient de leur silence! Ah! Monteau, te voilà forge, et haut-fourneau! et madame de Pompadour y peut chanter sa chanson :

> Nous n'irons plus au bois,
> Les lauriers sont coupés.

Pour la première fois j'ai regretté, en parlant de Saint-Étienne, de ne pas savoir un mot de cette science toute nouvelle qu'on appelle statistique ; M. Charles Dupin l'a inventée à son profit! La statistique et l'économie politique me paraissant, après les cols en papier et les cannes à fauteuils, les deux plus belles inventions de notre époque. Écrivez donc, sans savoir un chiffre, sur une ville où tout est commerce!... et deux et deux sont huit et quatre sont cent.

Ah! la belle page, si j'avais écrit l'histoire d'un seul *eustache!* Un eustache est un couteau sans ressort, à manche de bois, noirci au feu, orné d'un trou à l'extrémité, pour y passer une ficelle : cet instrument, après avoir passé par dix-huit mains différentes, revient à trois liards, et se vend deux sous, du collège Louis le Grand, à Chandernagor. « Ce que j'ai le plus admiré en France, disait Fox, en 1802, ce sont les eustaches de Saint-Étienne. » Cependant, en 1802, c'était une assez belle époque de gloire militaire, sans compter que, pour la gloire littéraire, nous en étions aux comédies de M. Collin d'Harleville, à la tragédie de M. Luce de Lancival... aux bons mots de Brunet.

Que j'aimerais aussi à savoir comment se fait un fusil à Saint-Étienne! Ce n'est pas faute, croyez-moi, d'avoir vu la fabrique, d'avoir joué, jeune enfant, dans l'atelier de Stellein, ce bon et infatigable Stellein, qui a fait tant de belles choses dans sa vie! Un ouvrier prend à la fois trente ou quarante lames de fer, réunies et pétries ensemble; il réduit toutes ces lames, réunies en une seule et même lame! Vous diriez d'un simple argile, tant l'ouvrier est le maître de sa matière : il tord, il tourne, il alonge, il raccourcit, il imprègne son dessin dans le double-canon, sur le canon.

Et tantôt, vous aurez un simple fusil de guerre, une de ces armes terribles dans les mains des soldats d'Austerlitz.

Tantôt, chasseur! voici ton fusil de chasse, arme légère et rapide. Encore un effort; appelez à votre aide le ciseau de Dumarest et de Dupré, vous aurez la plus belle arme du monde, digne du pacha d'Égypte, une de ces armes brillantes, parsemées d'argent et d'or, qu'on ne peut échanger raisonnablement que contre la maîtresse du Klephte :

> C'est un Klephte à l'œil noir
> Qui l'a prise, et qui n'a rien donné pour l'avoir.

Si je continue ainsi, adieu ma statistique! Cependant, à côté de ces foudres de guerre, si solides et si vites faits : fusils, pistolets, baïonnettes; à côté du fusil de luxe qui demande une année ; à côté de l'enceinte où toutes ces armes sont essayées avec un fracas épouvantable, à triple charge ; à côté de tout ce peuple dont chacun a sa tâche, à celui-ci une vis, à celui-là un *chien*, à celui-là une platine, à celui-là le bois sculpté, à l'autre la ciselure, et tant d'autres détails bien distincts, qui font de chaque détail autant de métiers différents, vous trouvez tout à coup de grandes enceintes isolées et tristes. Figurez-vous je ne sais combien de métiers réunis, des courroies attachées à des centaines de rouages de fer, faisant tourner des milliers de dévidoirs. En ces grandes usines, le fil et la soie reçoivent leur mouvement de la vapeur, se croisent et se mêlent dans tous les sens, çà et là, faisant jaillir mille dessins rapides et variés ; et quand, par hasard, un seul fil se brise, aussitôt le lacet auquel il appartient, s'isole de tous les autres : immobile, il attend qu'on le remette en rapport avec le mouvement qu'il a perdu, pendant que les autres lacets vont toujours.

En effet, ce n'est pas une seule machine, mais ce sont là autant de machines qu'il y a de lacets, ou de dentelles, ou de tulles, car on fait de tout à Saint-Étienne, et par tous les moyens : par un courant d'eau, par la vapeur, par les bras des hommes, souvent même par le simple mouvement d'un pauvre cheval aveugle attaché à la roue. Il y a telle maigre haquenée, à Saint-Étienne, qui a gagné plus d'argent à son maître que les brillants coursiers de lord Seymour, dans les courses du Champ-de-Mars.

On a beaucoup parlé jadis de la Hollande, aux marais fangeux, et de ses richesses à payer l'Angleterre.

Manchester est aujourd'hui proclamée une seconde Amsterdam, par l'importance de ses produits et son commerce... eh bien, je ne crois pas que le flegme hollandais ou l'activité anglaise soient plus dignes de l'attention du monde que l'industrieuse patience de l'homme de Saint-Étienne, et son acharnement à utiliser la moindre parcelle de cette terre de charbon... du mot grec *karbo, je brûle,* dont on a fait *escarboucle!* Il existe encore aujourd'hui dans la ville un honnête fabricant, aussi riche qu'une cantatrice italienne; il avait lu, dans son enfance, *les Géorgiques* et traduit le père Rapin, et ces deux lectures lui avaient laissé je ne sais quel goût champêtre qui l'a forcé à avoir une maison de campagne, une *villa*, avec des ombrages et des ruisseaux murmurants.

Que disons-nous? le *hoc in votis*, est encore écrit en grosses lettres, sur la porte d'entrée, à la grande admiration des passants! Le digne homme avait pris en amitié ma jeunesse, parce que je comprenais ses citations latines, et qu'en se promenant avec moi, sous les tilleuls rabougris de la grande route, il pouvait revenir sur les souvenirs poétiques de sa jeunesse et sur les plaisirs innocents de *prædium rusticum*. « Je veux vous y conduire, me dit-il un jour; vous verrez mon bosquet, ma naïade, ma *ruine*, car 'ai aussi une ruine : c'est un délicieux séjour. » Nous partîmes, le lendemain, pour ce séjour délicieux.

La maison était plantée sur un sommet élevé, et bâtie en hôtel du faubourg Saint-Germain. Pour avenues (les belles et riches avenues de vieux arbres que la fournaise a dévorées!) ils avaient construit une longue cheminée de pompe à feu, dont l'épaisse fumée jetait une odeur de soufre insupportable ; tandis que la machine, en dehors du puits, faisait jaillir des torrents d'une eau noirâtre qui formait une boue infecte autour de l'habitation. « Voilà mon donjon! me dit l'honnête négociant, en me montrant la cheminée; voilà mon fossé féodal! A mon sens, j'aurais été bien niais de perdre cent bonnes perches de terrain, dans lesquelles je puis trouver une mine d'or. » Disant cela, nous entrâmes dans la maison.

C'était une maison semblable à toutes les maisons de la ville enfumée : un carreau d'argile, sans tapis ; des meubles en noyer noirci par la fumée; un feu de tourbe à chaque appartement; pas un tableau, pas une gravure, à peine un livre; une huche; un garde-manger, du linge étendu dans le salon. « Et le jardin? dis-je à mon hôte. — Le jardin?... Le voilà!...» Une ruine !

Cette ruine était un four à chaux : encore un gouffre de fumée et d'infectes vapeurs, au milieu d'herbes desséchées, en présence d'une plate-bande de tulipes dont la tête était tristement penchée, faute de pluie. Je n'ai jamais vu de ronces pareilles ; cette brique rougeâtre au milieu de ces fleurs fanées, était d'un effet désolant. « Venez plus loin, me dit le propriétaire de ce beau lieu ; venez contempler tout mon domaine, vous rafraîchir dans mon bosquet, et vous reposer dans mon parc... » Parc et bosquet, six pieds de long. En avançant, j'entendis un bruit d'eau mêlé à de rauques harmonies qu'il était impossible de reconnaître. Ici, mon homme était triomphant. Le Nôtre et La Quintinie étaient dépassés par son génie. Il avait trouvé le moyen d'établir là, au fond de son bosquet, dans la rivière, une scie à scier du marbre. La machine allait toujours avec son craquement en faux-bourdon à vous rendre possédé.

Il me fallut passer cinq heures dans cette mortelle habitation; et le soir, à l'heure ordinaire du coucher, à huit heures, quand je pus monter dans ma chambre, à la lueur d'une chandelle fétide (on ne brûle pas autre chose à Saint-Étienne), j'aperçus dans la plaine mille feux épars, des montagnes de tourbe enflammée; il s'agit seulement de faire perdre à la houille son odeur sulfurique et tout ce qu'elle a de malfaisant, au grand avantage des *villas* d'alentour. En général, on tourmente le charbon de toutes les manières, dans ces douces campagnes. Ils sont parvenus à le changer en fer, à force de fourneaux enflammés, de rouages mouvants : la terre en tremble. La maison de mon hôte, aux neiges près, pouvait passer pour une habitation du Vésuve, à l'heure où le volcan jette au loin, la flamme et la cendre ! Et le lendemain, quand je m'éveillai au chant du coq (le coq chante, en cette terre désolée), je retrouvai de mon premier regard, l'épaisse fumée de la pompe à feu, l'infecte fumée du four à chaux, la noire fumée du charbon purifié; j'entendis les cris aigus de la scie... et tout là-bas, dans le lointain, à côté d'une fabrique de tuiles, je découvris... le chemin de fer !

Ce chemin de fer, le premier qui ait été construit dans le royaume de France, est une des merveilles du monde (1). Le pont sous la Tamise serait même

(1) Ceci était écrit en 1828 !!!

achevé que le chemin de fer de Saint-Étienne resterait une merveille. Il ne s'agit pourtant que de deux bandes de fer placées à quelques pieds l'une de l'autre, et se prolongeant sur une chaussée pratiquée pour les recevoir; mais ces deux lignes de fer parcourent, avec la rapidité de l'éclair, quarante lieues de poste; elles traversent trois montagnes; elles uniront bientôt le Rhône et la Loire, deux chemins qui marchent; elles feront de Saint-Étienne un entrepôt universel. Dans ces deux lignes de fer est contenu l'avenir de la cité ! Par le chemin de fer, la France n'aura plus rien à envier à l'Angleterre ; nous lui sommes supérieurs par la simplicité des moyens ; c'est une gloire dont les nations de l'Amérique se sont avisées les premières, et qui nous eût été bien utile à nous autres peuples fastueux et imprévoyants de l'Europe, qui commençons des ouvrages pour l'éternité, et qui ne les finissons jamais !

Mais ces merveilles du feu et du fer sont une étude fatigante ; un voyage au bord du Rhin, au fond de l'Allemagne, je n'ai pas dit dans les montagnes de la Suisse, un voyage d'une année aux pyramides, serait beaucoup moins pénible au voyageur que huit jours d'étude à Saint-Étienne ; quand vous auriez vu tout le sol, et toutes les merveilles que le soleil éclaire, vous n'auriez encore vu que la moitié de la ville. Une cité souterraine envahit à chaque instant cette patrie des mineurs ; ce Saint-Étienne souterrain est le vrai Saint-Étienne. Ici, la fortune et les trésors de la cité des vivants.

Voulez-vous connaître Saint-Étienne à vol d'oiseau ! grimpez sur la montagne. Au sommet de ce puits qui se prolonge dans les entrailles de la terre, un mauvais tonneau encore infecté du vin du crû est attaché à une méchante ficelle ; entrez dans ce tonneau, asseyez-vous sur les bords ; vous aurez pour contre-poids un homme noir armé d'une lampe de fer aussi grossière, aussi terne que s'il n'y avait pas un forgeron dans la ville ; il n'y a de pareilles lampes que dans les mines de Saint-Étienne ou dans les romans de Walter Scott. Ces mines s'étendent sous toute la ville : toute la ville dépend de ces mines ; elles fournissent du charbon aux deux tiers de la France, et la fournirait pendant des siècles encore. Dans cet espace à la fois vaste et rétréci, sont contenues toutes nos ressources manufacturières, tout est là, notre fer, nos armes ; ces belles armes qui ont fait la terreur de l'Europe et gagné les batailles de l'Empire, noble fer souple et poli, plus lourd que les *canons* de Versailles, mais aussi plus solide et mieux fait pour de longues guerres.

Parcourez lentement ces longs souterrains, mesurez ces rochers de houilles, arrêtez-vous devant ces familles entières de charbonniers, colonies sombres, leur berceau est suspendu à une colonne de charbon, leur jeunesse se passe au murmure d'un ruisseau fangeux ! O bonnes gens ! Ils viennent au monde en ces vallées de la houille ! Ici, leur jeunesse ! ici, leurs amours ! ici, leurs bonheurs ! Gens heureux tout autant que s'ils vivaient en plein soleil, au milieu de la langue italienne, dans la campagne de Rome, sur les bords de l'Arno !

Le Tibre... et l'Arno ! notre fleuve est aussi célèbre ! il a sa gloire ! Interrogez le premier négociant qui passera dans la rue en vieux chapeau, ses mains dans ses poches et l'air préoccupé : « Monsieur, où donc est le *Furens?* » Il ne vous répondra pas, ou s'il vous répond, ce sera pour vous montrer dédaigneusement une humble rivière, et que dis-je? un simple ruisseau, un filet d'eau sale, chargé d'une écume blanchâtre, et se traînant à peine à travers la cité qu'il endort. Ceci est le Furens, saluons le Furens! De si petit fleuve est sorti Saint-Étienne. Il est le maître! il est force, orgueil, richesse, espoir, santé! O Furens bienfaiteur! *Præsidium et dulce decus!* Du torrent que voici, viennent les eaux de la ville; à lui seul appartient la santé publique, la propreté publique, la richesse : il donne au fer la force, et le pliant à l'acier. Vienne Gargantua avec une soif ordinaire, adieu notre filet d'eau! et plus de soierie, et plus de fer, plus d'or, plus de vastes coffres où s'engouffre le tiers du numéraire de la France.

O torrent plus fertile et plus aimé que le Galèze enchanté! tes rives sont des rives poétiques entre toutes! J.-J. Rousseau s'y est agenouillé; chaque année, il relisait l'*Astrée;* et quand il vint demander le Lignon, dans un beau moment de poésie, on lui montra le Furens! « Malheureux que je suis, » disait Rousseau.

Dans la position de J.-J. Rousseau, sa colère était une justice! Quel désappointement plus triste que de passer des ombrages frais de d'Urfé, de ce ciel bleu qu'il savait si bien faire, de ces moutons poudrés de rose, en ces pâturages dressés comme des sofas, de ces bergers en batiste, de tout le joli de la pastorale à la Ségrais, à toute la laideur des manœuvres, des forgerons, des ouvrières de Saint-Étienne? Soyez attentifs! à l'heure de midi, voici nos bergers sur leurs portes avec leurs bergères, en plein soleil, accroupis à terre, et rassemblés là, pour manger, comme les portefaix romains, étendus devant la statue mutilée de Pasquin. Il n'y a qu'une heure de comédie à Saint-Étienne, et la voici : figurez-vous tout un peuple attendant et dévorant, toute l'année, à la même heure, le même potage, si l'on peut appeler potage une espèce de mortier de pommes de terre et de pain, qui suffit à entretenir tant de vigueur. Ce potage est contenu dans un énorme vase, appelé : *bichon!* Le *bichon!* ça ne se fait que chez nous! par nous... pour nous! Un pot vernissé et contourné à la diable, orné d'une anse, et voilà tout le ménage d'un Stéphanois. Le bichon est à Saint-Étienne ce que le bouclier était à Sparte : *Reviens, mon fils, ou dessus ou dessous!* Le bichon est le seul meuble qu'on respecte dans la ville, le seul dont on soit jaloux. Un père le transmet à son fils; une femme l'apporte en dot à son mari; le vieillard mange dans son bichon de jeune homme. Le bichon est reluisant, heureux, coquet, solennel! c'est une espèce de vase hollandais, avec autant de bonhomie dans le port, entouré d'autant d'idées domestiques et riantes; un dieu Lare qu'on respecte dans nos familles; il a des droits que l'on ne conteste pas à l'heure où se sert la soupe. Le bichon de l'aïeul passe avant celui du père, jusqu'au bichon du tout petit enfant qui est de taille à lui servir toujours, lors même qu'il deviendrait un géant. Que de fois, après avoir fait une grande fortune, assis à sa table chargée de vaisselle opulente, le banquier stéphanois a-t-il oublié son orgueil d'enrichi pour revoir le bichon de l'ouvrier figurer au milieu de ses plats d'argent. Tel cet empereur romain qui fait placer sur sa table des vases de terre, en souvenir de son père, le potier !

Voilà tout ce que je sais des mœurs de la ville et de la ville même. Ce faible essai, qu'on prendra pour un roman peut-être, n'est pourtant qu'un simple et véridique aperçu de ce mélange inouï de grossièreté et de richesse, de travaux sauvages et d'opulence sévère, de génie exact et laborieux et d'ignorance.

Que penser, en effet, d'une ville opulente et féconde en grands artisans, qui ne compte pas un écrivain passable et pas un poëte, pas un homme assez bien né pour tenir une plume avec l'énergie et le courage que demandent l'enclume et le marteau ?

Ville étrange, elle envoya jadis à la Convention nationale l'armurier Noël Pointe, orateur à la manière de Mirabeau, aussi véhément et peut-être inspiré mieux que lui !

FIN.

TABLE DES MATIÈRES

	Pages.
Préface	1
Avant-propos	3
Kreyssler	33
Honestus	41
La mort de Doyen	63
Jenny la bouquetière	76
Maître et Valet	82
La Vallée de Bièvre	93
Le Haut-de-chausses	102
L'Échelle de soie	114
Le Voyage de la lionne	133
La Fin d'automne	145
Hoffmann et Paganini	158
Les Duellistes	170
Vendue en détail	180

TABLE DES MATIÈRES.

	Pages.
Rosette	196
Iphigénie	218
Strafford sur l'Avon	226
Rêverie	233
La Vente à l'encan	238
Rambouillet	251
La Soirée poétique	259
La Rue des Tournelles	272
La Ville de Saint-Étienne	289

FIN DE LA TABLE DES MATIÈRES.

TYPOGRAPHIE ERNEST MEYER, RUE DE VERNEUIL, 22, A PARIS.

LIBRAIRIE DE MICHEL LÉVY FRÈRES

NOUVEAUX OUVRAGES PARUS FORMAT GRAND IN-18,
à 3 francs le volume.

QUESTIONS DE RELIGION ET D'HISTOIRE
Par le prince DE BROGLIE, de l'Acad. franç. 2me éd. . . 2 vol.

EN ORIENT. — SOUVENIRS DE VOYAGE
Par FERNAND SCHICKLER. . . . . 1 vol.

ÉTUDES D'ÉCONOMIE RURALE
Par le Cte GUY DE CHARNACÉ. . . . . 1 vol.

ESSAIS DE POLITIQUE ET DE LITTÉRATURE. 2me SÉRIE
Par PREVOST-PARADOL. — Seconde édition. . . . . 1 vol.

NOUVEAUX LUNDIS
Par C.-A. SAINTE-BEUVE, de l'Acad. franç. 1re série. 1 vol.

CINQ-MARS
Par le Cte ALFRED DE VIGNY, de l'Acad. franç. 14e édit. 1 vol.

ÉLISABETH ET HENRI IV. 1595-1598
Par PREVOST-PARADOL. 3me édition. . . . . 1 vol.

DERNIERS SOUVENIRS ET PORTRAITS
Par F. HALÉVY. 1 vol.

ÉTUDES DE POLITIQUE ET DE PHILOSOPHIE RELIGIEUSE
Par ADOLPHE GUÉROULT. . . . . 1 vol.

LES VICTIMES DU MARIAGE
Par MAX VALREY. . . . . 1 vol.

THÉATRE DE TIRSO DE MOLINA
Traduit pour la première fois par ALPHONSE ROYER. 1 vol.

NOUVELLES ÉTUDES CRITIQUES ET BIOGRAPHIQUES
Par JOHN LEMOINNE. . . . . 1 vol.

LES COUPS D'ÉPÉE DANS L'EAU
Par JEAN ROUSSEAU. . . . . 1 vol.

HISTOIRE DE SIBYLLE
Par OCTAVE FEUILLET. 5e édition. . . . . 1 vol.

THÉATRE COMPLET DE TÉRENCE
Traduit en vers par le marquis DE BELLOY. . . . . 1 vol.

DERNIÈRES LETTRES D'UN BON JEUNE HOMME
Par EDMOND ABOUT. . . . . 1 vol.

GUERRE D'AMERIQUE — CAMPAGNE DU POTOMAC
Par l'auteur des ÉTUDES SUR LA MARINE. . . . . 1 vol.

LE MOT ET LA CHOSE
Par FRANCISQUE SARCEY. . . . . 1 vol.

UN DÉBUT DANS LA MAGISTRATURE
Par JULES SANDEAU. 2me édition. . . . . 1 vol.

A TRAVERS CHANTS
ÉTUDES MUSICALES, ADORATIONS, BOUTADES ET CRITIQUES
Par HECTOR BERLIOZ. . . . . 1 vol.

www.ingramcontent.com/pod-product-compliance
Lightning Source LLC
Chambersburg PA
CBHW071238160426
43196CB00009B/1103